Wiebke Walther

DIE FRAU IM ISLAM

Wiebke Walther

DIE FRAU IM ISLAM

EDITION LEIPZIG

Die Deutsche Bibliothek – CIP-Einheitsaufnahme
Walther, Wiebke:
Die Frau im Islam / Wiebke Walther. - 3., überarb. und neugestaltete Aufl. - Leipzig : Ed. Leipzig, 1997
ISBN 3-361-00470-5

ISBN 3-361-00470-5

3., überarbeitete und neugestaltete Auflage 1997

Umschlaggestaltung: Morian & Bayer-Eynck, Coesfeld
Produktion: VerlagsService Dr. Helmut Neuberger & Karl Schaumann GmbH, Heimstetten
Gesetzt aus der 12 Punkt Simoncini Garamond
Druck und Binden: Druckerei zu Altenburg
Printed in Germany
Gedruckt auf alterungsbeständigem Papier mit chlorfreiem Zellstoff

Inhalt

Vorwort zur dritten Auflage

Es war in der zweiten Hälfte der siebziger Jahre, als der Verlag »Edition Leipzig« über die Hallesche Orientarchäologin Dr. Ilse Seibert mit der Bitte an mich herantrat, in seiner Reihe »Die Frau im Bild« ein Buch zum Thema »Die Frau im Islam« zu schreiben. Damals hatte ich mit einer Habilitationsschrift über den 1911 geborenen ägyptischen Schriftsteller Nagīb Machfūs begonnen, der zwölf Jahre später, im Winter 1988, den Literaturnobelpreis erhielt. Ich konnte mich nicht gleich mit dem Gedanken anfreunden, dieses Thema zugunsten eines ganz anders gearteten aufzugeben. Da ich andererseits Ilse Seiberts 1972 in dieser Reihe erschienenes Buch »Die Frau im Alten Orient« kannte und bewunderte und der islamischen Kunst – wie europäischer Kunstgeschichte – schon seit langem meine Liebe galt, reizte es mich, einen im wesentlichen kulturgeschichtlich orientierten Band zu erarbeiten und mit Beispielen aus der islamischen Kunst zu dokumentieren.

Die Darstellung der Geschlechterbeziehungen und der Situation von Frauen in arabischen Ländern und im Iran aus intimer und meist sehr kritischer Sicht war mir aus der Lektüre von Werken der modernen arabischen und persischen Literatur, auch natürlich denen von Nagīb Machfūs, bekannt. Ich erinnerte mich andererseits an Anekdoten aus der klassischen arabischen Literatur über den Stolz arabischer Aristokratinnen aus der Frühzeit des Islams, wie sie sicher jeder deutsche Orientalistik-Student bis heute in den ersten Semestern in der »Arabischen Chrestomathie aus Prosaschriftstellern« von Brünnow-Fischer kennenlernt. Mein Lehrer Johann W. Fück (1894–1974) war in seiner Vorlesung »Muhammed und der Islam« auf die Ehen des islamischen Propheten eingegangen. Er hatte dabei auf deutsche Orientalistinnen hingewiesen, die in der Hitlerzeit wegen ihrer jüdischen Herkunft emigrieren mußten, auf die literatur- und sozialhistorischen Arbeiten zu Frauenthemen von Sarah Kohn [142][1], Ilse Lichtenstädter [151, 152] und Gertrude Stern [254]. Ansonsten war die Position von Frauen in islamischen Ländern während meiner Studienzeit ein weißes Feld.[2] Der Bericht des As'harscheichs und späteren Reformers Rifā'a at-Tachtāwi über seinen Aufenthalt in Paris 1826-31, der die Grundlage meiner Diplomarbeit nach sieben Semestern war, erschloß mir über Rifā'as Sicht von Paris viel von den damaligen Lebensumständen in Ägypten und in diesem Zusammenhang auch von der sozialen Situation von Frauen.

Durch meine Dissertation über »Vor- und frühislamische arabische (männliche) Personennamen« (1966) wußte ich, daß die Zahl der überlieferten männlichen Personennamen aus dieser Zeit auf Grund des im wesentlichen patrilinearen genealogischen Systems der Araber erheblich höher ist als die der weiblichen. Ich hatte Werke der arabischen biographischen Literatur und deren Tendenz kennengelernt, Frauen gesondert aufzuführen. Daß dies von der Geschlechtertrennung in der Gesellschaft herrührte, wurde mir erst später klar, wie auch, daß die Segregation jedenfalls nicht alle Frauen daran gehindert hat, in der arabischen Geschichte namhaft zu werden. Daß die Zahl dieser Frauen kleiner ist als die der Männer, trifft auch auf die europäische Historie zu.

Die erste Bekanntschaft mit arabischen Frauen machte ich während eines Dolmetscheinsatzes für Vertreterinnen der staatlichen syrischen Frauenorganisation im Winter 1968. Beobachtungen zur Situation von Frauen im arabischen Raum und meiner eigenen Position als Frau und Europäerin dort konnte ich 1969 während zweier Dolmetscheinsätze in Ägypten, im Irak und in Syrien machen – nahezu unvorbereitet auf Kleidungsvorschriften (es war die Zeit der Miniröcke) oder die Tatsache, daß ich bei manchen Empfängen die einzige Frau war. Dolmetscheinsätze waren für mich als Nichtparteigenossin an einer DDR-Universität zunächst die einzige Möglichkeit, ein arabisches Land aus eigener Anschauung kennenzulernen. Sie gaben mir Zugang zu sozialen Bereichen, die ich vermutlich damals über eine Universität nicht kennengelernt hätte, zu Fabriken und Gewerkschaftsorganisationen, 1974 zur Frauenorganisation der irakischen Baath-Partei. Zum 1. Mai 1969 erlebte ich mit der Delegation als Ehrengast in der ersten Reihe, in einem riesigen, geschmückten Zelt beim Stahlwerk Heluan eine Rede Gamal Abd an-

Nassirs und konnte die geschickte Inszenierung dieses Politspektakels mit Hilfe männlicher und weiblicher Statisten beobachten.

Daß mich die Position der Frau in islamischen Ländern zunehmend interessierte, ergab sich auch aus meinen eigenen Erfahrungen als Frau in den – der staatlich postulierten Frauenförderung zum Trotz – patriarchalischen Strukturen und im androzentrischen Lehr- und Forschungsbetrieb der DDR-Universitäten und im besonderen Maß der DDR-Orientalistik (damals aber wohl der deutschen Orientalistik insgesamt). Meinen ersten sechswöchigen Studienaufenthalt in einem arabischen Land, in Ägypten im Frühjahr 1977, der auch der Vorbereitung dieses Buches diente, mußte ich mir gegen den Widerstand der ausschließlich aus männlichen und gänzlich kleinbürgerlichen Parteigenossen bestehenden Leitung der Sektion Orient- und Altertumswissenschaften der Martin-Luther-Universität Halle-Wittenberg hart erkämpfen.

In der Bibliothek der Amerikanischen Universität in Kairo stieß ich damals auf die Werke von Nabia Abbott [4; 5; 6], die mich anregten, die von ihr benutzten Texte selbst zu lesen, soweit sie mir unbekannt waren. In der Handschriftenabteilung der Ägyptischen Nationalbibliothek entzückten mich Originalminiaturen des berühmten persischen Malers Bihsād. Der Aufenthalt gab mir auch die Gelegenheit zu Vorlesungen in arabischer Sprache mit anschließenden Diskussionen, vorwiegend zu Themen aus der modernen arabischen Literatur, an der Ain-Shams-, der Kairo- und der Mädchenfakultät der islamischen As'har-Universität und damit zu Kontakten mit Professorinnen une Professoren sowie Studenten dieser Universitäten. Ich lernte in einem längeren Gespräch die damals gerade vom Dienst suspendierte ägyptische Sozialministerin Aisha Ratib kennen und hatte Gelegenheit, einen stellvertretenden Justizminister zu Fragen des praktizierten Familienrechts in Ägypten zu konsultieren. Er unterbrach übrigens das Gespräch, um vor meinen Augen das rituelle Mittagsgebet auf seinem Gebetsteppich zu verrichten. Zainab Rashed, die langjährige Dekanin der Mädchenfakultät der islamischen As'har-Universität in Kairo, hatte ich bereits während eines Dolmetscheinsatzes auf deutschem Boden 1974 kennen- und ihre Rolle als kluge und sachliche Beraterin des damaligen Rektors der As'har respektieren gelernt. Der nächste sechswöchige Studienaufenthalt, an der Universität Bagdad, im Frühjahr 1978, mit einem Abstecher an die Universität Mossul, gab mir

Zugang zu einigen der relativ zahlreichen, seit den sechziger Jahren publizierten Werke der klassischen arabischen Literatur, die in Anekdoten, Gedichten und Sentenzen ausschließlich Frauen und den Geschlechterbeziehungen, vorwiegend in der höfischen Gesellschaft, gewidmet sind [z. B. 118; 120; 121; 127; 130]. Er eröffnete weitere Kontakte, auch zu Vertretern der Scharī'a-Fakultät, der Fakultät für Religiöses Recht, an der Universität Bagdad, außerdem hier wie schon in Ägypten, zu Schriftstellerinnen und Schriftstellern.

Ich habe auch nach dem Manuskriptabschluß dieses Buches bei Aufenthalten im Irak, in Libyen, Tunesien, Syrien und Jordanien, in Ägypten, Marokko und, leider sehr kurz, in Algerien die Gelegenheit genutzt, in Gesprächen mit Vertreterinnen von Frauenorganisationen, mit Schriftstellerinnen wie Nawal al-Saadawi und Alifa Rifaat in Ägypten, mit der tunesischen Schriftstellerin Arusiyya al-Naluti, mit der marokkanischen Soziologin und Frauenrechtlerin Fātima Mernissi, 1988 mit der langjährigen syrischen Kulturministerin Najah al-Attar, mit Kolleginnen und Studentinnen dieses Thema zu erörtern.

Mir ist aber auch die junge Zimmerfrau aus einem Bagdader Hotel in Erinnerung, die sich 1978 hilfesuchend in Fragen Familienplanung an die »Duktūra« wandte, in der sie eine deutsche Ärztin vermutete. Sie hatte schon vier Kinder und fühlte sich durch diese, ihren Mann und ihre für den Lebensunterhalt der Familie notwendige Arbeit im Hotel zu belastet, als daß sie für sich selbst den Sinn der damals für alle Analphabeten im Irak gesetzlich erzwungenen Ausbildung im Lesen und Schreiben eingesehen hätte. Zum Thema Familienplanung bin ich öfter privat konsultiert worden. Mir sind auch jüngere Frauen in omanischen Kleinstädten im März 1995 in Erinnerung, die lächelnd gestanden, daß sie ihr Geburtsjahr nicht kannten und daß sie Analphabetinnen waren, denn erst nach 1970, dem Machtantritt von Sultan Qabus, sind dort Schulunterricht für Mädchen und Geburtsregister obligatorisch geworden.

Die türkische Soziologin Nermin Abadan-Unat, viele Jahre Professorin an der Universität Ankara, habe ich, noch von Halle kommend, persönlich zum ersten Mal anläßlich einer Einladung des Afro-Asiatischen Instituts Graz zu einer Wochenendtagung zum Thema »Frauen in den Entwicklungsländern« im Herbst 1987 kennen- und schätzen gelernt. Bis dahin kannte ich nur ihre Publikationen. Ich freue mich, daß ich in der

Zwischenzeit durch eigene Anschauung auch die Türkei kennenlernen konnte.

Generell danke ich allen meinen Gesprächspartnerinnen und -partnern muslimischer Herkunft, auch hier in Deutschland, für ihre Offenheit. Daß ich als nichtmuslische Islamwissenschaftlerin ihre Ansichten respektiere, aber nicht immer teilen kann, bitte ich sie zu verstehen. Das beginnt mit der Formulierung des Titels, die sich auch aus der Reihe des Verlags ergab. Anders als viele Muslims sehen Orientalisten im Islam mehr als die Religion, denn er hat wie wohl keine andere Religion im Lauf der Geschichte Politik, Kultur und Gesellschaft in den von ihm beherrschten Ländern geprägt. So verstehe ich im folgenden unter dem Thema »Die Frau im Islam« nicht nur die Position der Frau im Kult und im religiösen Recht, sondern auch in der Sozial- und der Kulturgeschichte islamischer Länder.

Viele Originale der Vorlagen für den Kunstteil dieses Buches habe ich erst in den letzten Jahren in englischen, französischen und amerikanischen Museen anschauen können. Das Islamische Museum in Ostberlin war mir selbstverständlich zugänglich, aber auch der Zugang zu Westberliner Kunstschätzen wurde mir, kurz bevor das Manuskript in den Druck gehen sollte, unter Angabe eines fingierten Ziels für drei Tage ermöglicht, und ich danke nach vielen Jahren Herrn Dr. Friedrich Spuler und Herrn Dr. Dieter George (†) als damals verantwortlichen Mitarbeitern der Stiftung Preußischer Kulturbesitz, die mir behilflich waren, so wie ich Frau Dr. Regina Hickmann und Herrn Dr. Volkmar Enderlein vom Islamischen Museum auf der Museumsinsel für ihre Hilfsbereitschaft danke.

Daß ich damals, angesichts der Bibliothekssituation der DDR, dieses Buch überhaupt schreiben konnte, verdanke ich den Fernleihen der Universitätsbibliotheken Halle, Tübingen und München und der an älteren Beständen sehr reichen Bibliothek der Deutschen Morgenländischen Gesellschaft in Halle mit ihrer damaligen Bibliothekarin Frau Gudrun Goeseke und ihrer stete Einsatzbereitschaft.

Der deutschen Erstauflage dieses Buches im Jahr 1980 folgte 1983 eine zweite, für die ich im Rahmen des Umbruchs kleinere Änderungen vornehmen konnte. Eine etwas stärkere Überarbeitung konnte für die amerikanische Neuauflage durch den Verlag Markus Wiener, Princeton, 1993 erfolgen. Allerdings begnügt sich diese Ausgabe mit einem reduzierten Bildteil in Schwarz-Weiß-Reproduktionen.

Seit der Erstauflage dieses Buches ist eine Fülle von Literatur, vorwiegend zur Situation von Frauen in islamischen Ländern heute, und vor allem in englischer Sprache erschienen, angeregt und beeinflußt natürlich von den Genderdebatten in den USA und England. In immer stärkerem Maß sind die Autoren solcher Werke Wissenschaftlerinnen, auch Wissenschaftler, aus islamischen Ländern, die teils in ihren Heimatländern, teils im Exil oder doch im Ausland, leben und arbeiten. Autoren und Autorinnen mit fundamentalistischen Positionen erheben in arabischer und, vor und nach der »islamischen Revolution« im Iran 1979, in persischer Sprache zunehmend ihre Stimme. Die Zahl der meist sehr kritischen Schriftstellerinnen arabischer, persischer und türkischer Herkunft, die in Erzählungen und Romanen aus intimer weiblicher Sicht Einblicke in das Leben und Empfinden von Frauen in ihren Ländern geben, ist seit der Erstauflage dieses Buches erheblich gewachsen [284; 285; 309]. Ein größerer Teil ihrer Werke liegt in deutscher Übersetzung vor, denn auch in Deutschland stößt die Frauenfrage zunehmend auf Interesse. Dokumentarische Literatur, oft erschütternde Selbstaussagen von Frauen in Interviews zu ihrem Leben, gibt es inzwischen ebenfalls in größerer Zahl [z. B. 239]. Das letzte Kapitel, das damals auf Wunsch des Verlages kurz ausfallen mußte, habe ich völlig neu abgefaßt, auch wenn ich seinerzeit wesentliche Grundpositionen umreißen konnte.

Ansonsten habe ich im Rahmen des mir vom Verlag eingeräumten Platzes Änderungen vorgenommen, die sich aus meinen weiteren Arbeiten zu diesem Thema und selbstverständlich aus der Lektüre neuerer Sekundärliteratur ergeben. Die Anlage des Buches, die durch die damals vorliegenden Bände der Reihe »Die Frau im Bild« bestimmt war, ist unverändert geblieben. Ich denke, es ist nach wie vor wichtig, die Position von Frauen islamischer Länder in Geschichte und Gegenwart anhand von Beispielen aus originalen Werken ihrer Literaturen und ihrer Kunst zu dokumentieren, unverstellt durch feministische Theorien, aber ganz im Sinn weiblichen Selbstbewußtseins und weiblicher Emanzipation.[3] Dabei ist zu bedenken, daß soziale Wertvorstellungen einer Kultur, der westlichen (mit ihren nicht zu übersehenden regionalen Unterschieden), nicht einer anderen, in diesem Fall der vorderorientalisch-islamischen, aufgezwungen werden können. Jede Gesellschaft ist in ihren historischen Traditionen zu begreifen und hat das Recht auf eigene Vorstellungen sozialen Wandels und ihrer Verwirklichung.

Die Debatte zum Thema »Die Frau im Islam« ist so brandaktuell wie 1980. Seit dem Beginn intensiverer Kontakte zwischen Westeuropa und dem Vorderen Orient vor nahezu 200 Jahren verstärkte sich europäische Kritik an der Situation islamischer Frauen. Bis heute projizieren dabei Autoren ihre eigene Sicht, ihre Vorurteile und Klischees in den Orient [vgl. 156]. Vom letzten Viertel des 19. Jahrhunderts an setzte muslimische Apologetik ebenso ein wie ein kritisches Überdenken eigener Traditionen auch auf diesem Gebiet.

Heute bekennt sich nahezu eine Milliarde Menschen zum Islam, die Hälfte davon sind Frauen. Im Mittelpunkt dieses Buches stehen die Kernländer des Islams, also die arabische Welt, der Iran und die Türkei, auch Mogulindien. In den islamischen Teilen Schwarzafrikas sowie Ost- und Südostasiens fanden Sonderentwicklungen statt, für die hier kein Raum ist.[4] Aus der Fülle des vorliegenden Materials mußte bei der Breite des Themas eine Auswahl getroffen werden, die oft nur Streiflichter gestattet. Andererseits wurden Details nicht ausgespart, um zu zeigen, daß Verallgemeinerungen meist nicht angebracht sind.

Noch ein Wort vorweg: Der Islam ist seinem Anspruch, das ganze Leben seiner Bekenner zu durchdringen und zu regulieren, im Lauf der Geschichte weitgehend gerecht geworden, auch wenn es, wie in jeder Religion, in jeder Ideologie, eine Diskrepanz zwischen Anspruch und Wirklichkeit gab und gibt. Aber abgesehen davon hat der Islam nicht allein die Position von Frauen in islamischen Gesellschaften bestimmt. Es gibt Wertvorstellungen und Bräuche, die das Leben muslimischer Frauen bis heute stark tangieren, etwa den Jungfräulichkeitskult, die Begriffe von Ehre und Scham – beides ist bis heute im gesamten Mittelmeerraum verbreitet – und in einigen Ländern die Mädchenbeschneidung, die jedenfalls im frühen Islam nicht kodifiziert sind. Zu den durch den Islam bedingten Vorschriften und Rollenzuweisungen kommen, wie überall, andere Faktoren, etwa die historische und ökonomische Situation des jeweiligen islamischen Landes, auch der Region, die soziale und die wirtschaftliche Position der Familie, der eine Frau zugehört. Überall gibt es riesige soziale Unterschiede zwischen Großstädten, kleineren Städten und Dörfern. Selbstverständlich spielen auch individuelle Fähigkeiten, Klugheit, Durchsetzungskraft, Bildung, deren Entwicklungsmöglichkeiten freilich oft vom Sozialstatus abhängen, in der Jugend auch Schönheit, generell Charme, Ausstrahlungskraft eine Rolle. Ein Netz vielseitig miteinander verflochtener Faktoren, das von der alles umhüllenden Decke der Religion kaum zu trennen ist, bestimmt bis heute das Leben von Frauen in islamischen Ländern [283; 98].

Daß trotz einer Religion, die einen Absolutheitsanspruch erhebt, oder durchaus innerhalb derselben, eine Vielfalt von Meinungen und Lebenshaltungen möglich war und ist, wird zu zeigen sein. Einheit in der Vielfalt bot über Jahrhunderte zunächst die Sprache des heiligen Buchs der Muslims, des Korans: das Arabische. Es wurde Wissenschafts-, Kultur- und Verwaltungssprache und blieb, nachdem sich vom 10. Jahrhundert an die einzelnen Völker des multi-ethnischen islamischen Weltreichs emanzipierten, jedenfalls Kultsprache. Die arabische Schrift wurde von vielen muslimischen Völkern beibehalten. Islamische Floskeln in arabischer Sprache prägen bis heute, wenn auch phonetisch variiert, bei allen inzwischen betonten nationalen Besonderheiten die Kommunikation in vielen islamischen Ländern. Ein großer Teil des Kulturwortschatzes etwa der turksprachigen Völker Mittelasiens ist arabischen Ursprungs. Die Lexik des Persischen besteht bis heute zu etwa 80% aus Wörtern arabischer Herkunft. Auch der Wortschatz des Türkischen läßt durch zahlreiche arabische und persische Elemente die Zugehörigkeit zum muslimischen Kulturkreis erkennen. Die Namengebung der Muslims vom afrikanischen Kontinent über Mittelasien bis Indien ist bis heute durch arabisch-islamische Vorbilder geprägt.

Da sich dieses Buch an einen größeren Leserkreis wendet, wurde im Text auf die wissenschaftliche Transkription arabischer, persischer und türkischer Namen und Begriffe zugunsten einer Umschrift verzichtet, die der Aussprache Rechnung trägt. Allerdings kann diese bei den Unterschieden im Lautsystem oft nur annähernd wiedergegeben werden. Längestriche über Vokalen bezeichnen meist auch die Betonung. Für die Originaltitel der Bibliographie findet die wissenschaftliche Transkription Verwendung.

Tübingen, Januar 1997

Mehr als zwei Jahrhunderte, bevor man Korane kunstvoll mit Ornamenten schmückte, im 8. Jahrhundert, entstand diese Handschrift, eines der ältesten Koranfragmente überhaupt, in einem ungefügen, kufischen Duktus. Die Seite enthält Verse der 43. Sure, im unteren Drittel Vers 70: »Geht mit eueren Gattinnen ins Paradies ein und ergötzt euch (darin) (?)!« (Foto: Forschungsbibliothek Schloß Friedenstein)

Muhammeds erste Begegnung mit seiner späteren Frau Chadīdscha hat sich ein persischer Miniaturenmaler im 16. Jahrhundert so vorgestellt. Zum Zeichen der Heiligkeit, die man ihm später zusprach, ist der Prophet von einem Flammennimbus umgeben. Außerdem trägt er einen Schleier, der sein Gesicht vollständig verbirgt. (Foto: Pieterse Davison International)

Einführung

Um das Jahr 610, etwa im vierzigsten Jahr seines Lebens, hatte der Kaufmann Muhammed aus einer verarmten Sippe des in der arabischen Handelsstadt Mekka herrschenden Stammes der Kureisch, vermutlich nach längerem Grübeln und Gottsuchen, eine Vision. Später deutete er sie so, daß der Erzengel Gabriel ihm eine Botschaft von Allāh gebracht habe. Allāh war damals in Arabien als oberster Gott über zahlreiche Gottheiten und Dämonen bekannt, und so heißt bis heute der Gott der arabischen Muslims und Christen.

Welche Verse die ersten waren, die Muhammed hörte, darüber gehen die Meinungen der einheimischen Religionswissenschaftler auseinander, denn der Koran (*Kur'ān* – »Rezitation«) erhielt erst etwa 20 Jahre nach Muhammeds Tod seine endgültige Form und wurde im wesentlichen nach der Länge seiner Kapitel *(Suren)* geordnet. Fest steht, daß die ersten Botschaften, die Muhammed als Allāhs geoffenbartes Wort verkündete, Warnungen an die reiche und egoistische mekkanische Kaufmannschaft waren, Warnungen vor dem jüngsten Gericht und dem Weltuntergang, Ermahnungen zu guten Taten und zum Ablassen vom Polytheismus, Lobpreisungen der Güte, der Barmherzigkeit, der Gerechtigkeit und der Macht Allāhs, später auch Verheißungen auf die Freuden des Paradieses, die den Gläubigen erwarteten. Diese Offenbarungen sind in eine sprachliche Form gekleidet, derer sich auch die altarabischen Wahrsager bedienten, in Reimprosa. Sie waren und sind von solch klanglicher Wirkung, daß der Koran bis heute von den Muslims als sprachlich unnachahmliches Wunder angesehen wird, das nach orthodoxer Auffassung nicht übersetzt werden darf. Eine deutsche Versübertragung aus dem Jahr 1923 läßt mehr als spätere wissenschaftliche Übersetzungen die äußere Form erahnen: »Trag vor in des Herren Namen – Der euch schuf aus blutigem Samen! – Trag vor! Er ist der Geehrte – Der mit dem Schreibrohr lehrte – Was noch kein Menschenohr hörte – Doch der Mensch ist störrischer Art.« (96: 1–6)[1]

Die reiche mekkanische Kaufmannschaft akzeptierte Muhammeds Botschaft nicht, profitierte sie doch nicht nur vom Karawanenhandel, sondern auch vom Kult der Ka'ba in Mekka, in der ein schwarzer Meteor auch von zahlreichen Beduinenstämmen der arabischen Halbinsel verehrt wurde. Sie fürchtete eine Bedrohung ihrer Privilegien und ihres Wohlstands und strafte Muhammed mit Hohn und Verachtung. Muhammeds erste Anhänger waren seine damalige Frau Chadīdscha und Angehörige vor allem der mittleren und unteren Schichten der mekkanischen Bevölkerung.

Da der Druck der Handelsaristokratie auf die Anhänger des neuen Glaubens immer stärker wurde, sah sich Muhammed gezwungen, ein Angebot der in der etwa 300 Kilometer von Mekka entfernt gelegenen Datteloase Yasrib lebenden und miteinander verfeindeten arabischen Stämme Aus und Chasradsch anzunehmen, die mit dem Stifter des neuen Glaubens zugleich auch einen Schlichter zu sich baten. Im Jahr 622 erfolgte die Auswanderung *(Hidschra)* Muhammeds und seiner Anhänger von Mekka nach Yasrib, das nun Medina genannt wurde, von arabisch *Madīnat an-Nabiy* »die Stadt des Propheten«. Dieses Datum wurde zum Beginn der islamischen Zeitrechnung, die im Gegensatz zu unserem Kalender nach Mondjahren zählt. Muhammed wurde jetzt zum religiösen und politischen Oberhaupt einer Gemeinde, und diese Einheit zwischen politischer und religiöser Führung ist dem Islam, zumindest dem Anspruch nach, bis heute erhalten geblieben. Seine Offenbarungen aus dieser Zeit haben nicht mehr die Leidenschaft der ersten mekkanischen Suren. Sie enthalten Satzungen, die das Leben der jungen Gemeinde regeln sollten, die Gemeinschaft zwischen den mekkanischen Auswanderern, den *Muhādschirūn*, und den medinensischen »Helfern«, den *Anṣār*, denn an die Stelle der Gentilgemeinschaft, des Zusammengehörigkeitsgefühls auf Grund von Stammesbindungen sollte nun die *Umma*, die »Gemeinschaft der Gläubigen«, treten. Heute heißt *Umma* im Arabischen »Nation«. Die medinensischen Suren haben aber auch Auseinandersetzungen mit dem Judentum zum Inhalt, lebten doch in Medina jüdische Stämme. Muhammed betrachtete sich als den Vollender der den

Juden und den Christen – die letzteren gab es vor allem unter einigen Beduinenstämmen der arabischen Halbinsel, aber auch in den Randzonen zu den Kulturstaaten – von Gott übermittelten Offenbarung. Er lernte allerdings beide Religionen in einer volkstümlichen Form kennen, die in manchem von der orthodoxen Lehre abwich. Zunächst glaubte Muhammed, die Juden von Medina würden ihn als Propheten anerkennen. Da das nicht geschah, rechnete er hart mit ihnen ab. Er änderte auch die Gebetsrichtung von Jerusalem in Richtung auf die Ka'ba in Mekka und erkannte damit den arabischen Ka'bakult als zentrales Element des neuen Glaubens an.

Nach und nach gewann er Anhänger auch unter den Beduinenstämmen der arabischen Halbinsel, die im Stadium des zerfallenden Tribalsystems lebten. In mehreren Kriegszügen in der Tradition beduinischer Raub- und Beutezüge sicherte er nicht nur seinen Anhängern materiellen Gewinn, sondern vermochte sich schließlich auch gegen seine Gegner unter der mekkanischen Handelsaristokratie durchzusetzen. Im Jahre 630 konnte Muhammed mit seinen Anhängern im Triumph in Mekka einziehen. Als er 632 in Medina starb, bekannten sich nicht nur die meisten Beduinenstämme, sondern auch die Bewohner der wenigen Städte in Westarabien zu dem neuen Glauben, zum Islam.

Das islamische Glaubensbekenntnis lautet: *Lā Ilāha illā 'llāh wa-Muhammadun Rasūlu 'llāh* »Es gibt keinen Gott außer Allah, und Muhammed ist Allahs Gesandter«. Im Gegensatz zu Jesus, in dem die Christen Gottes Sohn verehren, hat Muhammed von sich gesagt: »Ich bin nur ein Mensch wie ihr«. (18: 110) Muhammed ist der Mittler der göttlichen Botschaft, die sich im Koran offenbart. Als Gottes Wort ist der Koran für den Muslim bis heute unantastbar, denn für einen Gläubigen ist selbstverständlich, daß Gott nicht irrt. Im späteren Glauben seiner Gemeinde wurden Muhammed, wohl in Anlehnung an den christlichen Jesusglauben, Wunder zugesprochen. Er selbst hat sich als das Siegel des Propheten betrachtet, das heißt, den letzten Propheten, der den Arabern die ihnen gemäße Botschaft Gottes überbrachte, nach Verkündern göttlicher Lehren wie Adam, Abraham, Moses, Jesus. Diese Anerkennung alttestamentarischer Erzväter und Propheten als Vorgänger Muhammeds und der Religionen, die wie das Judentum, das Christentum und der Zoroastrismus eine heilige Schrift besitzen, als »Buchreligionen« gab dem

Islam die Möglichkeit zur Toleranz gegenüber den Anhängern dieser Religionen. Sie gelten als »zu Schützende«. Juden und Christen haben im öffentlichen Leben der islamischen Länder zeitweise eine erhebliche Rolle gespielt, Sie waren Ärzte, höfische Sekretäre, wissenschaftliche Übersetzer, Geldwechsler. In der Steuerzahlung allerdings waren sie gegenüber den Muslims benachteiligt. Auch in manch anderer Hinsicht waren sie Bürger zweiter Klasse. So nimmt es nicht wunder, daß die Zahl der Nichtmuslims im Lauf der Jahrhunderte abnahm. Offensichtlich erst in diesem Jahrhundert fanden sie sich in eigenen Stadtvierteln zusammen. Judenverfolgungen aber, wie im christlichen Mittelalter, oder Verfolgungen von Christen hat es im Islam vor dem Aufkommen des Nationalismus jedoch allenfalls vereinzelt gegeben [65, II, 227 ff].

Islam (*Islām*) bedeutet »Ergebung in Gottes Willen«, und wer an ihn glaubt, ist ein »Muslim«, jemand, der sich in Gottes Willen fügt. Doch gehört zum Begriff des Islam, des äußerlichen Bekenntnisses zu dieser Religion, auch der des *Imān*, des tiefen Glaubens aus dem Herzen heraus. Die Ergebung in den Willen Gottes setzt den *Husn as-Sann* voraus, die Tatsache, daß man Gutes von Gott denkt, daß man darauf vertraut, daß Gott, Allāh, am besten weiß, was dem Menschen dienlich ist.

Die Pflichten, die der Islam seinen Gläubigen auferlegt, sind das fünfmalige tägliche Gebet in Richtung Mekka, kein stilles Reden mit Gott, sondern eine Aufeinanderfolge von Verneigungen, Prosternationen und dem Aussprechen bestimmter Glaubenssätze. Die Almosensteuer soll die Reichen von zu großem Besitz reinigen und ihre finanzielle Mitverantwortung für die Ärmeren zum Ausdruck bringen. Im Monat *Ramadān* muß der gläubige Muslim von Sonnenaufgang bis Sonnenuntergang fasten, das heißt, auf Essen, Trinken, Rauchen und Lieben verzichten. Außerdem soll er, wenn er die Mittel dazu besitzt, als Erwachsener wenigstens einmal in seinem Leben die Pilgerfahrt zur Ka'ba nach Mekka vollziehen.

Im Gegensatz zum Christentum kennt die Mehrheit der Muslims, die Sunniten, keinen Priester- oder Pfarrerstand, keine Korporation religiöser Beamter, die gewisse Pflichten zu verrichten haben, die dem gewöhnlichen Gläubigen nicht anvertraut werden können. So wie Muhammed politisches und religiöses Oberhaupt in einer Person war, waren es auch seine Nachfolger, die sich zunächst *Chalīfat Rasūl Allāh*, »Nachfolger des

Gesandten Allāhs«, nannten. Freilich verrichtet in den einzelnen Moscheen ein Imām, ein Vorbeter, seinen Dienst, doch wird er nicht ordiniert wie ein katholischer Priester. Der Mu'esin, der fünfmal am Tag vom Minarett zum Gebet ruft, wird heute meist durch Tonband und Lautsprecher ersetzt. Das langgezogene *Hayyā ilā Salāh* »Auf zum Gebet« und *Allāhu Akbar* »Gott ist größer als alles« ist akustisches Charakteristikum islamischer Städte und Gemeinden seit anderthalb Jahrtausenden.

Innerhalb weniger Jahrzehnte nach Muhammeds Tod eroberten die arabischen Truppen – Halbnomaden und Glaubenskrieger – das gesamte sie umgebende Kulturland. Die Herrschaft der Sassaniden im Osten fand durch sie ein Ende, und sie gewannen einen großen Teil der von der zweiten Großmacht jener Zeit, Byzanz, besetzten Gebiete im Westen. Freilich war es nicht nur der Glaubenseifer, der die Muslims bei diesen Eroberungen beflügelte. Reiche Beute fiel ihnen in die Hände, und ihr Erfolg schien die Richtigkeit ihrer Lehre ebenso wie die Unterstützung Allāhs zu bestätigen. Während aber noch der erste Chalif, Abū Bakr, die Beute gleichmäßig an die Muslims verteilte, machte sein Nachfolger, Umar, bereits soziale Unterschiede nach der Intensität des Glaubens. Da diese schwer meßbar war, wurden die Verwandtschaft zum Propheten und das Datum des Übertritts zum Islam entscheidende Kriterien. Entgegen der islamischen Lehre von der Gleichheit aller Gläubigen bildete sich eine Oligarchie heraus. Es kam zu ersten sozialen Protesten, die sich in religiösen Schismen äußerten. Der dritte der ersten vier Chalifen, die die Muslims bis in die Gegenwart idealisierend als »Rechtgeleitete« betrachten, Usmān, und sein Nachfolger, Alī, wurden ermordet. Die Anhänger Alīs im Irak formierten sich zur sogenannten *Schī'at Alī*, »Partei Alīs«, der Schī'a, wie sie dann genannt wurde, die nur Alī und seine Nachkommen als rechtmäßige Anwärter auf den Chalifentitel anerkennt. Heute leben Schi'iten besonders im Libanon, im Irak, im Jemen, im Iran und in Indien. Sie bilden etwa 10 % der gesamten Anhänger des Islams. Die Mehrheit der Muslims bezeichnet sich als Sunniten, als Leute, für die die *Sunna*, »der Brauch«, des Propheten das Vorbild ist und die an der Gemeinschaft der Gläubigen festhalten.

Im Jahre 661 kam mit dem Chalifen Mu'āwiya die arabische Dynastie der Umayyaden an die Macht; sie machte alsbald Damaskus zu ihrer Residenz. Damit sank Innerarabien mit seinen heiligen Städten Mekka und

Medina allmählich wieder in die Rolle einer unbedeutenden Provinz zurück.

Als die Herrschaft der Umayyaden 750 gestürzt wurde, reichte die *Dār al-Islām*, »das Haus des Islams«, von den Pyrenäen bis zum Industal. Die Araber hatten die in den unterworfenen Gebieten existierenden soziokulturellen Verhältnisse im wesentlichen unverändert gelassen. Hier bestanden also weiterhin recht ausgeprägte frühfeudale Strukturen in den Ländern mit entwickelter Kultur, während in den Wüsten- und Steppengebieten des Chalifats türkische, arabische und berberische Nomaden ihr Leben von der Viehzucht fristeten.

Die unterworfenen Völkerschaften, meist Bauern, Handwerker, Händler, auch Beamte des Verwaltungsapparates, den die Araber unangetastet ließen, und Großgrundbesitzer, die aber im Gegensatz zu den europäischen Feudalherren des Mittelalters in den Städten lebten, genossen als Juden oder Christen den Schutz der arabischen Herrenschicht. Sie mußten, wie schon an frühere Eroberer, Steuern zahlen. Aber in immer größerem Maße traten sie zum Islam über und hatten sich als »Neumuslims«, arabisch *Mawāli*, wie es in der arabischen Stammesordnung üblich war, einem arabischen Stamm zu affilieren. Unter diesen Neumuslims herrschte besonders im Iran eine erhebliche Unzufriedenheit, da sie sich einerseits der arabischen Herrenschicht gegenüber benachteiligt, andererseits kulturell überlegen fühlten.

Die Familie der Abbāsiden, die sich auf einen Oheim Muhammeds zurückführte, nutzte diese Situation geschickt für sich. Mit ihrer Herrschaft, seit 750, trat das iranische Element im Chalifat in den Vordergrund. Rein äußerlich kam die Verlagerung der Macht nach Osten darin zum Ausdruck, daß der zweite Abbāsidenchalif, al-Manßūr, 762 in der Nähe der alten Sassanidenresidenz Ktesiphon eine neue Metropole gründete, Bagdad. Bestimmte Institutionen, auch Ämter, die für das Sassanidenreich typisch waren, wurden nun kultiviert; Staatsapparat, Verwaltung, Hofzeremoniell und Rechtsprechung stabilisierten sich. Übersetzungen machten Werke der griechischen und indischen Naturwissenschaften, Medizin und Mathematik, auch der griechischen Philosophie bekannt. Angeregt durch kulturelle Werte der zur islamischen Welt gehörenden Völker, der Spanier, Nordafrikaner, Ägypter, Syrer, Byzantiner, Griechen und Perser, entwickelte sich eine blühende Kultur, deren einigendes Band der Islam und seine Sprache, das Arabische, waren. Die Städte wurden zu reichen Zentren der Literatur, Wissenschaft und Kunst, aber auch des Handels, der Warenproduktion und eines ausgeprägten Finanz- und Bankwesens.

Die Abbāsiden regierten bis 1258, aber schon nach den ersten 100 Jahren ihrer Herrschaft bildeten sich in ihrem Machtbereich lokale Dynastien heraus. In Spanien war bereits 756 ein unabhängiges muslimisches Reich unter der Herrschaft eines Umayyaden entstanden. Unabhängige Dynastien regierten bald auch in Marokko, Tunesien und Ägypten. Im 10. Jahrhundert kam es unter der Regierung iranischer Fürstenfamilien zu einer Wiederbelebung der persischen Sprache und mit ihr einer iranischen kulturellen Renaissance, einem Aufblühen der Literatur in neupersischer Sprache. Bis dahin hatten sich auch Schriftsteller und Poeten iranischer Herkunft des Arabischen bedient. Etwa zur selben Zeit erlangte ein neues ethnisches Element im Chalifat Bedeutung, das türkische. Die Macht der Türken etablierte sich schließlich in der Dynastie der Seldschūken, die 1055 Bagdad einnahmen. Zunächst bewirkte die Existenz mehrerer lokaler Höfe, die bis auf die Umayyaden in Spanien und die Fātimiden in Ägypten die Oberhoheit des Chalifen anerkannten, noch keinen Niedergang der kulturellen Entwicklung; vielmehr wuchs dadurch das Mäzenatentum.

Die Welle der mongolischen Eroberungen überflutete 1258 Bagdad und machte dem Abbāsidenchalifat ein Ende. In den folgenden Jahrhunderten bildeten sich in der islamischen Welt verschiedene Machtzentren heraus: Die Mamlūken in Ägypten pflegten hier und im Gebiet des heutigen Palästina und Syrien die Traditionen der arabisch-islamischen Kultur, bis ihr Reich 1516-17 dem im 13. Jahrhundert gegründeten Sultanat der osmanischen Türken einverleibt wurde. Schon 1453 hatten die Osmanen Konstantinopel erobert. Sie drangen 1529 und noch einmal 1683 über Südosteuropa bis nach Wien vor, denn das Reich der Habsburger war ihr stärkster Gegner. Im Iran gelangten unter den Safawiden (1501–1722) Kunst und Kultur noch einmal zu hoher Blüte. In Indien gründete Bābur, ein Nachkomme Tīmūrs des Lahmen, das Mogulreich. In Südrußland und dem späteren sowjetischen Mittelasien herrschten die Chane der Goldenen Horde, beziehungsweise der Tschagatai.

Im 15. Jahrhundert wurden die Muslims von der Iberischen Halbinsel vertrieben; zwischen 1061 und 1091 hatte ihre Macht in Sizilien ein Ende gefunden. Aber durch Kaufleute und Händler, nicht durch Feuer und Schwert, breitete sich der Islam in Südostasien und in Afrika aus. Vom Ende des 18. Jahrhunderts an gerieten mit dem zunehmenden Machtzerfall der islamischen Welt ihre einzelnen Zentren immer mehr in den Interessenbereich der europäischen Kolonialmächte, die sie sich zum Teil im 19. Jahrhundert unterwarfen. Im Balkankrieg 1912/13 gewannen auch die letzten Balkanstaaten ihre Unabhängigkeit zurück. Erst nach dem Ersten, beziehungsweise dem Zweiten Weltkrieg entstanden auf den Territorien des Islams unabhängige Nationalstaaten, die größtenteils in ihren Verfassungen den Islam zur Staatsreligion erklärten.

Die mittelasiatischen Gebiete des Islams wurden Anfang der zwanziger Jahre Sowjetrepubliken. Daß der Islam dort trotz einer siebzig Jahre währenden Atheismuspropaganda, trotz von der sowjetischen Regierung betriebener starker ethnischer Verschiebungen – die größte islamische Gemeinde gab es 1980 nicht etwa in Taschkent, sondern in Leningrad – weiterlebte, war bei Reisen zu beobachten. Wie mir damals deutlich wurde, versuchte man bewußt, den Islam, die Muslims, unter staatlicher Kontrolle zu integrieren. Soziologische Untersuchungen, die seit kürzerer Zeit unternommen werden, könnten zu dem Ergebnis führen, daß ein verstärktes Bekenntnis zum Islam und seinen Traditionen von der einheimischen Bevölkerung als bewußte Rückkehr zum authochthonen Erbe begriffen wird. Daß benachbarte islamische Länder versuchen (werden), Einfluß zu nehmen, gehört zur Machtpolitik.

Daß der Islam einigendes Band für unterschiedliche ethnische Elemente und soziokulturelle Traditionen war und auch in Rollenzuweisungen für Frauen und Wertvorstellungen über sie divergierende Meinungen zuließ, zeigte sich früh. Muhammed soll einerseits gesagt haben: »Ihr Frauen seid mir die liebsten Menschen«, andererseits: »Ich habe keine Versuchung hinterlassen, die für meine Gemeinde schädlicher wäre als die, die die Frauen für die Männer darstellen« [283, 99][2]. Oft zitiert werden angebliche Worte des zweiten Chalifen, Umar: »Nimm deine Zuflucht zu Gott vor den Übeln, die die Frauen verursachen, und hüte dich selbst vor den Frömmsten unter ihnen!« [84, 158] Der berühmte Theologe al-Ghasāli, der in seinem Fürstenspiegel des 11. Jahrhunderts diese Worte aufgreift, sagt einige Seiten danach: Gedeihen und Bevölkerung der Welt hingen von den Frauen ab, und »es ist eine Tatsache, daß all die Prüfungen, Unglücksfälle und Leiden, die die Männer treffen, von den Frauen herrühren« [84, 172]. Dagegen könnte man die Worte des spanisch-arabischen Mystikers Ibn Arabi (1165–1240) setzen: »Wer den Wert der Frauen und das in ihnen liegende Geheimnis kennt, der wird sich nicht enthalten, sie zu lieben; ja, die Liebe zu ihnen gehört zur Vollkommenheit des Gotteskundigen, denn sie ist eine Erbschaft vom Propheten und eine göttliche Liebe.« [212, 480]

Und der spanisch-arabische Philosoph Averroes (Ibn Ruschd, 1126–1198) kritisierte unter dem Einfluß platonischer Lehren die damals vorherrschende Einstellung der Muslims zum weiblichen Geschlecht scharf: »In diesen (unseren) Staaten kennt man die Fähigkeit der Frauen nicht, weil man sie dort nur für die Fortpflanzung einsetzt. Deswegen stellt man sie zur Bedienung ihrer Ehemänner, zum Kinderaufziehen und zum Stillen an. Das macht ihre (anderen möglichen) Aktivitäten zunichte. Weil Frauen in diesen Staaten für keine der menschlichen Wirksamkeiten für fähig gehalten werden, geschieht es oft, daß sie Pflanzen gleichen. Daß sie in diesen Staaten eine Last für die Männer sind, ist einer der Gründe für die Armut dieser Staaten« [216, 191].

Auch die Volksliteratur islamischer Länder spiegelt unterschiedliche Einstellungen zur Frau wider. In der Königstochter Arūs al-Arā'is, der »Braut der Bräute«, paart sich das Höchstmaß unwiderstehlicher Schönheit und Verführung mit abgrundtiefer, männermordender Bosheit und Verderbnis. [305, 7ff.] Die Kaufmannsfrau Marhūma aus dem türkischen Papageienbuch dagegen – in anderen Quellen erscheint sie als Mardschūma – ist der Inbegriff treuer Gattenliebe, die auch den schlimmsten Anfechtungen und Widerwärtigkeiten trotzt. Und wie die schöne Wesirstochter Schechrasād in Frühfassungen von »Tausendundeiner Nacht« klug und geduldig die Frauenfeindlichkeit ihres königlichen Gatten therapiert, ist bekannt. In Spätfassungen schenkt ihr Schechrijār zum Schluß gnädig das Leben, nachdem sie wie aus einer Trickkiste die ihm in 1001 Nächten geborenen drei Söhne auftreten läßt, und weil sie, im Gegensatz zu den ungetreuen Gattinnen des Prologs, eine treue Ehefrau war [279, 86ff].

Lokale, ethnische, religiöse und soziale Faktoren waren bestimmend für unterschiedliche Einstellungen. So hatten Frauen bei den Arabern ursprünglich eine freiere Stellung als etwa im sassanidischen Persien, und die Türken als Nomaden hatten die Freiheit ihrer Frauen nie so beschränkt wie andere Völkerstämme des Vorderen Orients. Freilich können hier auf Grund des zur Verfügung stehenden Platzes solche Unterschiede oft nur angedeutet werden.

Zum Aussagewert der Quellen: Prägend für die islamische Kultur war jahrhundertelang die höfisch-städtische Gesellschaft. Von ihr sprechen die Quellen, denn ihre Vertreter schufen sie. Sklaven und Sklavinnen, oft hochgebildet, waren Teil der Hofkultur. Über die Situation von Beduinen oder Bauern gibt es nur eher zufällige Informationen. Eingang in die Literatur fand aber das städtische Gaunertum mit seinen Tricks und Betrügereien, an denen Frauen durchaus Teil hatten [83].

Die muslimische Aristokratie betrachtete die restliche Bevölkerung undifferenziert als *Āmma*, als »große Masse«, um nicht zu sagen als Mob, auf die sie mit Verachtung herabsah. So teilte ein Wesir aus der berühmten iranischen Wesirsfamilie der Barmakiden, die 803 beim Chalifen Hārūn ar-Raschīd in Ungnade fiel, die islamische Gesellschaft jener Zeit in vier »Klassen«: »1. Herrscher, die das Verdienst vornean gestellt hat; 2. Wesire, ausgezeichnet durch Klugheit und Verstand; 3. Hochstehende, welche der Reichtum emporgehoben hat; 4. Mittelstand, durch Bildung ihnen angegliedert. Die übrigen Menschen sind schmutziger Schaum, ein morastiger Bach und niedrige Tiere. Jeder denkt nur an Essen und Schlafen.« [172, 144] Politischer Rang, Geld und schließlich auch Bildung waren also ausschlaggebend für das Ansehen. Nicht einmal die breite Schicht der mittelständischen Kaufleute und Handwerker findet hier Beachtung.

Relativ viel Material findet sich über die Frauen des Propheten, doch wurden selbst die frühen biographischen oder historiographischen Werke erst von der Mitte des zweiten islamischen Jahrhunderts an aufgeschrieben. Auch wenn man davon ausgehen kann, daß damals bei mündlichen Überlieferungen historischer Begebenheiten das Gedächtnis der Tradenten recht gut war, ist deutlich, daß manches an diesen Berichten legendär oder Erfindung aus späterer Zeit, der eigentlichen Entstehungszeit, ist. Doch ist es dann für diese aufschlußreich. Über Frauen aus der höfischen Gesellschaft, künstlerisch, auch wissenschaftlich gebildete Sklavinnen bis hin zu Gattinnen von Kalifen und Emiren gibt es reizvol-

Ein Mann und eine Frau beschuldigen sich gegenseitig vor dem Kādī. Ein Schreiber nimmt die Klage auf.(Foto: Bibl. Nat. Paris)

le Berichte und Anekdoten in der arabischen Adabliteratur, die gleichzeitig bilden und belehren wollte. Manches mag erfunden sein, doch hätte es nicht gewirkt, wäre es nicht glaubwürdig erdacht. Vor allem die Anekdoten ermöglichen oft, wie durch einen Vorhangspalt, einen Blick in die Intimsphäre dieser höfischen Gesellschaft. Überliefert und aufgeschrieben wurden diese Werke durchgängig von Männern.

Der Lebenslauf der meisten Frauen, von denen hier die Rede sein wird, blieb im dunkeln, denn eine Frau hatte sich im geschützten Bereich des Harems zu bewegen, der freilich von unterschiedlicher Durchlässigkeit und Offenheit sein konnte. Bis vor relativ kurzer Zeit gab es in islamischen Ländern weder Geburts- noch Sterberegister. So ist nur selten ein genaues Geburtsdatum bekannt, und manchmal differieren auch die Angaben über ein Todesjahr. Physische, intellektuelle und ethische Qualitäten von Damen der Gesellschaft lassen sich oft mit »schön, klug, reizvoll und tugendsam« zusammenfassen. Bei gelehrten Frauen wird, wie bei den Damen des Hofes, die soziale Herkunft genannt, aber ihre Lehrer, ebenso wie ihre Schüler, Männer ebenso wie, allerdings seltener, Frauen, waren sichtlich wichtig für ihre Reputation. Bei ihnen wird hervorgehoben, ob sie die Pilgerfahrt ein- oder mehrmals vollzogen und ob sie religiöse Stiftungen hinterließen.

Frauen aus dem Volk finden wir etwa in der bunten Sammlung »Tausendundeine Nacht«. Wenn die Mutter des berühmten Alā' ed-Dīn (»mit der Wunderlampe«) sagt: »Mühsam spinne ich Baumwolle Tag und Nacht...« sozeigen uns arabische und persische Miniaturen auch immer wieder Frauen mit der Spindel oder später am Spinnrad. Dies war schließlich eine Arbeit, die im eigenen Haus verrichtet werden konnte. Trotzdem gibt es inhaltliche und andere Hinweise darauf, daß diese Geschichte eher von dem französischen Orientalisten Galland stammt, der »Tausendundeine Nacht« durch seine Adaption in der französischen und der europäischen aristokratischen »Lesewelt« so berühmt machte, als aus dem arabischen Raum [279, 113ff].

Für die clevere Gewandtheit und den Realitätssinn einer Frau aus dem Volk ist eher die »listige Dalīla« typisch, eine Händlerin, die gemeinsam mit ihrer Tochter »Seinab die Gaunerin« auch hochrangige Männer übertölpelt und ohnehin deren weltfremde, in den Harem eingesperrte Gattinnen hinters Licht führt: Sicher einer der wenigen Schelmenromane der Weltliteratur, der Frauen zu Heldinnen macht [281].

Über Sitten und Gebräuche geben uns auch Berichte europäischer Reisender Aufschluß, freilich mit unterschiedlicher Genauigkeit und Glaubwürdigkeit. Wir haben für dieses Buch Reiseberichte als Zeitzeugnisse gewählt, deren Autoren weitgehend frei von Vorurteilen überlieferten. Aus relativ frühen soziologischen Untersuchungen über Beduinen, Fellachen und Kleinstadtbewohner lassen sich Schlüsse darauf ziehen, wie es in früheren Zeiten gewesen sein könnte, denn es ist anzunehmen, daß sich in solch konservativen Lebensbereichen lange Zeit nur wenig geändert hat. Heute freilich haben Transistorradio und Fernsehen nahezu überall Eingang gefunden und vermitteln auch Analphabeten Vorstellungen von anderen Welten und Lebensverhältnissen.

Mehr noch als die Literatur war die Kunst der islamischen Länder höfisches Erzeugnis. Bekannt dürfte sein, daß dem Islam ebenso wie dem

Judentum und dem frühen Christentum eine gewisse Bilderfeindlichkeit eigen ist. Im Koran ist dem gläubigen Muslim die Anbetung von Idolen verboten, aber erst die Literatur über Aussprüche des Propheten, die vom 8. Jahrhundert an aufgezeichnet wurde, verbietet ausdrücklich die bildliche Darstellung von Mensch und Tier. Wer solche Bilder anfertige, würde am Tag des Jüngsten Gerichts gepeinigt werden, heißt es hier, es würde von ihm verlangt, er solle dem, was er geschaffen habe, Leben einhauchen. [123, II, 55] Das heißt, er hat sich eine Schöpferkraft angemaßt, die nur Allāh zukommt. So gibt es bis heute keinen figürlichen Schmuck in Moscheen oder Koranen.

Es waren wohl diese Einstellung zum sakralen Bild einerseits, das trotzdem vorhandene Schmuckbedürfnis andererseits, die die Kalligraphie und geometrische und pflanzliche Ornamente in Sakralbauten des Islams ebenso wie in Koranhandschriften zur höchsten Vollendung reifen ließen. Die arabische Schrift ist allerdings auf Grund ihrer fließenden Eleganz für eine solche Verwendung auch besonders geeignet. Tafelbilder und Großplastiken sind aus der islamischen Kunst kaum erhalten. Doch nahm man es in Profanbauten mit dem Verbot der bildlichen Darstellung von Mensch und Tier zunächst nicht so genau. In Haremsräumen und Bädern von Umayyadenschlössern der syrischen Wüste sind Wandmalereien erhalten, und es gibt aus einem dieser Schlösser auch Statuen. In den üppigen Frauengestalten, den Herrscherfiguren, Reitern, Jägern und Musikanten dieser Bilder ist spätantiker Einfluß erkennbar. Dagegen überwiegt in den Wandmalereien des Chalifenpalastes in Samarra (Textabb. folgende Seite) sassanidische Tradition. Reste von Wandmalereien fanden sich auch in anderen Gegenden der islamischen Welt.

Etwa vom 11. Jahrhundert an entwickelte sich die Buchmalerei. Zunächst wurden naturwissenschaftliche Texte, vor allem Übersetzungen aus dem Griechischen und Syrischen ins Arabische, unter christlichem Einfluß illustriert, vom Beginn des 13. Jahrhunderts an auch schöngeistige Literatur. Recht realistisch sind die Miniaturen in Handschriften der Makāmen, »Stegreifreden«, des Harīri, der sprachlich kunstvoll-verspielten Darstellung von Gaunereien eines gebildeten Vagabunden, aus dem Bagdad der ersten Hälfte des 13. Jahrhunderts (Abb. 1).

Die Mongolen vermittelten fernöstliche Elemente, die in der iranischen Miniaturmalerei weiterwirkten. Gegenstände der iranischen Buchkunst

Wandmalerei aus einem Chalifenschloß in Samarra aus dem 9. Jahrhundert: Jägerin

waren zunächst das iranische »Nationalepos«, das Schāch-nāme, später vor allem die romantischen Epen des Dichters Nisāmi und seiner Epigonen und des Dschāmi, von denen noch die Rede sein wird, aber auch andere, meist unter dem Einfluß der Mystik stehende Dichtungen. Gelegentlich wurden auch historische Texte mit Miniaturen versehen, vom 15. Jahrhundert an zudem legendäre Prophetengeschichten (Abb. S. 49). Malschulen entwickelten sich in den höfischen Zentren, und gewisse Motive wurden wieder und wieder dargestellt. Dabei galt der islamischen Welt des Mittelalters der Maler viel weniger als der Kalligraph oder der Vergolder. So sind uns auch nur wenige Miniaturmaler namentlich bekannt. Erst vom 16. Jahrhundert an wurde es üblich, Bilder zu signieren. Der Kalligraph bestimmte durch das Freilassen einer Seite oder dadurch, wie er eine Textstelle in eine leere Seite setzte, die Anlage der Miniatur. Die iranischen Miniaturen des Mittelalters bezaubern durch ihre leuchtenden Farben, durch ihre phantastische naiv-sinnliche, meist ganz aperspektivische Darstellung, durch verträumt-romantische Landschaften und knabenhaft zarte menschliche Figuren. Aber schon weil bestimmte Themen immer wieder aufgegriffen und auch viel kopiert wurde, können wir sie nur bedingt als Dokumentation nutzen. Wohl aber geben uns Miniaturen Aufschluß etwa über die Inneneinrichtung von Räumen, Besonderheiten der Kleidung, der Art zu reiten, zu kämpfen.

Schon vom 12. Jahrhundert an finden sich figürliche Darstellungen auf Werken der Metallkunst und der Keramik. Manche figürlichen Motive aus dem Schăch-nāme erscheinen hier sogar früher als entsprechende Miniaturen. Da der Islam die Verwendung rein goldener und silberner Gefäße verbietet – woran man sich allerdings später nicht mehr gebunden fühlte –, wurde Silber sehr kunstvoll in Gefäße aus Kupfer oder Messing eingelegt, Keramik mit golden schimmerndem Lüster überzogen. Figürliche Webereien in Stoffen, später auch in Teppichen, waren von der gleichzeitigen Miniaturenmalerei beeinflußt. Seit der Mitte des 16. Jahrhunderts kamen in der iranischen Malerei Porträts und Einzelstudien auf, wahrscheinlich weil die Höfe die Maler nicht mehr in dem Maße unterstützten wie früher und diese nun von weniger reichen Käufern abhingen, die Einzelblätter sammelten, nicht ganze Handschriften.

Wirklichkeitsnäher als ein großer Teil der iranischen Miniaturmalerei ist die türkische (Abb. S. 37), die auch humorvolle Züge aufweist. In der Mogulmalerei wirkten persische und indische Elemente. Hier ist der Versuch zu perspektivischer und dreidimensionaler Darstellung ebenso erkennbar wie ein stärkerer Realismus bei der Wiedergabe von Alltagsszenen meist des höfischen und städtischen Lebens.

Vom Beginn des 19. Jahrhunderts an zeigt sich in der Kunst der islamischen Länder immer mehr europäischer Einfluß. Jetzt entstehen auch Großplastiken und Ölgemälde.

Nach diesem kurzen Überblick wollen wir uns der Position der Frau auf einem Gebiet zuwenden, das ein deutscher Orientalist als »die entscheidendste Ausprägung islamischen Denkens«, den »Wesenskern des Islams überhaupt« bezeichnet hat [229, 1], dem islamischen Recht. Es hatte Gültigkeit nur für die Muslims. Die Angehörigen anderer Religionen in den Gebieten des Islams unterstanden ihrer eigenen Jurisdiktion.

Szene aus einem Beduinenlager: Während die Männer beraten, erledigen die Frauen alle Arbeiten. (Foto: Fogg Art Museum, Harvard University, Cambridge, Massachusetts)

»Und die Männer stehen bei alledem eine Stufe über ihnen«

Die Frau im islamischen Recht, im Koran und in der Überlieferung

Das islamische Recht, von dem hier gerafft das vorgestellt werden soll, was die Frau, beziehungsweise die Geschlechterbeziehungen, betrifft, gilt in fast allen islamischen Ländern bis heute, in den meisten allerdings in einer reformierten, dem heutigen Leben angepaßten Form. In der Türkei strebte Kemal Atatürk seit seinem Regierungsantritt 1923 eine starke Säkularisierung an. Er führte 1926 das Schweizer Zivilrecht, das damals konservativste Zivilrecht in Europa, ein. Es zeigte sich aber bald, daß man ein Rechtssystem nicht ohne weiteres in eine ganz andere Kultur verpflanzen kann. Im Königreich Saudi-Arabien, das auf der im 18. Jahrhundert entstandenen fundamentalistisch-islamischen Reformbewegung der Wahhabiten aufbaut, gilt die Scharī'a unverändert seit seiner Gründung im Jahr 1932. Im Iran wurde sie nach dem Sturz des letzten Schahs 1979 von den Mollahs wieder eingeführt. In Libyen erklärte der »Volkskongreß« im März 1977 den »heiligen Koran« zum »Sozialgesetz der Sozialistischen Volksdschamahirigya«, lehnte aber die Sunna als Rechtsgrundlage ab.

Die vielleicht frühesten sozialethischen Weisungen des Korans finden sich im Vers über die »Huldigung der Frauen«. In Sure 60:12 heißt es: »Prophet! Wenn gläubige Frauen zu dir kommen, um sich dir gegenüber zu verpflichten, Gott nichts beizugesellen, nicht zu stehlen, keine Unzucht zu begehen, ihre Kinder nicht zu töten, keine von ihnen aus der Luft gegriffenen Verleumdungen vorzubringen (?) und sich dir in nichts zu widersetzen, was recht und billig ist, dann nimm ihre Verpflichtung entgegen und bitte Gott für sie um Vergebung!« Wann und wie diese »Huldigung« stattgefunden hat, welche Frauen, doch offensichtlich aus eigenem Antrieb und ohne ihre Männer, damals zu Muhammed kamen, darüber gibt es in der frühen Historiographie keine klaren Aussagen. Ibn

Sa'd (784–845) beginnt den achten, den Frauen gewidmeten, Band seines großen biographischen Werks über die frühen Muslims mit widersprüchlichen Überlieferungen über dieses Ereignis. Im Vordergrund steht hier die Frage, ob Muhammed den Frauen die Hand gab und wenn ja, ob er die Hand mit dem Ärmel bedeckte, oder ob er das ganz ablehnte. Das heißt, zu dieser Zeit stand die Frage der (sich sichtlich wandelnden) Geschlechterbeziehungen im Vordergrund. Die Reihenfolge der Verbote scheint Aufschluß über ihre Wertigkeit zu geben. Generell müssen diese Vergehen als die dem Zusammenleben schädlichsten gegolten haben. Auf das »Kindertöten« werden wir später noch eingehen.

Zu den Geschlechterbeziehungen heißt es im Koran, in einem Kontext, der sich auf die Ehescheidung bezieht: »Die Frauen haben (in der Behandlung von seiten der Männer) dasselbe zu beanspruchen, wozu sie (ihrerseits den Männern gegenüber) verpflichtet sind, (wobei) in rechtlicher Weise (zu verfahren ist). Und die Männer stehen (bei alledem) eine Stufe über ihnen.« (2:228) Wie bei allen Religionen findet auch im Islam jede Zeit ihre Art der Auslegung der geheiligten Schriften. So sind liberale Muslims seit etwa 1900 der Ansicht, wenn hier von der Überlegenheit des Mannes die Rede ist, so beziehe sich das auf seine Körperkräfte und die Verantwortlichkeit, die er der Frau gegenüber habe.

Für einen Nichtmuslim liegt eine an der Entstehungszeit des Korans und den Lebensumständen des islamischen Propheten orientierte Interpretation nahe, zumal schon frühe arabische Historiker auf Begleitumstände und Gründe für Offenbarungen im Leben Muhammeds hinweisen.

Wir würden also sagen, daß der Koran an der in der Antike und im Alten Orient herrschenden Vorstellung von der prinzipiellen Überlegenheit des Mannes über die Frau festhält. Noch deutlicher wird das an anderer Stelle: »Die Männer stehen über den Frauen, weil Gott sie (von Natur vor diesen) ausgezeichnet hat und wegen der Ausgaben, die sie von ihrem Vermögen (als Morgengabe für die Frauen?) gemacht haben. Und die rechtschaffenen Frauen sind (Gott) demütig ergeben und geben acht auf das, was (den Außenstehenden) verborgen ist, weil Gott (darauf) acht gibt. Und wenn ihr fürchtet, daß (irgendwelche) Frauen sich auflehnen, dann vermahnt sie, meidet sie im Ehebett und schlagt sie! Wenn sie euch (daraufhin wieder) gehorchen, dann unternehmt (weiter) nichts gegen sie!« (4:34) Hier wird also deutlich die Priorität des Mannes mit seiner ökonomischen Überlegenheit begründet, und die hat er nicht nur damals auf der arabischen Halbinsel besessen, sondern er besitzt sie in vielen Ländern dieser Erde bis heute. Verfolgt man Korankommentare zu diesem Vers durch die Jahrhunderte, so stellt man fest, daß sie, in allmählicher Steigerung, hier all das als Beweise für die göttliche Bevorzugung des Mannes aufführen, was für Frauen im islamischen Gesetz ungünstig ist, vom Zeugen-, über das Erbrecht bis zum Eherecht und zur Tatsache, daß Frauen von der Teilnahme am Freitagsgebet ausgeschlossen sind und keinen Turban tragen (der sichtlich als Machtsymbol galt).

Der zweite Teil des Verses fordert den Mann auf, seine Frau zu schlagen, wenn sie sich ihm widersetze und sich danach seinen Ermahnungen und der Bestrafung durch sexuelle Enthaltsamkeit nicht füge. Gegen diese »göttliche« Weisung wandten sich aber schon früh Hadīße, etwa: »Warum schlägt einer von euch seine Frau (auch: wie einen Sklaven oder ein Pferd), um sie dann später wieder zu umarmen?« [283, 111]. Der hanbalitische Theologe Ibn al-Dschausi (1126–1200) zitiert in seinem strengen »Buch der Satzungen für Frauen« Hadīße, denen zufolge ein bis zwei Peitschenhiebe, auch etwas mehr, genügten. Der Prophet habe aber keine seiner Frauen geschlagen. Ibn al-Dschausi fügt von sich aus hinzu, daß manchmal mit Güte mehr zu erreichen sei, Schläge machten nur verstockter [120, 330f]. Zur Relativierung sei darauf hingewiesen, daß es in 701 des Allgemeinen Preußischen Landrechts von 1894 noch heißt: »Wegen bloß mündlicher Beleidigungen oder Drohungen ingleichen wegen geringerer Thätlichkeiten sollen Eheleute gemeinen Standes nicht geschieden werden.« Dieses Recht hatte seit 1794 Gültigkeit, enthielt aber damals noch nicht die soziale Charakterisierung der Eheleute, sondern sprach generell von »Thätlichkeiten«, die keine Scheidung zur Folge haben dürften. Täter und Opfer dürften wohl hier ziemlich eindeutig zu definieren gewesen sein.

Der Koran ist nicht die einzige Quelle des islamischen Rechts. Schon bald nach dem Tod Muhammeds merkte man, daß die koranischen Satzungen für die Gestaltung eines gottgefälligen Lebens nicht ausreichten. So begann man, Überlieferungen (arabisch *Hadīße*) über das, was Muhammed in bestimmten Situationen gesagt, getan oder auch nur stillschweigend gebilligt hatte (arabisch die *Sunna*, der Brauch), zu sammeln.

Man wollte sein eigenes Leben nach dem »schönen Vorbild« des Propheten gestalten. Das ging bis in solche Details wie, Muhammed habe gesagt, es sei besser, mit der rechten als mit der linken Hand zu essen und zu trinken, denn die linke benutze der Teufel. Vom 8. Jahrhundert an wurden diese *Hadīße* in großen Kompendien aufgezeichnet. Sechs dieser Kompendien, vor allem die des Buchāri (st. 870) und des Muslim (st. 875), wurden kanonisch.

In der Traditionsliteratur finden sich Überlieferungen, die von Städten sprechen, die zu Lebzeiten Muhammeds noch gar nicht erobert oder gegründet waren, von Parteiungen, die erst nach seinem Tod entstanden. So ist anzunehmen, daß diese Literatur zwar auch die Sunna des Propheten enthält, mehr aber die unterschiedlichen Tendenzen und Meinungen der islamischen Gemeinde in den ersten beiden Jahrhunderten nach Muhammed widerspiegelt. In dem Bestreben, ein Sozialgefüge zu stabilisieren, in dem sich die verschiedensten Elemente zusammenfanden, versuchten Vertreter unterschiedlicher Ansichten und Parteiungen, bestimmte Verhaltensweisen und Wertvorstellungen, die sie aus religiösethischen Motiven für zweckmäßig hielten, zur allgemein gültigen Norm zu machen, indem sie sie auf den Propheten Muhammed zurückführten. Zum Beweis für die Authentizität solcher Überlieferungen wurden sie mit einem *Isnād*, der »Tradentenkette«, versehen, das heißt die Namen derer, die lückenlos einer vom anderen diese Tradition gehört haben wollten. Der letzte Gewährsmann mußte jeweils ein Familienangehöriger Muhammeds oder einer seiner Gefährten, der »Prophetengenossen«, sein.

Da die Muslims ziemlich früh begriffen, daß nicht alles, was hier von Muhammed überliefert wurde, sich tatsächlich auf ihn beziehen konnte, setzten sie an diesen Tradentenketten ihre Kritik an. So wie das Sammeln von Traditionen zu einer eigenen Wissenschaft wurde, deren Vertreter durch die islamischen Lande reisten, um Überlieferungen von Autoritäten zu hören, entwickelte sich ein weiterer Wissenschaftszweig: Die Biographien der Überlieferer wurden gesammelt und durchforscht. »Die Wissenschaft von den Männern« hieß das im Arabischen, obwohl viele Traditionen auf Frauen zurückgeführt werden, oft auf Ā'ischa, Muhammeds Lieblingsfrau. Der letzte Band der sechsbändigen Traditionssammlung des Achmed Ibn Hanbal enthält nur Traditionen, die auf eine Gewährs»frau« zurückgehen.

Koran und Sunna sind also die beiden Hauptquellen des islamischen Rechts, jedenfalls für die Sunniten. Die Schī'iten akzeptieren nur Traditionen, die von Muhammeds Vetter und Schwiegersohn Alī und seinen Nachkommen überliefert werden. Trotzdem unterscheidet sich das schī'itische Recht meist nur unwesentlich vom sunnitischen, da der Inhalt der von beiden Gruppen anerkannten Überlieferungen oft übereinstimmt. Nur die Quellen sind verschieden.

Es zeigte sich aber bald, daß Koranverse ebenso wie Überlieferungen unterschiedliche Deutungen zuließen und daß es widersprüchliche Überlieferungen gab. So brauchte man eine zusätzliche Autorität. Sie wurde im sogenannten *Idschmā'* gefunden, der »übereinstimmenden Meinung aller gleichzeitig in einer gewissen Periode lebenden muslimischen Gelehrten« [132, 46] über ein Problem. Diese wurde allerdings nicht in Gremien, etwa einem Konzil oder einer Synode, konstatiert, sondern mußte von selbst zustande kommen und setzte generell Toleranz voraus. Im Verlauf der islamischen Geschichte sind durch den *Idschmā'* Institutionen und Lehrmeinungen sanktioniert worden, die es im Urislam nicht gab, etwa das Chalifat, das ja erst nach dem Tod Muhammeds entstand, auch die Heiligenverehrung und die Lehre von der Unfehlbarkeit und Sündenlosigkeit des Propheten, die dem Koran widerspricht. Die Gültigkeit des *Idschmā'* wird mit der Tradition begründet: »Meine Gemeinde wird nie in einem Irrtum übereinstimmen.«

Die vierte Quelle des islamischen Rechts ist der Analogieschluß (arab. *Kiyās*), eigentlich eine Methode der Rechtsfindung. In Fällen, die nicht im Koran, in der *Sunna* oder im *Idschmā'* enthalten waren, wurde analog zu überlieferten Vorbildern eine eigene Entscheidung getroffen. Der *Kiyās* blieb allerdings als subjektiv umstritten. Generell einigte man sich darauf, daß um 900 »das Tor der eigenen Meinungsfindung« *(Bab al-Idschtihād* geschlossen wurde. Das heißt, um diese Zeit hatte sich das islamische Recht als intellektuelles und soziales System endgültig etabliert.

Um 800 entstanden vier Rechtsschulen im sunnitischen Islam, die nach ihren Begründern benannt werden und sich gegenseitig als Alternative anerkennen: die Hanafiten, Mālikiten, Schāfi'iten und Hanbaliten. Sie sind bis heute in unterschiedlichen Gebieten der islamischen Welt verbreitet. Ihre Lehrmeinungen differieren nicht allzusehr.

Da das islamische Recht das ganze Leben des Muslims unter religiösen

Aspekten sieht, enthält es auch moralische Wertungen. Es gibt die Kategorien »geboten« und »verboten«, »empfehlenswert«, »indifferent« und »verwerflich«. Hier ist ein weites Feld für Meinungsverschiedenheiten gegeben. Man stimmt aber darin überein, daß die Anwendung der jeweiligen Kategorie von den äußeren Umständen abhängig zu machen ist. Für das Strafrecht gelten diese Kategorien nicht. Einen Unterschied zwischen Stadt und Land macht das islamische Recht nicht. Wohl aber kann bis heute das regionale Gewohnheitsrecht (*Urf*) auf juristische Entscheidungen einwirken.

Die Scharī'a als religiöses Rechtssystem umfaßt außer dem Familienrecht und dem, was wir als Strafrecht bezeichnen würden, auch die kultischen und ethischen Pflichten der Muslims. Hier spricht der Koran des öfteren von Männern und Frauen in gleicher Wertigkeit, nennt allerdings die Männer immer zuerst, etwa: »Was muslimische Männer und Frauen sind, Männer und Frauen, die gläubig, die (Gott) demütig ergeben, die wahrhaftig, die geduldig, die bescheiden sind, die Almosen geben, die fasten, die darauf achten, daß ihre Scham bedeckt ist und die unablässig Gottes gedenken – für sie (alle) hat Gott Vergebung und gewaltigen Lohn bereit« (33:35).

Der Islam spricht der Frau auch nicht die Seele ab, und ein Platz im Paradies kommt ihr durchaus zu. Allerdings läßt die koranische Paradiesvorstellung deutlich die Wünsche des Menschen Muhammed erkennen, die Wünsche eines Mannes, der in einem heißen, trockenen Klima lebte. Er verhieß seinen Anhängern als Lohn für ihre Frömmigkeit ein ewiges Glück in riesigen, schattigen Gärten, voller Quellen, von Bächen durchflossen, mit Früchten und mit Teppichen, da und dort ausgelegt, mit »geläutertem Honig«, auch »edlen, moschusversiegelten« Wein (z. B. 2:25; 3:15; 83:22ff.; 88:10f.; 47:15). Den Gläubigen erwarten im Paradies »reine Gattinnen«, das heißt, frei von der Menstruation, aber auch »großäugige Jungfrauen, die Augen sittsam niedergeschlagen, die auf Kissen ruhen« (37:48ff). Frauenfeinde unter den Muslims, deren Zahl augenscheinlich durch die Berührung mit der christlichen Askese wuchs, setzten eine Tradition in Umlauf, die später oft zitiert wurde. Muhammed soll gesagt haben: »Ich stand an der Tür des Paradieses, da waren die meisten, die eintraten, Arme, und ich stand an der Höllenpforte, da waren die meisten, die hineingingen, Frauen.« [123, V, 209f.] Das wird so begründet:

»Die alles verraten, wenn sie jemandem etwas anvertrauen, zu hartnäckig sind, wenn sie bitten, und undankbar, wenn man ihnen etwas schenkt« [123, V, 137].

Zwei Frauen werden im Koran als Vorbild für die Gläubigen genannt, Āsiya, die Frau des Pharao, und Maria, die Tochter Imrāns, die Mutter Jesu, wegen ihrer Keuschheit (66:11f.).

In den koranischen Darstellungen des »Sündenfalls« (arabisch »das erste Vergehen, der erste Fehler«) war es nicht Eva, die Adam verführte, sondern Satan verleitete beide. So vertreibt Gott sie aus dem Paradies und bestimmt Feindschaft zwischen ihnen und Satan und Aufenthalt auf der Erde mit »Nutznießung auf eine (beschränkte) Zeit« (2:35ff.). Danach aber wendet sich Gott dem Adam, der im Koran ja Prophet ist, also ein Vorgänger Muhammeds, gnädig wieder zu. Eva erscheint im Koran namenlos, als Partnerin Adams, und Geschlechterfeindschaft spielt hier noch keine Rolle. Später aber drang das jüdisch-christliche Bild der Eva aus Genesis 2–3 als Archetyp weiblicher Verführbarkeit und folgenschwerer Verführung des Mannes, als der Urschuldigen an männlich/menschlicher Mühsal auf Erden auch in den Islam ein [282]. Schon der Freigeist al-Dschāhis aus Basra, der 869 starb, kennt den Topos vom »Sündenfall« und Evas Bestrafung [283, 101f].

Die religiösen Pflichten des Islams gelten mit Einschränkungen, die biologische Besonderheiten der Frau betreffen, für sie genauso wie für den Mann. Die Menstrua soll ebenso wie Kranke die entsprechenden Fastentage später nachholen. Auch von bestimmten Ritualen der Pilgerfahrt und vom Gebet ist sie befreit. Das hängt mit Vorstellungen über die kultische Unreinheit der menstruierenden Frau zusammen, die früher bei vielen Völkern verbreitet waren. Frauenfeinde unter den Muslims leiteten daraus die Begründung für ein religiöses Defizit der Frau ab. Ebenso bescheinigten sie der Frau, weil ihre Zeugenaussage nur halb soviel gilt wie die des Mannes, intellektuelle Minderwertigkeit [45, 6, 6]. Die Pilgerfahrt soll eine Frau nicht ohne Begleitung ihres Mannes oder eines nahen männlichen Verwandten unternehmen. Darüber, ob und wie lange eine Frau allein verreisen darf, sind die Meinungen geteilt. Sie schwanken zwischen gar nicht und zwei bis drei Tagen.

Das rituelle Gebet kann der Muslim, abgesehen vom obligatorischen Gebet am Freitag, dem islamischen Feiertag, zu Hause ebenso verrichten wie in der Moschee. Traditionen lassen erkennen, daß Frauen von dem Recht, in der Moschee zu beten, in den ersten Jahrhunderten des Islams Gebrauch machten. Traditionen schreiben aber auch vor, sie sollten sich für das Gebet in der Moschee nicht herausputzen und parfümieren. Eine Empfehlung, die offenbar eingehalten wurde, wenn Frauen in der Moschee beteten, war die, daß sie dies getrennt von den Männern, in den hinteren Reihen oder auf einer Galerie, taten. Auch in europäischen Synagogen gibt es bis in die Gegenwart eigene Galerien für Frauen, und in manchen deutschen Dorfkirchen weisen Schilder an den Bänken auf Männer- und Frauenseiten hin. Solche Regelungen sollten vermutlich vor gegenseitiger Ablenkung beim Gottesdienst bewahren.

Doch schon früh ermahnen Traditionen die männlichen Muslims, ihre Frauen nicht am Gebet in der Moschee zu hindern, das heißt, es gab diese Tendenz. Sie führte mit dem wirtschaftlichen und politischen Niedergang vieler islamischer Länder schließlich dahin, daß eine Frau, zumindest der Mittel- und Oberschichten, die auf sich hielt, das Haus ihres Mannes, nachdem sie als junge Braut hineingeführt worden war, erst auf der Bahre wieder verlassen sollte.

Ein Beispiel dafür findet sich in der Trilogie von Nagīb Machfūs, die in der ersten Hälfte dieses Jahrhunderts in Kairo spielt. Amīna, die Frau eines mittelständischen Kaufmanns, die seit ihrer Verheiratung außer in einer geschlossenen Kutsche zum Besuch ihrer Mutter nie das Haus verließ, erfüllt sich zur Zeit des Ersten Weltkrieges während einer Abwesenheit ihres Mannes den größten Wunsch ihres Lebens. Ermutigt von ihren Söhnen, den Vertretern einer neuen Generation, besucht sie die Hussein-Moschee. Als ihr Mann davon erfährt, verstößt er sie, die Mutter seiner fünf Kinder, die ihm jahrelang in sanfter Ergebenheit zugetan war. Von marokkanischen Kleinstädten berichtet eine Soziologin noch aus den sechziger Jahren, daß Frauen die Moschee nicht betraten, meist, weil sie das Gebetsritual nicht beherrschten. Diejenigen, die es kannten, fürchteten, man würde ihnen nachsagen, sie gingen nur in die Moschee, um sich mit einem Liebhaber zu treffen. Nur in der Anonymität großer Städte dürften sie wagen, eine Moschee aufzusuchen [157].

In manchen islamischen Ländern konnten Frauen aber an hohen Feiertagen am Gebet in einer Moschee teilnehmen. Die türkische Schriftstellerin Halidé Edib jedenfalls erzählt in ihren Memoiren, daß sie als

Kind mit ihrer Kinderfrau am Ende des Fastenmonats, dem höchsten Fest des Islams, eine Moschee in Istanbul aufsuchte. Sie beschreibt hier auch, wie ein sensibler Muslim das islamische Gebet empfindet, von dem der Nichtmuslim nur das äußere, ihm so fremdartige Ritual sieht: »Der Imām stand vor dem Michrāb, mit dem Rücken zu den Leuten, und eröffnete das Gebet. Es ist wunderschön zu beten, wenn man von einem Imām geleitet wird. Er singt die Verse laut, die man gewöhnlich im einsamen Gebet wiederholt. Man verbeugt sich, man kniet, die Stirn berührt den Boden. Jede Bewegung ist ein gewaltiger, komplizierter Rhythmus, das Sich-Erheben und Niederfallen wird kontrolliert durch die unsichtbaren Stimmen mehrerer Mu'esins. Das ergibt einen wunderschönen Singsang in Moll. Der Refrain wird wieder und wieder von den Mu'esins aufgenommen. Ständige rhythmische dumpfe Schläge und Rascheln sind zu hören, wenn Tausende niederfallen und sich erheben. Der Rest ist ewiges Schweigen« [64, 72].

Das Amt des Imāms, des Vorbeters, haben Frauen nur in großen Harems, also vor einer rein weiblichen Gemeinde, innegehabt. Im religiösen Leben der islamischen Länder, besonders in der Mystik, spielten Frauen eine beachtliche Rolle, doch davon später.

Nun zum Familienrecht: Vorweggeschickt sei, daß man unterscheiden muß zwischen dem islamischen Recht an sich und dem Recht, wie es in den islamischen Ländern tatsächlich ausgeübt wurde. »Sag mir, wann hätten wir je etwas getan, was das Gesetz erlaubt?«, spöttelte ein Prinz von Mossul im 11. Jahrhundert, dem man vorwarf, daß er mit zwei Schwestern gleichzeitig verheiratet war [31, 17f.].

Eine umfangreiche Literatur über Rechtskniffe bezeugt, daß man stets nach Mitteln und Wegen suchte, die manchmal strengen Vorschriften in ihrer Anwendung zu mildern oder zu umgehen. Es gab berühmte Juristen, die für ihre Geschicklichkeit, Satzungen pragmatisch auszulegen, bekannt waren.

Eine der Strafen des Korans, nämlich die der Geißelung für den Genuß von Wein oder anderen alkoholischen Getränken, scheint kaum zur Anwendung gekommen zu sein. Jedenfalls gibt es schon vom zweiten islamischen Jahrhundert an eine kunstvolle arabische Weinlyrik. Persische Dichter wie Umar Chayyām und Hāfis besangen in ihren Gedichten das Weintrinken als Form der Auflehnung gegen die Gesetzesgelehrsamkeit.

An die familienrechtlichen Bestimmungen des islamischen Rechts fühlte man sich aber wohl immer stark gebunden.

Zwar betont der Koran ausdrücklich die Priorität des Mannes, und tatsächlich ist die Frau in rechtlicher Hinsicht dem Mann gegenüber im Nachteil, doch brachte die islamische Gesetzgebung eine Verbesserung der Position der Frau vor allem im Erb- und im Eherecht.

So kam in vorislamischer Zeit eine Frau als Erbin gar nicht in Betracht, denn das Vermögen sollte im Stamm bleiben. Nach dem islamischen Recht erbt sie die Hälfte dessen, was männliche Familienangehörige im selben Verwandtschaftsgrad zum Verstorbenen erhalten. Die Zeugenaussage von zwei Frauen gilt in Ländern mit islamischer Gesetzgebung bis in die Gegenwart soviel wie die eines Mannes (nach 2:282).

Die Ehe wird dem Gläubigen vom Koran (24:32) und der Sunna befohlen, aber sie ist kein Sakrament wie in der katholischen Kirche. Allerdings hat sie nach dem Koran doch einen gewissen sakralen Charakter, denn es ist von einer »festen Verpflichtung« (4:21) des Mannes gegenüber der Frau die Rede. Denselben Terminus gebraucht der Koran für das Bündnis Allāhs mit Muhammed und den Propheten der anderen »Buchreligionen«. Die Ehe beruht auf einem zivilrechtlichen Vertrag, der nach koranischer Vorschrift, wie im römischen Recht, noch nicht schriftlich erfolgen mußte. Vertragspartner sind der Vormund (Wālī) der Braut, das ist ihr nächster männlicher Verwandter, meist ihr Vater oder Bruder, zur Not auch der Richter selbst, und der Bräutigam. Zwei freie männliche oder ein männlicher und zwei weibliche Zeugen müssen zugegen sein. Die Sunna empfiehlt, daß die Braut nicht ohne ihre Zustimmung verheiratet werden soll. Als Zeichen des Einverständnisses genügte allerdings bei einer jungfräulichen Braut Schweigen, weil man sie für zu schüchtern oder befangen hielt, sich zu äußern.

Der Vormund eines Mädchens kann es, solange es minderjährig ist, zur Ehe zwingen, doch hat es das Rücktrittsrecht, wenn es volljährig wird. Dann hat es allerdings das Wertvollste, seine Jungfräulichkeit, verloren. Die Mālikiten, Schāfi'iten und Hanbaliten legen fest, daß auch eine erwachsene Frau von ihrem Vormund verheiratet wird. Dagegen erlauben die Hanafiten, daß die Erwachsene selbständig eine Ehe eingeht, vorausgesetzt, sie wählt einen ihr ebenbürtigen Mann und setzt ein angemessenes Brautgeld fest.

Traditionen zufolge soll Muhammed empfohlen haben, wer ein Mädchen oder eine Frau heiraten wolle, solle sie vorher sehen. Doch zeigt der Inhalt einiger dieser Überlieferungen, daß das in der Zeit, als sie aufkamen oder weitertradiert wurden, durchaus nicht oder nicht mehr üblich war und auf Widerstand stieß. In einer Überlieferung zum Beispiel macht der Tradent demjenigen, der versucht, sich das Mädchen aus einem Versteck heraus anzusehen, zum Vorwurf: »Du, ein Prophetengenosse, tust das?!« Der andere entgegnet, Muhammed habe es empfohlen [123, IV, 225]. Alle diese Traditionen schließen, das Äußere des Mädchens habe dem Erzähler gefallen, und er habe sie geheiratet. So wollte sicher der Tradent seinem Anliegen Nachdruck verleihen.

Ein wesentlicher Teil des Ehevertrages ist das Brautgeld (arab. *»Machr«* oder *»Sadāk«*). Ursprünglich war der Machr nicht der Kaufpreis, wie man oft gesagt hat, sondern eine Art Kompensation, die der Bräutigam den Eltern der Braut dafür zu geben hatte, daß dem Stamm der Frau die Söhne, die sie gebären würde, verlorengingen. Beweis dafür ist, daß der Machr nicht entrichtet wurde – bei den Beduinen ist das bis heute so –, wenn das Mädchen seinen Vetter väterlicherseits heiratet, also im Stamm bleibt. Der Sadāk war die Brautgabe für das Mädchen. Schon zu Muhammeds Lebzeiten wurde zwischen diesen beiden Begriffen nicht mehr unterschieden. Machr oder Sadāk kommen der Braut zu und wurden bald zum Statussymbol. In Mitteleuropa war es jahrhundertelang Sitte, daß Eltern ihren Töchtern eine Mitgift in die Ehe gaben. Das führte nicht selten dazu, daß die Braut nur noch als Zugabe zu dem Vermögen betrachtet wurde, das man sich mit ihr erheiraten konnte. Wenn im islamischen Orient bis heute der Mann verpflichtet ist, der Frau bei der Eheschließung einen gewissen Vermögenswert zu überlassen, so ist jedenfalls diese Form der »Geldheirat« ausgeschlossen. Allerdings gibt die islamische Sitte den Eltern der Braut die Möglichkeit, ihre Tochter einem unwillkommenen Bewerber durch zu hohe Forderungen zu verweigern.

Der Machr wird bis heute meist dazu verwendet, Einrichtungsgegenstände für den Haushalt, auch Garderobe für die Frau anzuschaffen, früher bestand er auch in solchen. Für die Höhe des Brautgeldes gibt es in den einzelnen Rechtsschulen unterschiedliche Mindest- und Höchstsätze. Doch zeigen erhaltengebliebene Eheurkunden, daß die Grenze nach oben hin stark überschritten werden konnte. Die soziale Herkunft, der Rang der Braut, ihr Alter oder besser, ihre Jugend, ihre Schönheit, kurz die Tatsache, ob man sie für eine begehrenswerte Partie hielt, bestimmten das Brautgeld. In der frühislamischen Gemeinde hielt man es offenbar für angemessen, einem mittellosen Bewerber die Möglichkeit zur Heirat zu erleichtern, indem man das Brautgeld seinen materiellen Verhältnissen anpaßte. So berichtet die Überlieferung von einem Mann, der heiraten wollte, aber nichts besaß, was er der Frau als Brautgeld hätte geben können. Da entschied Muhammed, er solle sie für das erhalten, was er vom Koran auswendig wisse. [46, 67, 14] Diese Frau hatte sich übrigens vorher dem Propheten zur Ehe angeboten, und sie soll nicht die einzige gewesen sein, die das tat. Das spricht für die Ausstrahlungskraft, die Muhammed gehabt haben muß. Es bezeugt aber auch ein Selbstbewußtsein bei arabischen Frauen dieser Zeit, das sich nicht nur von dem islamischer Frauen späterer Jahrhunderte, sondern auch von der Einstellung unterscheidet, die jungen Mädchen in Mitteleuropa bis heute anerzogen wird, nämlich, daß eine Frau sich dem Mann gegenüber passiv und abwartend zu verhalten habe.

Die frühe arabische Geschichtsschreibung berichtet jedoch auch von Frauen, die der Prophet zur Ehe begehrte, die ihn aber mit den Worten ablehnten: »Ich nehme meine Zuflucht zu Gott vor dir« [129, VIII, 100ff.] – ein weiterer Beleg für das Selbstbewußtsein arabischer Frauen jener Zeit, aber auch ein Zeichen für die Realitätstreue dieser Historiographie, die nicht schönte, etwa, um Muhammeds Anziehungskraft als unwiderstehlich darzustellen.

Meist wird im Ehevertrag vereinbart, daß ein Teil des Brautgeldes erst bei einer Scheidung zu zahlen ist, um die Frau vor einem übereilten Schritt des Mannes zu schützen. Auch Ratenzahlung war möglich, wenn bei der Eheschließung eine größere Anzahlung erfolgt war.

Bekannt ist, daß der Islam dem Mann gestattet, mit mehr als einer Frau verheiratet zu sein. Die Meinungen darüber, ob die Polygynie schon vor Muhammed auf der arabischen Halbinsel verbreitet war, gehen auseinander. Neuere europäische Forschungen [253, 62, 81; 295, 274ff.] weisen darauf hin, daß es keinen eindeutigen Beweis dafür gibt, zumindest was Mekka und Medina anbelangt. Zwar berichten frühe islamische Historiker von mehreren Frauen eines Mannes, doch sie zählen auch bei vielen Frauen ihre verschiedenen Ehemänner auf. Aus der Sicht der später herrschenden Verhältnisse nehmen sie an, daß es sich hier um Ehen handelte, die nacheinander geschlossen wurden. Das könnte aber ebensogut bei den Ehen der Männer so gewesen sein. Fest steht, daß es in anderen Ländern des Vorderen Orients, etwa im Iran, in vorislamischer Zeit polygyne Ehen gab. Ebenso ist gesichert, daß im vorislamischen Arabien auf sexuellem Gebiet offenbar recht lose Verhältnisse herrschten. So sind Eheverträge erst durch den Islam auf der arabischen Halbinsel zwingend geworden.

Der Koranvers, aus dem man oft bis heute das Recht des Mannes auf eine polygyne Ehe ableitet, lautet: »Und wenn ihr fürchtet, in Sachen der (eurer Obhut anvertrauten weiblichen) Waisen nicht recht zu tun, dann heiratet, was euch an Frauen gut ansteht (oder: beliebt), (ein jeder) zwei, drei oder vier. Wenn ihr aber fürchtet, (so viele) nicht gerecht zu (be)handeln, dann (nur) eine, oder was ihr (an Sklavinnen) besitzt! So könnt ihr am ehesten vermeiden, unrecht zu tun.« (4:3) Moderne Muslims legen diese Stelle oft so aus, daß hier im Grunde schon die Monogamie gefordert würde, denn in derselben Sure steht, daß ein Mann, der mit mehreren Frauen gleichzeitig verheiratet ist, eben nicht alle gleichermaßen gerecht behandeln kann (4:129). Der erste Teil des Verses läßt darauf schließen, daß es hier vor allem um die Versorgung der nach den Schlachten in den ersten Jahren des Islams zurückgebliebenen Witwen und besonders ihrer Töchter ging. Muhammed war als Waise aufgewachsen und fühlte sich oft als Anwalt der Schwachen, Unterprivilegierten. Der Koran empfiehlt also in einer Zeit, da die Ehe die einzige Versorgungsmöglichkeit für eine Frau war, die Witwen und die weiblichen Waisen zu heiraten. Diese Annahme wird dadurch gestützt, daß der zitierte Vers wahrscheinlich unmittelbar nach der Schlacht der Muslims gegen die Mekkaner bei Uchud offenbart wurde, bei der viele Muslims ihr Leben ließen. Muhammed selbst gab seiner Gemeinde ein Beispiel und heiratete zwei Witwen gefallener Muslims, wie er überhaupt wohl bei allen seinen Ehen auch auf den Zusammenhalt in seiner Gemeinde bedacht war.

Andererseits verpflichtet das islamische Gesetz den Mann, sicher schon um des häuslichen Friedens willen, jeder seiner Ehefrauen einen eigenen Haushalt einzurichten. So wurde die Polygynie meist zum Privileg der Wohlhabenden, die sich zusätzlich zu ihren Ehefrauen eine beliebige Zahl an Konkubinen unter ihren Sklavinnen wählen konnten.

Als Ehehindernisse gelten im islamischen Gesetz die Verwandtschaftsgrade, die auch bei vielen anderen Völkern eine Ehe ausschließen (4:22ff.), aber auch dieselben Grade bei der »Milchverwandtschaft«. Ein Mann darf zudem nicht mit zwei Schwestern gleichzeitig verheiratet sein. Eine muslimische Frau soll keinen Nichtmuslim heiraten, einem Muslim dagegen ist die Ehe mit einer Jüdin oder Christin gestattet. Der Mann soll der Frau standesmäßig nicht unterlegen sein, der umgekehrte Fall dagegen ist – außer bei den Schī'iten – zulässig. Eine freie Frau muß nach dem Tod ihres Mannes eine Trauerzeit von vier Monaten und zehn Tagen, nach einer Scheidung eine Wartezeit von drei Monaten einhalten, bevor sie sich wieder verheiratet. Dem Mann dagegen ist eine sofortige Wiederverheiratung erlaubt. Die Wartezeit für die Frau wurde von Muhammed eingeführt, damit erkennbar wurde, ob die Frau ein Kind erwartete und die Vaterschaft eindeutig festgestellt werden konnte. Wenn die Frau schwanger war, konnte sie sich erst nach der Geburt des Kindes wieder verheiraten. Dies bedeutete also die Stabilisierung patriarchalischer Familienverhältnisse.

Zu große Jugend eines Mädchens war im mittelalterlichen Islam, wie schon in vorislamischer Zeit, kein Ehehindernis. Muhammed heiratete seine Lieblingsfrau Ā'ischa, die Tochter eines seiner engsten Vertrauten, des späteren ersten Chalifen Abū Bakr, als sie sechs Jahre alt war. Als sie zu ihm zog, war sie neun und spielte – der Überlieferung zufolge – noch mit Puppen. Später legte man fest, daß ein geistig gesunder Muslim mit der Pubertät heiratsfähig wurde, doch gehen die Meinungen über das Alter auseinander.

Zu den Pflichten des Mannes in der Ehe gehörte es, seiner Frau, beziehungsweise seinen Frauen, Unterkunft, Nahrung und Kleidung zu geben. Wenn sie Bedienung gewohnt war, mußte er ihr einen Diener stellen. Frauen konnten also nach dem Gesetz nicht dazu gezwungen werden, durch eigene Arbeit oder finanzielle Beteiligung zum Unterhalt der Familie beizutragen. In den ärmeren Schichten der Bevölkerung ist das aber bis heute meist notwendig. Es gibt in der islamischen Ehe auch keine Gütergemeinschaft zwischen Mann und Frau. Frauen konnten also theoretisch über ihr Eigentum frei verfügen und hatten in dieser Hinsicht eine wesentlich günstigere Position als jahrhundertelang die Europäerinnen und als sie etwa das BGB in der Bundesrepublik Deutschland bis 1958 vorsah. Zu den Pflichten der Frau gehört – der Tradition zufolge –, dem Mann zu gehorchen und sich für den Haushalt ihres Mannes und die, die dazugehören, verantwortlich zu fühlen.

Traditionswerke späterer Zeiten allerdings sprechen dem Mann die oberste Autorität über das Eigentum und die Sexualität der Frau zu, über ihre Entscheidung, die religiösen Pflichten zu erfüllen, ja sogar aus dem Haus zu gehen [etwa 187, IV, 411f.]. Sie stehen damit im Widerspruch zur Scharī'a, spiegeln aber den Brauch späterer Jahrhunderte wider.

Über die Beziehungen zwischen Mann und Frau in der Ehe äußert sich der Koran so: »Und zu seinen Zeichen gehört es, daß er euch aus euch selber Gattinnen geschaffen hat, damit ihr bei ihnen wohnet (oder: ruhet). Und er hat bewirkt, daß ihr (d. h. Mann und Frau) einander in Liebe und Erbarmen zugetan seid. Darin liegen Zeichen für Leute, die nachdenken.« (30: 21/20) So enthält auch eine der wenigen erhaltenen Eheurkunden, aus dem Ägypten des 13. Jahrhunderts, die Empfehlung, daß der Ehemann »den Umgang mit ihr (seiner Frau) schön gestalten« solle und daß sie ihm dasselbe schuldig sei, wobei er eine Stufe höher stehe [59; 130; 170].

Überlieferungen fordern den Mann dazu auf, seine Frau gut zu behandeln, etwa – unter Bezugnahme auf die relativ spät in den Islam eingedrungene altorientalische Vorstellung, daß die Frau aus einer Rippe des Mannes geschaffen sei – so: »Behandelt die Frauen gut, denn die Frau wurde aus einer Rippe geschaffen, und der krummste Teil der Rippe ist der obere. Wenn du ihn geradebiegen willst, zerbrichst du ihn, aber wenn du ihn so läßt, wie er ist, bleibt er krumm. So behandelt die Frauen gut!« [45, 60,1]

Gewiß geht dies vom Standpunkt des Mannes als des Menschen par excellence aus, als der er sich jahrtausendelang und nicht nur im Orient gefühlt hat, der empfiehlt, Frauen gut zu behandeln – in Goethes »West-östlichem Diwan« wurde daraus: »Behandelt die Frauen mit Nachsicht!« – wenn sie schon nicht so sein können wie Männer. An der protestantischen Universität Wittenberg, und nicht nur dort, disputierten Gelehrte noch im 17. Jahrhundert darüber, »ob die Weiber Menschen sein« [112]. In der arabischen, oft und in leicht variierenden Formulierungen zitierten Tradition könnte man sogar die widerwillige Anerkennung einer weiblichen, wenngleich »krummen«, Identität sehen.

Die Idealvorstellung von der guten muslimischen Ehefrau findet sich in einer Überlieferung, Muhammed habe auf die Frage, wie die beste Frau beschaffen sei, geantwortet: »Die ihn erfreut, wenn er sie ansieht, ihm gehorcht, wenn er befiehlt, und sich ihm in Dingen, die er für sie und für sich ablehnt, nicht widersetzt.« [123, II, 251] Hübsch und fügsam also – aber spätere Kapitel werden zeigen, daß gerade intelligente Frauen oft alles andere als bereit waren, diesem Ideal der Unterwerfung unter den Willen des Mannes zu entsprechen.

Der arabische Terminus, der meist mit »Ehebruch« übersetzt wird, bezeichnet mehr, nämlich jeden sexuellen Verkehr zwischen einer Frau und einem Mann, die nicht durch eine Ehe miteinander verbunden sind, solange es die Sklaverei gab, auch den Intimverkehr eines Mannes mit einer Sklavin, die ihm nicht gehörte. All dies ist laut Koran für Mann und Frau gleichermaßen strafbar.

In Sure 24:2 heißt es: »Wenn eine Frau und ein Mann Unzucht begehen, dann verabreicht jedem von ihnen 100 (Peitschen)hiebe! Und laßt euch im Hinblick darauf, daß es (bei dieser Strafverordnung) um die Religion Gottes geht, nicht vom Mitleid mit ihnen erfassen, wenn (anders) ihr an Gott und den Jüngsten Tag glaubt.« Eine Anzahl von Gläubigen soll als Zeugen bei dieser Bestrafung anwesend sein. Früh drang aus dem jüdischen Strafrecht die Sitte ein, ein »unzüchtiges« Paar nicht auszupeitschen, sondern zu steinigen. Die Anwendung dieser harten Strafe wurde aber dadurch eingeschränkt, daß im Koran an anderer Stelle (4:15) gefordert wird, vier männliche Zeugen müßten den Akt bestätigen können. Ein Mann, der seine Frau der Untreue bezichtigt und dafür nicht vier Zeugen beibringen kann, erhält wegen Verleumdung 80 Peitschenhiebe. Um dieser Strafe zu entgehen, muß er viermal unter Berufung auf Allāh schwören, er habe die Wahrheit gesagt. Seine Frau kann sich dagegen wehren, wenn sie ihrerseits viermal schwört, daß ihr Mann gelogen hat. Beide müssen nach diesem viermaligen Schwur Allāhs Fluch auf sich herabwünschen, wenn sie nicht die Wahrheit gesprochen haben. (24:6–9)

Ein Vorfall in Muhammeds eigener Familie gab Anlaß zu dieser harten Strafe für Verleumdung. Muhammed loste gewöhnlich unter seinen Frauen, bevor er eine militärische Expedition unternahm. Die, auf die das Los fiel, durfte ihn begleiten. So hatte er auf einen seiner Feldzüge gegen einen Beduinenstamm seine damals dreizehn Jahre junge Frau Ā'ischa

Miniatur aus einer Sammlung von Prophetenlegenden. Auch der Koran kennt die alttestamentarische Geschichte von der Sintflut. Noah mit dem Flammennimbus – denn laut Koran zählt er zu den Propheten – und seine drei Söhne und Töchter sind hier als Muslims der zweiten Hälfte des 16. Jahrhunderts dargestellt. Im Schiff erkennt man die Tiere, im Wasser versinken eine Kuppel und zwei Minarette. (Foto: Staatsbibliothek Preußischer Kulturbesitz)

mitgenommen, die den Zug in einer geschlossenen Kamelsänfte begleitete. Eines Abends, als die Leute schon zum Aufbruch rüsteten, entfernte sich Ā'ischa von den anderen, um ein Bedürfnis zu verrichten. Auf dem Rückweg merkte sie, wie sie später berichtete, daß sie ihre Halskette verloren hatte, und kehrte noch einmal um. Als sie schließlich wieder beim Lager anlangte, war Muhammed mit seiner Schar bereits davongezogen. Ā'ischa muß also zu jener Zeit ein so zierliches Persönchen gewesen sein – wie sie selbst sagte, auch ein Ergebnis der schmalen Kost, die die Muslims damals zu sich nahmen –, daß die Männer, die ihre Sänfte aufs Kamel hoben, gar nicht gewahr wurden, daß sie leer war. Ā'ischa hüllte sich in ihren Mantel und legte sich in den Wüstensand in der Hoffnung, daß die anderen umkehren würden, wenn sie ihre Abwesenheit merkten. Da kam ein junger Anhänger Muhammeds, der aus irgendeinem Grund auch hinter den anderen zurückgeblieben war. Ā'ischa trug damals noch keinen Schleier, so erkannte er sie sofort und versuchte, mit ihr zu reden. Doch sie gab ihm, wie sie später erzählte, keine Antwort. Er ließ sie auf sein Kamel aufsitzen und führte es. Als sie am nächsten Morgen bei den anderen ankamen, hatte noch niemand ihr Fehlen bemerkt.

Jetzt aber gab es einen Skandal. Alle, denen die junge Frau, die so sehr die Gunst Muhammeds genoß, ein Dorn im Auge war, aber auch die, die Muhammed schaden wollten, beteiligten sich am Klatsch. Ā'ischa erfuhr, wie sie später sagte, zuallerletzt davon. Sie habe nur bemerkt, daß Muhammed nicht mehr so freundlich zu ihr war. Sie wurde krank und begab sich mit Muhammeds Erlaubnis zu ihren Eltern, um sich pflegen zu lassen. Muhammed, in seinem Innersten getroffen und verwirrt, fragte andere um Rat. Der fiel unterschiedlich aus. Am härtesten verhielt sich sein Vetter Alī, vielleicht von seiner Frau Fātima, Muhammeds Tochter, angestachelt, der die Vorrangstellung ihrer jungen Stiefmutter mißfallen haben mag. »Frauen gibt es genug«, sagte er, »du könntest eine andere zu ihrer Nachfolgerin machen«, eine Bemerkung, die ihm Ā'ischa nie verzieh, wie die Zukunft zeigte. Muhammed entschied sich schließlich für Ā'ischa. Er besuchte sie im Haus ihrer Eltern und verlangte, sie solle bereuen. Doch sie weinte und weigerte sich, denn das wäre ein Schuldbekenntnis gewesen. Da empfing Muhammed eine Offenbarung, die alle Gerüchte als »Verleumdung« und ihre Urheber als »Lügner« bezeichnete und die die oben genannten Bestimmungen enthielt. Einige der Rädelsführer erhielten 80 Peitschenhiebe. Ā'ischa, die Kluge, sagte später, sie hätte sich vorher für zu unbedeutend gehalten, als daß Allāh ihretwegen einen Koranvers offenbaren würde, der dann in der Moschee rezitiert und im Gebet verwendet würde. Sie hätte nur gehofft, Gott würde Muhammed durch einen Traum ihre Unschuld zu erkennen geben [125, 736ff.].

Die Zwölferschī'iten, das ist die Richtung der Schī'a, die bis heute im Iran herrscht, erkennt auch eine andere Form der Ehe an, die noch in den ersten Jahren des Islams üblich war, bis sie vom sittenstrengen Chalifen Umar untersagt wurde, die *Mut'a*, meist mit »Ehe auf Zeit« oder »Genußehe« übersetzt. Diesen Schī'iten war und ist es seit 1979 wieder gestattet, eine »Ehe« für eine bestimmte Zeit abzuschließen. Das geschah früher, wenn ein Mann auf Reisen ging, denn die Ehefrau hatte sich ja während seiner Abwesenheit um Haushalt und Kinder zu kümmern. Eine solche »Ehe« hatte also den Zweck, dem Mann auf legale Weise die Befriedigung seiner Sexualität zu ermöglichen, nicht aber einen Hausstand zu gründen und Kinder zu zeugen. Wenn allerdings aus einer solchen Verbindung ein Kind entstand, war es im Erbrecht den Kindern aus anderen Ehen gleichgestellt.

Alle anderen Formen der »Ehe«, die noch bis zu Muhammeds Zeiten auf der Arabischen Halbinsel üblich gewesen sein sollen, wurden durch den Islam binnen kurzem abgeschafft. Dazu gehörte etwa, daß ein Mann seine kinderlose Frau für kurze Zeit zu einem anderen, möglichst sozial hochstehenden, schickte, damit sie von ihm empfinge, oder die Gruppenehe mehrerer Männer mit einer Frau. Die Leviratsehe, bei der ein Mann die Frau seines verstorbenen Bruders oder auch nach dem Tod seines Vaters seine Stiefmutter übernahm, um für sie zu sorgen, wurde vom Koran verboten.

Der Tod eines Ehegatten bedeutet auch im Islam das Ende einer Ehe. Diese konnte aber ebenfalls durch den *Talāk*, die Verstoßung der Frau durch den Mann, gelöst werden. Dazu hat nach islamischem Recht jeder geistig gesunde Mann jederzeit die Möglichkeit, ohne einen Grund angeben und einen Richter hinzuziehen zu müssen. Traditionen allerdings bezeichnen den Talāk als eine Angelegenheit, die Allāh verhaßt ist. Die Form des Talāk, die sich als üblich eingebürgert hatte, bis die Gesetzgebung in den vergangenen Jahrzehnten in vielen islamischen Ländern modifiziert wurde, bestand darin, daß der Mann die Scheidungsformel –

die verschieden formuliert werden konnte – zweimal hintereinander entweder im Abstand von je einem Monat oder sofort aussprach und sie dann immer noch zurücknehmen konnte. Erst beim dritten Mal wurde sie gültig. Der Koran bestimmt, daß der Mann für eine Frau, die zu dieser Zeit ein Kind stillt, bis zum Ende der Stillzeit zu sorgen hat; das kann einen Zeitraum von bis zu zwei Jahren umfassen. Er kann auch stattdessen eine Amme bezahlen (2:233).

Will der Mann seine Frau wieder heiraten, obwohl er sie dreimal verstoßen hat – bei Menschen mit affektbetonter Handlungsweise ist das nicht selten –, so gibt es eine vielleicht zunächst ungewöhnlich erscheinende Bestimmung. Sie sollte sicher die Frau vor einem übereilten Schritt des Mannes bewahren. Die verstoßene Frau muß nämlich erst die Ehe mit einem anderen eingehen und von ihm wieder verstoßen werden, bevor sie zu ihrem ersten Mann zurückkehren darf (2:230). Das führte dazu, daß sich manche Männer, meist solche, denen nicht viel Virilität zugetraut wurde, darauf spezialisierten, gegen ein Entgelt eine Scheinehe mit einer Frau einzugehen, um sie dann wieder zu verstoßen. Der ägyptische Schriftsteller Machmūd Teimūr (1894–1973) behandelt in einer kleinen Geschichte einen solchen »guten Scheich«, dem Männer ihre verstoßenen Frauen in dem Glauben anvertrauen, er sei zu weltfremd, um sie zu berühren. Schließlich verliebt er sich in eine dieser Frauen und will sie nicht wieder hergeben.

Die Möglichkeiten der Frau, sich von ihrem Ehemann zu lösen, sind begrenzt. Aus dem Heidentum übernommen wurde der *Chul'*, der Loskauf, der darin besteht, daß die Frau sich durch die Zahlung einer bestimmten Summe – häufig die Rückgabe des Brautgeldes – von ihrem Mann freikauft. Die Frau oder ihr Vormund konnten aber auch einen Passus in den Ehevertrag aufnehmen lassen, der festlegt, daß sie den Mann unter bestimmten Voraussetzungen zum Aussprechen des Talāk zwingen kann, etwa wenn er sie schlägt oder eine zweite Frau dazuheiraten will. Es hängt vom Selbstbewußtsein einer Frau ebenso ab wie von der sozialen Position einer Geschiedenen, ob eine solche Möglichkeit wahrgenommen wird. Im muslimischen Indien zum Beispiel war diese Art der Eheverträge in den fünfziger Jahren nach Aussage eines indischen Autors sehr verbreitet [76]. In Ägypten dagegen wurde mir im Frühjahr 1977 von verschiedenen Gewährsleuten, darunter einem Stellvertreter des Justizministers, gesagt, nur wenige Frauen hätten den Mut, einen solchen Ehevertrag aufsetzen zu lassen. Eine volljährige Frau kann die Auflösung ihrer Ehe durch einen Richter verlangen, wenn sie nachweisen kann, daß ihr Mann impotent, geisteskrank oder nicht in der Lage ist, für den Unterhalt der Familie zu sorgen.

Die Festlegungen darüber, welche Kinder als ehelich gelten – außer den in der Ehe geborenen nach hanafitischem Recht jedes Kind, das bis zu zwei Jahren nach Auflösung einer Ehe aufdie Welt kommt –, sind aus den medizinischen Kenntnissen oder besser Unkenntnissen der Zeit zu erklären. Das Sorgerecht für die Kinder hat die Mutter, und zwar bei Mädchen bis zur Volljährigkeit oder bis sie eine Ehe eingehen, bei Jungen bis zur Pubertät oder bis zum Alter von sieben Jahren. Die gesetzliche Vertretung der Kinder liegt jedoch beim Vater. Zum Unterhalt für die Kinder ist der Vater gesetzlich nur dann verpflichtet, wenn sie arm sind. Die Mutter kehrt also in der Regel mit den Kindern, um die sie sich zu kümmern hat, zur Familie ihres Vaters oder eines ihrer Brüder zurück und wird von ihr unterhalten.

Eine der zahlreichen Anekdoten aus der klassischen arabischen Literatur erzählt, wie eine Mutter bei einem Richter um ihren Sohn kämpfte, auf den der Vater Anspruch erhob, vermutlich, als das Kind sieben Jahre alt geworden war. »Sie sagte: ›Dies ist mein Sohn. In meinen Leib ward er gesenkt, zu meinem Schoß er seine Schrittchen lenkt, und meine Brust hat ihn getränkt. Ich seh auf ihn, wenn er erwacht, und hüte ihn, wenn er sich legt zur Nacht. Das tu ich nun schon jahrelang, und jetzt, da seine Entwöhnung vollkommen, er an Kräften zugenommen und seine guten Eigenschaften willkommen, will sein Vater ihn mir entziehn und ihn fern von mir erziehn.‹ Da sagte der Richter zu dem Mann: ›Du hast die Worte deiner Frau gehört, was hast du darauf zu antworten?‹ Der Mann entgegnete: ›Sie hat die Wahrheit gesprochen, aber ich habe ihn in mir getragen, bevor sie ihn trug, und ich habe ihn in sie gelegt, bevor sie ihn in die Welt gesetzt hat. Ich will ihn lehren die Wissenschaft und weisen Urteils Kraft.‹ Der Richter wandte sich an die Frau: ›Was gibst du darauf zur Antwort, Frau?‹ Sie brachte vor: ›Er hat Recht in dem, was er sagt. Aber er trug ihn in sich, als er gar nichts wog, während er mich mit seinem Gewicht fast zu Boden zog. Als er ihn von sich gab, empfand er Lust, ich aber gebar ihn aller Qualen bewußt.‹ Dem Richter gefielen ihre Worte«, so schließt die

Anekdote, »und er befahl dem Mann: ›Gib ihr ihren Sohn, denn sie hat mehr Recht auf ihn als du‹« [39, 6f.]. Wenn man diesem Geschichtchen Glauben schenken darf, so ließen sich Richter durch gut gewählte Worte einer klugen Frau durchaus dazu bringen, mehr Menschlichkeit walten zu lassen, als das Gesetz vorsah.

Eine Sonderstellung im islamischen Recht nehmen die Sklaven ein. Wie Judentum und Christentum hat der Islam die Sklaverei als Institution, wie sie im gesamten Alten Orient bestand, nicht abgeschafft. Er hat aber versucht, die Lebensbedingungen der Sklaven zu bessern.

So wird im Koran die Freilassung von Sklaven als Sühneleistung geboten (58:3), und Traditionen nennen die Sklaven »Brüder« der Muslims, empfehlen wie der Koran, sie gut zu behandeln und ihnen Unterhalt zu gewähren. Sklave konnte im Islam nur werden, wer als Ungläubiger im Krieg gefangengenommen oder wer als Sklave geboren wurde. Daß jemand, zum Beispiel weil er verschuldet war, seine Kinder oder andere in die Sklaverei verkaufte oder selbst verkauft wurde, war gesetzlich nicht möglich, kam aber manchmal vor. Im übrigen war der Sklavenhandel mit den Ländern islamischen Glaubens für die christlichen Länder des Mittelmeerraumes jahrhundertelang ein einträgliches Geschäft.

Rechtlich galt der Sklave als Sache. Hübsche und gut ausgebildete Sklavinnen dienten als wertvolle Geschenke, mit denen man die Gunst Hochgestellter erwerben konnte. De facto konnten Sklaven und auch Sklavinnen unter bestimmten Voraussetzungen zu sehr einflußreichen Stellungen und großem Wohlstand gelangen. Es gab beispielsweise Sklavendynastien wie die Mamlūken in Ägypten und Syrien. Kluge und geschickte Sklaven wurden gern im Handel und bei Geschäften eingesetzt. Industriesklaverei wie bis zur definitiven Abschaffung der Sklaverei 1865 in den Vereinigten Staaten gab es nicht.

Der Sklave war zwar grundsätzlich geschäftsunfähig, besaß aber gewisse Rechte als Person. Er konnte mit Zustimmung seines Herrn heiraten, allerdings nur bei den Mālikiten bis zu vier Sklavinnen, bei den anderen Rechtsschulen zwei. Der Besitzer konnte seinen Sklaven aber auch zur Ehe zwingen. Eine Sklavin konnte die Ehefrau eines freien Muslims werden, die ihres Besitzers aber nur, wenn er sie vorher freiließ, denn Kinder aus der Ehe einer Sklavin mit einem Freien wurden Sklaven.

Sklavinnen standen ihrem Besitzer als Konkubinen zur Verfügung; er konnte sie jedoch nicht, wie es im vorislamischen Arabien offenbar häufig geschah, zur Prostitution zwingen. Für eine freie Muslimin bestand selbstverständlich das Recht auf Konkubinat mit einem ihrer Sklaven nicht. Bei den Mālikiten hatte die Sklavin das Recht, sich mit der freien Frau ihres Mannes in dessen Nächte gleichmäßig zu teilen, nach der Auffassung der anderen Rechtsschulen stand ihr nur eine Nacht von jeweils dreien zu.

Ebenso waren Möglichkeiten, auch Verantwortlichkeiten, die das islamische Familienrecht den Freien gibt, für Sklaven eingeschränkt. Die Strafe für Unzucht und für Verleumdung wegen Unzucht zum Beispiel betrug nur die Hälfte der Strafe für einen Freien. Die Wartezeit einer verwitweten oder geschiedenen Sklavin war kürzer als die einer Freien. Ein Sklave konnte seine Frau verstoßen, sie aber nach nur einmaligem Talāk zurücknehmen. Der Besitzer einer Sklavin, die mit einem anderen, gleich ob einem Freien oder einem Sklaven, verheiratet war, hatte nicht das Recht, sie zu seiner Konkubine zu machen. Auch mehreren Besitzern einer Sklavin war dies nicht erlaubt.

Eine Sklavin, die ihrem Herrn ein Kind geboren hatte, wurde beim Tod ihres Herrn frei. Der Besitzer durfte sie von der Geburt des Kindes an nicht mehr verkaufen, verschenken oder als Pfand geben. Kinder von legalen Konkubinen waren gesetzlich den Kindern der freien Ehefrauen völlig gleichgestellt. Diese Bestimmung hat für die weitere Entwicklung der islamischen Gesellschaft große Bedeutung gehabt.

Seit der Mitte des vorigen Jahrhunderts wurden zunächst in den fortgeschritteneren islamischen Ländern Dekrete zur Eingrenzung der Sklaverei erlassen. Die meisten islamischen Länder haben in ihren nach dem Ersten Weltkrieg angenommenen Verfassungen die Sklaverei offiziell abgeschafft. Auch in konservativen Ländern der arabischen Halbinsel, wie Saudi-Arabien und Bahrein, wurde der Sklavenstand vor Jahrzehnten jedenfalls offiziell aufgehoben.

Wir sehen also, die Scharī'a macht soziale Unterschiede zwischen Mann und Frau und zwischen Freien und Sklaven. Alle freien Frauen, welcher sozialen Schicht sie auch angehören, sind aber vor dem Gesetz gleich.

Die Verschleierung der Frau im Islam ist ein seit Jahrzehnten, auch in islamischen Ländern selbst, kontrovers debattiertes Thema. Im islamischen Gesetz gibt es keine bindende Vorschrift für sie. In der 33. Sure des

Eine Szene aus einem Volksroman: Männer steinigen ein ehebrecherisches Paar. Rechts ins Bild eingeklinkt: Der Abessinier, der die Frau verführt hat, sitzt in einer Kiste. Drakonische Strafen bei Ehebruch trefen also nicht allein die Frauen. (Foto: Staatsbibliothek Preußischer Kulturbesitz, Orientabteilung)

Korans, die aus der Zeit stammt, als Muhammed angesehenes Oberhaupt der islamischen Gemeinde in Medina war, finden sich Sonderregelungen für die soziale Stellung der Ehefrauen des Propheten; deren Zahl betrug inzwischen neun. Die Sure betont Muhammeds Recht auf diese Sonderstellung. Allen anderen Muslims waren gesetzlich bis zu vier Ehefrauen gestattet. Den Quellen ist nicht zu entnehmen, daß Muhammeds Umgebung an diesem Privileg Anstoß genommen hätte. Sie hielt es sichtlich für selbstverständlich, daß eine so außergewöhnliche Persönlichkeit wie er hier Sonderrechte genoß.

In der 33. Sure wird den Frauen Muhammeds der Beiname »Mutter der Gläubigen« verliehen. Es wird ihnen untersagt, sich nach dem Tod Muhammeds wieder zu verheiraten. Hier heißt es auch: »Prophet! Sag deinen Gattinnen und Töchtern und den Frauen der Gläubigen, sie sollen (wenn sie austreten) sich etwas von ihrem Gewand (über den Kopf) herunterziehen. So ist es am ehesten gewährleistet, daß sie (als ehrbare

Frauen) erkannt und daraufhin nicht belästigt werden.« (33:59) In einer anderen Sure heißt es: »Und sag den gläubigen Frauen, sie sollen (statt jemanden anzustarren, lieber) ihre Augen niederschlagen, und sie sollen darauf achten, daß ihre Scham bedeckt ist, den Schmuck, den sie (am Körper) tragen, nicht offen zeigen, soweit er nicht (normalerweise) sichtbar ist, ihren Schal sich über den (vom Halsausschnitt nach vorne heruntergehenden) Schlitz (des Kleides) ziehen und den Schmuck, den sie (am Körper) tragen, niemand offen zeigen, außer ihrem Mann, ihrem Vater, ihrem Schwiegervater, ihren Söhnen, ihren Stiefsöhnen, ihren Brüdern, den Söhnen ihrer Brüder und ihrer Schwestern, ihren Frauen, ihren Sklavinnen ...« (24:31) Hier ist also nur von einer gewissen Verhüllung, nicht ausdrücklich von einer Verschleierung, die Rede. Der zweite Vers scheint davon auszugehen, daß gewisse Stellen des Körpers ohnehin sichtbar sind. Gegner der Verschleierung haben früh darauf hingewiesen, daß während der Pilgerfahrt, einer der »Säulen« des islamischen Glaubens, im Zustand des sogenannten *Ichrām*, Männer und Frauen gehalten sind, Gesicht und Hände zu entblößen.

Feststeht, daß vornehme Bürgerinnen der Handelsstadt Mekka auch schon in vorislamischer Zeit einen Schleier trugen. Auf dem Marktplatz der altarabischen Stadt Ukās sollen einmal einige kesse junge Burschen mit einem jungen Mädchen aus einem anderen Stamm als dem ihren gesessen haben. Die junge Dame war verschleiert und trug ein Gewand mit einer Schleppe. Voller Bewunderung baten sie sie, ihr Gesicht zu entschleiern, doch sie tat ihnen den Gefallen nicht. Da trat einer von hinten an sie heran und befestigte, ohne daß sie es merkte – vermutlich verwickelten die übrigen sie in ein Gespräch –, ihre Schleppe mit einer Nadel am Halsausschnitt ihres Kleides. Als sie aufstand, bot sie so unabsichtlich der losen Schar den Anblick ihrer entblößten Kehrseite. Die Tunichtgute lachten schadenfroh und höhnten: »Sie wollte uns ihr Gesicht nicht zeigen, nun können wir sogar ihren Rücken sehen.« Diese ehrenrührige Behandlung einer jungen Frau wurde Ursache für den Ausbruch einer blutigen Fehde [150, 15ff.]. Die Geschichte zeigt außerdem, daß Frauen in dieser Zeit, obwohl sie verschleiert waren, sich ungezwungen mit Männern unterhalten konnten.

Auch in Ländern, die von den Muslims erobert wurden, etwa in Persien, gab es den Schleier schon. Im alten Orient, bei den Assyrern und

Babyloniern, kennzeichnete der Schleier Standesunterschiede: es war das Recht der freien Frau, ihn zu tragen. Eine Sklavin, die es tat, machte sich strafbar. Ein früher arabischer Historiker begründet Sure 33:59 damit, Muhammeds Gegner in Medina hätten seine Frauen belästigt, wenn diese nachts das Haus verließen, um ihr Geschäft zu verrichten, weil sie unverhüllte Frauen für Sklavinnen hielten [129, VIII, 126f.].

So breitete sich die Sitte, den Schleier zu tragen, in den oberen Schichten der Gesellschaft schnell aus. Auf dem Land, ebenso bei den Beduinen und überall da, wo Frauen schwere körperliche Arbeit verrichten mußten, ist ein Schleier hinderlich und diese Sitte nie so sehr beachtet worden. Mit der Verschleierung von Sklavinnen nahm man es ebenfalls nicht genau, und alten Frauen gestattet der Koran eine weniger strenge Verhüllung (24: 60).

Wollen wir die Miniaturen als Dokumentation verwenden, so müssen wir schließen, daß auch hochgestellte Damen, sowohl der städtischen Gesellschaft des Irak im 13. (Abb. S. 56) als auch höfischer Kreise des Iran im 15. Jahrhundert (Abb. 3) sich nicht immer strikt verschleierten. Wir finden hier öfter Beispiele für vornehme Damen, die zumindest in ihren eigenen Gärten und Palästen, aber nicht nur dort (Abb. S. 61), unverschleiert mit freien Männern zusammentrafen, mit denen sie nicht verwandt waren.

Gewiß illustrieren diese Miniaturen literarische Texte, doch man wird annehmen dürfen, daß die Maler von Gegebenheiten ausgingen, die ihnen aus ihrer Umgebung geläufig waren. Zudem bestätigen Berichte europäischer Reisender diese Beobachtungen jedenfalls für den Iran des 15. Jahrhunderts. [98, 171f.] Beim Besuch der Moschee (Abb. 6 und 26) und wenn sich Aristokratinnen unters Volk mischten (Abb. 11) wurden aber wohl immer wenigstens das Haar, die Stirn und der untere Teil des Gesichts bedeckt. Wenn dagegen Prinzessinnen auf indischen Miniaturen der Mogulzeit unverschleiert erscheinen, so wissen wir, daß nicht sie selbst dem Maler zu Porträtstudien saßen, sondern eine ihrer Sklavinnen tat dies für sie.

Im übrigen trugen manchmal auch Männer Schleier, etwa Sozialrevolutionäre, die im Gewand von Propheten auftraten, wie der Anführer des Aufstandes der Sandsch, schwarzer Sklaven, die im Südirak zur Entwässerung der Sümpfe eingesetzt waren, in der zweiten Hälfte des 9. Jahr-

Die Ehre einer verheirateten Frau anzutasten galt als Beleidigung, die schwere Strafe nach sich zog. Hier eine Szene aus der Fabelsammlung Kalīla wa-Dimna: Ein Falke versucht seinem Falkner die Augen auszuhacken, weil dieser – vergeblich – der Frau des Gouverneurs von Balch nachstellte. Der Ehemann vertreibt den Falken mit einem Stock. Die Ehefrau trägt ein buntgemustertes Gewand mit den typischen weiten Ärmeln jener Zeit und erscheint unverschleiert. (Foto: Bibl. Nat. Paris.)

hunderts. In späteren Miniaturen erscheint auch der Prophet Muhammed meist mit einem Schleier, der das ganze Gesicht bedeckt.

Das arabische Wort für »Vorhang« ist dasselbe wie für »Schleier«: *Hidschab*. In dieser Bedeutung erscheint es in einem anderen (langen) Vers der 33. Sure, der zur religiösen Begründung der Geschlechtertrennung wurde und der sich eindeutig auf die Frauen des Propheten bezieht:

»... und wenn ihr die Gattinnen des Propheten um (irgend) etwas bittet, dann tut das hinter einem Vorhang. Auf diese Weise bleibt euer und ihr Herz eher rein.«

In frühen arabischen Geschichtswerken wird erklärt, wie es zu dieser Offenbarung gekommen sei: Muhammed hatte Seinab Bint Dschachsch, die attraktive Frau seines früheren Sklaven Seid Ibn Hāriẞa, der ihm so nahestand, daß er ihn adoptierte, zufällig im leichten Hausgewand gesehen, als er zu Seids Haus kam. Das weckte sein Begehren. Seid wollte sich Muhammed zuliebe von Seinab trennen, doch Muhammed wollte dies nicht. Andererseits war Seinab gegen ihren Willen von Muhammed mit Seid verheiratet worden und zeigte Seid nun deutlich ihre Ablehnung. Schließlich kam die Ehe zwischen Seinab und Muhammed zustande. Beim Hochzeitsmahl, das Muhammed für seine Gäste gab, blieben diese aber sehr lange. Muhammed verließ ungeduldig mehrfach den Raum und ging auf den Hof in der Hoffnung, man würde ihn dann mit seiner neuen Frau, auf die er monatelang gewartet hatte, allein lassen. Doch das geschah nicht. So soll Sure 33:53 geoffenbart worden sein.

Übrigens gab es die Sitte, daß hochstehende Persönlichkeiten durch einen Vorhang dem Anblick gewöhnlicher Sterblicher entzogen wurden, bereits im sassanidischen Persien. Wir wissen nicht, ob Muhammed das bekannt war. Aber schon der erste Umayyadenchalif, Mu'āwiya, soll des öfteren, besonders wenn er zuviel Alkohol zu sich genommen hatte, durch einen Vorhang von seinen Untergebenen getrennt gewesen sein. In späterer Zeit entwickelte sich bei einigen islamischen Dynastien, etwa bei den Fātimiden in Ägypten, ein eigenes Zeremoniell auf diesem Gebiet. So waren Schleier und Vorhang zunächst ein Symbol für Ehre und Ansehen.

Die Beschränkung der Frau auf den häuslichen Bereich, die mit dieser Institution verbunden war, ihr Ausschluß aus dem öffentlichen Leben, der einherging mit einer zunehmenden Begrenzung ihrer Bildungsmöglichkeiten, hat sich aber für die soziale Position der Frau und für die gesamtgesellschaftliche Entwicklung in den islamischen Ländern in späteren Jahrhunderten ungünstig ausgewirkt.

Für eine Reformierung der Scharī'a haben sich besonders die Frauenorganisationen der einzelnen Länder eingesetzt. Doch davon soll im Schlußkapitel die Rede sein. Wir wollen uns jetzt dem Alltag islamischer Frauen in der Vergangenheit zuwenden.

Harīm – »verboten, tabuisiert, geschützt, geheiligt«

Der Alltag in Familie und Gesellschaft

Die Geburt einer Tochter war für die Mutter seltener ein Anlaß zur Freude als die eines Sohns. Daß sie ein Mädchen geboren hatte, nicht einen Jungen, konnte sie daraus entnehmen, daß die Frauen, die bei der Geburt halfen, nicht laut jubelten und Allāh priesen, sobald das Kind da war, sondern nur verhalten flüsterten [118, 255]. Das traf auf alle Gesellschaftsschichten zu. So war die Ankunft einer Tochter bei den Reichen auch kein Grund für ein aufwendiges Freudenfest wie die eines Sohns. Das hatte seine Ursache nicht nur darin, daß Frauen von Kindheit an vom öffentlichen Leben separiert waren, sondern in der Unsicherheit der Zeitläufe, in denen ein Sohn zum Unterhalt der Familie, bei den Beduinen auch zur Verteidigung gegen Feinde beitragen konnte, ein Mädchen aber nicht. Außerdem verließ das Mädchen, wenn es heiratete, die eigene Familie, um bei der seines Mannes zu leben und mit den Söhnen, die es auf die Welt brachte, zu deren Stärkung beizutragen.

Daß die Beduinen zur Zeit Muhammeds ein finsteres Gesicht zogen, wenn sie von der Geburt einer Tochter erfuhren, und das Neugeborene mitunter lebend im Wüstensand vergruben, ist dem Koran zu entnehmen, der das streng mißbilligt (16:58f.). Der Koran läßt auch die Ursache erkennen: Soziale Not und Furcht vor Schande (17:31).

Den Namen des Kindes wählen bis heute die Eltern aus. Namen aus der Familie des Propheten, seiner Mutter Āmina, seiner Frauen Chadīdscha, Ā'ischa und Seinab, seiner Töchter Fātima, Umm Kulßūm und Rukayya sind bis heute Standardnamen für Mädchen in vielen islamischen Ländern. Doch war und ist, wie überall, die Namengebung auch der Mode, der Familientradition sowie lokalen und sozialen Faktoren unterworfen. Entweder unmittelbar nach der Geburt, meist aber eher sieben Tage danach kam ein Religionsgelehrter in die Wohnung der Eltern und flüsterte dem Kind den erwählten Namen, den Gebetsruf und das islamische Glaubensbekenntnis ins rechte Ohr. Damit war es in die Gemeinschaft der Gläubigen aufgenommen, sollte aber abergläubischen Vorstellungen zufolge auch davor bewahrt werden, durch böse Geister Schaden zu nehmen. Nach der Sunna gilt es außerdem als erwünscht, daß dem Kind am siebenten Tag nach der Geburt das Haar geschoren und zu seinen Ehren ein Opfertier geschlachtet wird. Es war üblich, für einen Jungen zwei Hammel zu schlachten, bei einem Mädchen genügte einer, oder das Opfer wurde unterlassen. Das Fleisch des Opfertiers pflegte man an die Armen zu verteilen. Dem Gläubigen wurde zudem empfohlen, das Gewicht des geschorenen Haares in Silber oder Gold als Almosen zu spenden. Die Sitte stammt sicher aus dem arabischen Heidentum, wurde aber vom Islam konserviert.

Zu den frühesten und einfachen arabischen Gedichtchen gehören Kniereiterliedchen, die allerdings bald auch kunstvoller und für Söhne führender Familien propagandistisch ersonnen wurden. In Versen aus dem 7. Jahrhundert, die einer Araberin in den Mund gelegt werden, wird die Rolle einer Tochter deutlich: Helferin der Mutter und dann Mittel für Heiratspolitik, der Verbindung zum Herrscherhaus der Umayyaden:

»Daß sie ein Mädchen ist, was kann ich dafür?
Sie wäscht mir das Haar und gerät mir zur Zier,
den herabgefallenen Schleier bringt sie mir.
Und wird sie erst größer und ist acht,
steht ein Gewand vom Jemen ihr an zu Pracht.
Dem Marwān oder Mu'āwiya verheirat ich dich,
vornehmen Männern, zu hohem Brautgeld sicherlich.«

[277, 221]

Die Sorge um die Zukunft kleiner Mädchen konnte auch diese Form annehmen:

»Ist Wasnā' nicht perlengleich,
zumal im Seidenkleidchen weich.
Aber ihr schönstes Gewand ist ein Leichentuch rein,
in das man sie hüllt auf der Bahre ein.

Und wenn man sie eilends zum Grabe bringt,
unser Herz vor Freuden hüpft und springt.«

[277, 223]

Aber eigentlich war (und ist) die islamische Welt kinderfreundlich:

»Erwüchsen mir nicht Töchterlein
klein und zart wie Küken voll Flaum,
zur Suche meines Unterhalts
böt' die Erde mir weiten Raum,
doch unsere Kinder sind für uns
als wandelten auf Erden unsere Herzen:
Weht nur ein Windhauch eines an,
finden wir nicht Ruh vor Schmerzen.«

[277, 224]

Der arabische Dichter Baschschār Ibn Burd (st. 184) trauert mit folgendem Gedicht über den Tod einer Tochter:

»O Töchterchen, das ich nicht gewollt,
du warst kaum fünf, als der Tod dich geholt.
Da hatt' ich dich so innig lieb,
daß Kummer mir das Herz zerrieb.
Ja, du warst besser als ein Sohn,
der früh schon trinkt und nachts gibt Huren Lohn.«

[ibid.]

Die Erziehung von heranwachsenden Söhnen scheint also auch damals schon nicht ganz unproblematisch gewesen zu sein.

Ein Beduine mied seine Frau, weil sie nur Mädchen gebar. Sie aber verteidigte sich und andere, denen es genauso ging, selbstbewußt:

»Sieh, wir sind doch nur,
was Erde dem Samen:
Wir lassen wachsen,
was wir von euch bekamen.« *[277, 222]*

Instinktiv entspricht sie damit sogar den Erkenntnissen der modernen Medizin.

Das kleine Mädchen wuchs in den Frauengemächern des Hauses oder im Frauenabteil des Zeltes auf. Der arabische Name für das erstere ist *Harīm*, die persisch-indische Bezeichnung lautet *Senāne*, von persisch *sen* »Frau«. Das Wort Harīm ist über das Türkische in der Form Harem zu uns gelangt und ruft meist phantastische Vorstellungen wollüstiger Üppigkeit hervor. Harīm ist von der arabischen Wurzel *harama* abgeleitet, die bedeutet: »verbieten, tabuisieren, schützen, heiligen«. Harīm bezeichnet einen unverletzlichen Ort, den Teil des Hauses, an dem sich die weiblichen Familienmitglieder und Haushaltsangehörigen aufhielten. In den weiblichen Angehörigen eines Mannes konnte nach arabischer Vorstellung seine Ehre am tiefsten getroffen werden. So hatten zum Harem eines Hauses gewöhnlich nur der Hausherr, seine Söhne und allenfalls noch ein Arzt Zutritt.

Harīm war aber auch die Bezeichnung der Frauen, die sich in diesen Gemächern aufhielten, also der Ehefrau(en) eines Mannes, seiner Mutter, Schwestern, Töchter und Schwiegertöchter. In den höfischen Palästen umfaßte der Harem meist eine stattliche Anzahl von Personen, neben den Frauen des Hausherrn auch deren Bedienstete, Sklavinnen, seine Konkubinen, die Kinder dieser Frauen und Eunuchen zu ihrer Bedienung und Bewachung. Doch davon später ausführlicher.

Über die Ausbildung kleiner Mädchen in den islamischen Ländern vor der Neuzeit im 19. Jahrhundert wissen wir wenig. Sie war sicher abhängig von ihrer sozialen Zugehörigkeit. Vermutlich wurden die meisten von klein an auf ihre spätere Rolle als Hausfrau vorbereitet, also mit häuslichen Tätigkeiten, auch mit Handarbeiten vertraut gemacht. Jedenfalls berichten das Soziologinnen von den innerarabischen Beduinen [z. B. 208] und aus marokkanischen Kleinstädten der Mitte dieses Jahrhunderts [106], also ausgesprochen konservativen Lebensbereichen, in denen sich vermutlich im Lauf der Jahrhunderte nur wenig geändert hat.

Mädchen aus Familien, in denen Gelehrsamkeit Tradition war, wurden auch mit den Grundlagen der islamischen Wissenschaften vertraut gemacht. Sie konnten durch ihren Vater oder durch Hauslehrerinnen dieselbe gründliche Ausbildung wie ihre Brüder erhalten. Allerdings war es auffällig, wenn jemand seine Töchter ebenso ausbilden ließ wie seine

1 *Ganz realistisch zeigt diese arabische Miniatur die Ankunft zweier Reisender in einem kleinen Ort. Es fehlen weder Moschee mit Minarett noch verschiedene Haustiere an einem Gewässer, auch nicht Hahn und Henne auf den kuppelförmigen Dächern der ebenerdigen Häuser wohl des Sūks, des Markts. An der rechten Seite ein Blick auf das Stadttor und den Torhüter mit seiner langen Hellebarde. Davor sitzt eine Frau mit dem Spinnrocken unterm Arm. Die Kleider aller Personen, auch die Satteldecken der Reitkamele, sind mit den Tirās genannten Schriftbändern verziert. (Bagdad, datiert, 1237, Bibliothèque Nationale, Paris)*

2 Eine Szene aus einem persischen romantischen Epos – ein Prinz besucht eine Prinzessin in ihrem Pavillon – zeigt uns die prächtige Innenausstattung des Raumes. Nicht nur farbige Fliesen schmücken die Wände, sondern auch zarte Wandmalereien, wie sie die islamische Überlieferung eigentlich nicht gestattete. Auf dem Boden liegt ein leuchtend roter Teppich unter dem goldschimmernden Thron des Königs. (Iran, Schiras, wahrscheinlich zwischen 1500 und 1600, Orientabteilung der Staatsbibliothek Preußischer Kulturbesitz, Berlin)

3 Eine der zartesten Miniaturen der islamischen Kunst überhaupt zeigt die Ankunft des Prinzen Humāy bei der Prinzessin Humāyūn und ihren Damen. Am nächtlichen blauen Himmel stehen golden Mondsichel und Sterne, aber die blühenden Sträucher und Bäume des Gartens ebenso wie die Gewänder der ätherischen Figürchen leuchten in allen Farben des Tageslichts. (Herat, 1. Hälfte 15. Jahrhundert, Musée des Arts Décoratifs, Paris)

4 Eine farbenfreudige Szene vor einem indischen Stadttor auf einer Miniatur, die für die Bibliothek des Kaisers Dschahāngīr angefertigt wurde. Wir sehen einen Bäcker in seinem Laden, einen Holzverkäufer, einen Wasserträger, Gärtner bei der Arbeit und, durch Bäume und eine Mauer abgeschirmt, Frauen, die an einem Wasserlauf klöppeln. Innerhalb der Stadt erkennen wir Koranleser auf dem Dach eines Hauses, in dessen Innern zwei Frauen gestikulieren, während zwei andere sich im Haremsgarten unterhalten. Der Torhüter schaut von oben herab zu. (Indien, 1617/18, Orientabteilung der Staatsbibliothek Preußischer Kulturbesitz, Berlin)

5 Die Königin von Saba erscheint im Koran, ohne daß hier, wie es später geschah, gegen die Frau auf dem Thron polemisiert wird. Der Miniaturist malte sie wie eine persische Prinzessin des 16. Jahrhunderts mit dem Tādsch-kulāh, dem »Kronenhut«, auf dem Kopf, umgeben von geflügelten Genien, die ihr Erfrischungen reichen oder musizieren. Im Vordergrund der Satan und eine Herde phantastischer Reittiere, die nach koranischer Überlieferung von Allāh aus göttlichen Geistern geschaffen wurden und den Befehlen von Salomo gehorchen, dem Geliebten der Königin. (Iran, Mitte 16. Jahrhundert, Bibliothèque Nationale, Paris)

6 Bei den Sūfis, den islamischen Mystikern, genoß die Frau meist größere Wertschätzung als im orthodoxen Islam. Eine Miniatur zeigt Frauen, die am Gottesdienst teilnehmen, auf einer eigenen Galerie, wie es die Sunna vorschreibt, dahinter im Zentrum der Regent. (Iran, Mitte 16. Jahrhundert, Bodleian Library, Oxford)

7 Am Hof des Mogulkaisers Akbar findet ein Freudenfest statt, denn ein Prinz ist geboren. Oben sehen wir die Hofastrologen, die das Horoskop stellen, in der Mitte Musiker, eine Tamburinschlägerin und Tänzerinnen. Vor dem Palasttor werden Brot und Geld an das Volk ausgeteilt. (Delhi, spätes 16. Jahrhundert, Chester Beatty Library, Dublin)

8 Leilī und Madschnūn verliebten sich in der Koranschule ineinander. Schüler und Schülerinnen knien vor dem ebenfalls knienden Lehrer auf bunten Teppichen, die Koranexemplare auf den typischen Lesepulten vor sich. Im Vordergrund links erhält ein Schüler die Bastonade, rechts reibt ein Schuldiener Tinte. Der Unterricht findet, wie üblich, in einer Moschee statt. (Iran, Schiras, datiert, 1576, Museum für Islamische Kunst, Staatliche Museen Preußischer Kulturbesitz, Berlin)

9 Eine Szene aus dem Schāch-nāme: Rūdābe ist kurz vor der Entbindung von Rustam aus Sorge um die Schwere ihres Leibes, die eine Geburt unmöglich erscheinen läßt, einer Ohnmacht erlegen. Eine alte Frau, ihre Mutter, besprüht sie mit Duftwasser zur Erfrischung. Im Vordergrund überreicht ein Eunuch einer Dienerin ein stärkendes Fleischgericht. Auf dem Dach fragt der Vater des Kindes, der weißhaarige Sāl, seinen Beschützer, einen Zaubervogel, um Rat. Der beschreibt ihm den Kaiserschnitt, durch den die Entbindung erfolgen muß, und der Mobed, der weise Mann, der sie durchführen wird, tritt bereits zur Tür hinein. (Iran, Schule von Isfahan, datiert 1605), Deutsche Staatsbibliothek, Berlin)

10 Aus dem Schāch-nāme: Die Königstochter Tachmīna kommt nachts in das Zimmer von Rustam, dem Mann, auf den sie lange sehnsüchtig gewartet hat. Wir sehen die reiche Innenausstattung eines vornehmen Schlafgemachs im Persien des 15. Jahrhunderts. Man schlief auf einem Polster auf dem Boden, unter einer Brokatdecke. (Iran, Schiras oder Isfahan, um 1410, Fogg Art Museum, Harvard University, Cambridge, Mass.)

11 Ein Fürst sieht von einem Podest aus einem Volksfest zu. Seine weiß verschleierten Haremsdamen sitzen, von Eunuchen bewacht, zu beiden Seiten. Es wird musiziert, Essen bereitet, man vergnügt sich auf einem Teich. (Iran, wahrscheinlich Schule von Meschhed, um 1570, Orientabteilung der Staatsbibliothek Preußischer Kulturbesitz, Berlin)

12 Ein Bild vom persischen Hof um 1600 zeigt uns diese Miniatur aus einer Schāch-nāme-Handschrift: Sāl, zum Zeichen seiner königlichen Würde mit einer prachtvollen Krone auf dem Haupt, ist bei Nacht mit einem fackeltragenden Diener zum Hof seiner Angebeteten, der schönen Rūdābe, gekommen, die auf der Terrasse nach ihm Ausschau hält. Die Haremswächter schlafen. Im Vordergrund wird ein Hase am Spieß gebraten. Eine Gespielin der Rūdābe im Obergeschoß läßt sich von einem Eunuchen einen Leuchter bringen, um Sāl bei seinem Einstieg ins Schloß behilflich zu sein. (Iran, Schule von Isfahan, datiert, 1605, Deutsche Staatsbibliothek, Berlin)

13 In einer Landschaft mit blühenden Bäumen bereiten Damen ein Picknick vor. Eine Dienerin bläst mit vollen Backen das Feuer an, über dem das Essen in einem großen Kessel gekocht wird. Im Vordergrund wird eine Pastete geknetet, ein schwarzer Eunuch wartet auf. Weiter hinten tanzt man und unterhält sich. Die Damen tragen farbenfrohe Gewänder mit kleidsamen buntgestickten Kopftüchern. Einige enthüllen unter aufgeschürzten Obergewändern prachtvoll bunte Hosen. (Iran, um 1575, Bodleian Library, Oxford)

14 Prachtvoll ist dieser Mogulteppich des ausgehenden 16. Jahrhunderts. Er zeigt phantastische Szenen, etwa in der unteren Hälfte zwei Fabeltiere, die von schwarzen Elefanten umgeben sind. Um den Leib des einen knotet sich der Schwanz des geflügelten Vierbeiners. Im oberen Drittel ist ganz realistisch ein indisches Haus mit Männer- und Frauenabteil dargestellt. (Indien, spätes 16. Jahrhundert, Museum of Fine Arts, Boston)

15 Die Moschee war nicht nur der Ort für das rituelle Gebet und den Gottesdienst, sondern auch für Studien bei berühmten Lehrern. Daß eine Dame, wie hier, zu diesem Zweck eine Moschee aufsuchte, gehörte allerdings nicht zu den Alltäglichkeiten. Der vor ihr hockende Lehrer erläutert ihr gerade ein Beispiel aus der arabischen Grammatik. In der Moschee Betende in verschiedenen Stadien des Gebetsritus, vor der Gebetsnische disputieren zwei Theologen, neben der holzgeschnitzten Kanzel meditiert ein Frommer. Vor dem Eingang verrichtet ein Mann die obligatorische rituelle Waschung, ein schwarzer Diener reicht ihm ein Tuch. Direkt neben der Tür bittet ein Derwisch um eine milde Gabe. (Chorasan, Miniatur von Bihzād, datiert, 1488/89, National Library, Kairo)

16 Den Tādsch-Kulāh und einen dazu passenden gestickten Kragen, lange Ohrgehänge und Perlenschmuck um Gesicht und Hals trägt diese persische Prinzessin aus der Zeit um 1540. (Iran, Stil von Täbris, um 1540, Fogg Art Museum, Harvard University, Cambridge, Mass.)

Söhne, sonst würde es in den Quellen nicht ausdrücklich erwähnt. Aber die arabische biographische Literatur nennt bis ins 15. Jahrhundert Frauen, die sich in den Traditionswissenschaften hervortaten.

Der schon zitierte Bagdader Theologe Ibn al-Dschausi allerdings verfaßte sein »Buch der Satzungen für Frauen«, wie er im Vorwort sagt, weil Frauen der Belehrung auf religiösem Gebiet mehr bedürften als Männer, »weil sie dem Wissen fern sind und die Leidenschaft von Natur aus über sie herrscht« [120, 130f.]. Sicher ist zu bedenken, daß dies die Niedergangszeit des Abbasidenchalifats war. Ibn al-Dschausi belehrt also über Reinheitsvorschriften während der Periode und der Schwangerschaft. Er erklärt das Gebetsritual und die anderen religiösen Pflichten. Zum Schluß führt er Frauen auf, die im Hinblick auf Tugend und eifrigen Gottesdienst vorbildlich waren, darunter auch die Sängerin Bid'a (weil sie sich von dem hohen Preis, den ein Käufer für sie bot, nicht beeindrucken ließ) [120, 449].

Bildungsstätte für Kinder aus den unteren städtischen Schichten und auf dem Land war oft noch bis in die Mitte dieses Jahrhunderts die Koranschule. Kinder lernten dort gegen ein kleines Entgelt den Koran auswendig, auch ein wenig Lesen, Schreiben und Rechnen. Der Perser Nisāmi läßt in seinem romantischen Epos »Lailī und Madschnūn« die Liebe des jungen Paares in der Koranschule beginnen, und persische Miniaturen stellen den Topos öfter ganz realistisch dar (Abb. 8). Aber meist waren diese Schulen Knaben vorbehalten.

Töchtern aus Fürstenhäusern könnte es so gegangen sein wie der Kudiya fakān aus »Tausendundeiner Nacht«, die gemeinsam mit ihrem Vetter reiten lernt, »mit dem Schwerte zu schlagen und mit der Lanze zu stechen«. Eine andere Prinzessin aus dieser berühmten Erzählsammlung sagt von sich: »Mich soll keiner zum Weibe haben, es sein denn, er überwinde mich mit Pferd und Lanze auf offenem Feld im Waffentanze.« Im iranischen Nationalepos, dem Schăch-nāme, erscheinen solche Frauen ebenfalls. Miniaturen, auch zu anderen Werken der persischen Literatur, zeigen Frauen hoch zu Roß, das Schwert oder die Keule schwingend.

Die Amazone als literarische Gestalt gab es schon in der Antike. Daß sie in islamischen Ländern je mehr war als ein Topos, eine literarische Utopie, ist kaum anzunehmen.

Aus einem persischen Fürstenspiegel des 11. Jahrhunderts, dem *Kabūs-*

nāme des Kai Kā'ūs aus der Siyaridendynastie am Kaspischen Meer, läßt sich dieser Rat für die Erziehung einer Fürstentochter entnehmen: »Wenn du eine Tochter hast, dann vertraue sie verständnisvollen Ammen an und erziehe sie sorgfältig. Ist sie herangewachsen, dann schicke sie zu einem Lehrer, damit sie die religiösen Vorschriften und Pflichten kennenlernt. Die Schreibkunst aber laß sie nicht lernen. Wenn sie groß ist, bemühe dich, sie so schnell wie möglich zu verheiraten. Denn es ist besser, wenn überhaupt keine Tochter da ist; ist sie aber da, dann ist es besser, wenn sie verheiratet oder im Grabe ist« [136, 158]. Das Folgende macht deutlich, daß es vor allem die Sorge um die Tochter war, die im Gegensatz zu einem Sohn sich nicht selbst erhalten und einen Beruf ausüben konnte, die den 63jährigen Regenten zu solchen Worten trieb. Sein Sohn solle für eine jungfräuliche Tochter einen ebenfalls unberührten jungen Mann suchen, damit dieser nach keiner anderen Verlangen trage, hübsch solle der junge Mann sein, damit seine Tochter an ihm Gefallen finde, rechtschaffen, aus angesehener Familie, aber aus geringerem Haus als er selbst: »damit er auf dich stolz ist, nicht etwa du auf ihn«. Dies widerspricht zwar der Scharī'a, die soziale Ebenbürtigkeit der Ehepartner verlangt, liegt aber im Rahmen dynastischen Machtdenkens.

Bis heute ist in einigen islamischen Ländern, vor allem in Ägypten und dem Sudan, die Beschneidung kleiner Mädchen als Brauch so verwurzelt, daß auch ein gesetzliches Verbot, wie in Ägypten 1959, sie nicht abschaffen konnte. Die ägyptische Erzählerin Alifa Rifaat (geb. 1930 in Kairo) schildert in einer Kurzgeschichte das Trauma des Vorgangs für ein kleines Mädchen. Die Beschneidung von Jungen und Mädchen ist aus vorislamischer Zeit in den Islam übernommen worden. Während der Koran sie gar nicht erwähnt, wird in der frühen Traditionsliteratur meist nur die Beschneidung von Knaben als obligatorisch bezeichnet. Doch bald wurde »um der Keuschheit des Mädchens willen« auch deren Beschneidung religiös empfohlen, galten doch Frauen als von Natur aus sexuell sehr begehrlich. Der oben genannte Bagdader Hanbalit Ibn al-Dschausi führt in seinem »Buch der Satzungen für Frauen« diverse Überlieferungen auf, die sie empfehlen. Allerdings soll Muhammed um des Mannes und damit der Ehe willen einer Beschneiderin in Medina geraten haben, sie solle nicht alles entfernen, sondern vorsichtig sein [136, 144ff.; 43]. Tatsächlich reicht die Praxis von der Entfernung der Vorhaut der Klitoris bis zu deren gesamter Exstirpation und im Sudan sogar zur Entfernung der inneren Schamlippen. Das heißt, Mädchen werden in ihrem sexuellen Empfinden stark beeinträchtigt oder sogar sexuell verstümmelt. Ein ägyptischer Autor machte Ende der fünfziger Jahre die Mädchenbeschneidung in Ägypten für die Drogensucht ägyptischer Männer verantwortlich [162], verzögere doch Haschisch die sexuelle Erregung des Mannes. So könne eine beschnittene Frau vielleicht doch einen Orgasmus erfahren. Die machistische Selbstverständlichkeit, mit der Ibn al-Dschausi die Mädchenbeschneidung als notwendig darstellt, »um das sexuelle Verlangen der Frau zur Ausgeglichenheit zurückzubringen«, mit der er eine zu sanfte Beschneidung für lesbische Beziehungen verantwortlich macht, treibt der heutigen Leserin die Zornesröte ins Gesicht. Während die Beschneidung kleiner Jungen als eine Art Initiationsritual gefeiert wird, geschieht die kleiner Mädchen in aller Stille. Dies dürfte mit der sozialen Rolle der Frau zusammenhängen.

Mit acht oder neun Jahren, in vornehmen Familien noch eher, trug das kleine Mädchen den Gesichtsschleier, und sein Schamgefühl entwickelte sich so, daß mehrere europäische Reisende erstaunt beobachteten, daß islamische Frauen eher bereit waren, einem Arzt ihren Körper zur Untersuchung zu überlassen, als vor ihm ihr Gesicht zu entschleiern.

Früh, meist vor der Vollendung des zwölften Lebensjahrs, sollte das kleine Mädchen verheiratet werden. Ein Grund war sicher, das ein Mädchen jungfräulich heiraten sollte, zudem gebietet ja der Islam die Ehe. Der nun schon öfter zitierte Bagdader Theologe Ibn al-Dschausi empfiehlt aber, daß man einen hübschen jungen Mann aussuchen solle, »denn sie lieben für sich, was Ihr für Euch auch mögt« [136 305].

Die frühe Verheiratung des Mädchens, die ihm selten eine Möglichkeit zur geistigen Reifung und einer intensiveren Ausbildung ließ, war sicher ein Grund für die wachsende Degradierung der Frau in der islamischen Welt. Aus der Frühzeit des Islams wird mehrfach überliefert, daß ein Mädchen oder eine Frau persönlich den Antrag eines Bewerbers entgegennahm [81, IV, 612f.; 265, 231], und daß dem Antrag durchaus nicht immer entsprochen wurde. Jahrhundertelang aber war, wie auch in Europa bis ins ausgehende 19. Jahrhundert, eine Ehe eher eine Verbindung zwischen zwei Familien als zwischen zwei jungen Leuten, die einander liebten.

Da Frauen in der Öffentlichkeit allenfalls verschleiert erschienen, konnte ein Mann, der heiraten wollte, seine Zukünftige vorher weder sehen noch etwa näher kennenlernen. Nur wenn er seine Kusine zur Frau nahm, und das kam und kommt bis in die Gegenwart in allen islamischen Ländern sehr häufig vor, war ihm seine Braut schon vor der Ehe bekannt. Bei dem engen Zusammengehörigkeitsgefühl, das zwischen den Mitgliedern der Großfamilie im Orient herrscht, wurden solche Ehen empfohlen, ja, der junge Mann hatte vor anderen Bewerbern ein Vorrecht auf seine Kusine väterlicherseits. Ansonsten war der Heiratslustige auf die Vermittlung seiner weiblichen Familienangehörigen oder auch eine gewerbsmäßige Heiratsvermittlerin angewiesen.

Die letzteren versuchten oft, ihre männliche »Kundschaft« zu übertölpeln. So wird in einer arabischen Sozialsatire des 11. Jahrhunderts berichtet, ein Bagdader habe lange nach einer schönen Frau gesucht. Schließlich versprach ihm eine Heiratsvermittlerin eine, die aussehe, »wie ein Narzissenstrauß«. In der Hochzeitsnacht stellte der Mann fest, daß die so Charakterisierte eine unschöne alte Frau war. Die Vermittlerin aber begründete ihren Vergleich so: »Nun ja, ihre Gesichtsfarbe ist gelb, ihr Haar ist weiß, und ihre Beine sind dunkelfarben.« [37, XLVI] Noch aus Kairo um 1930 wird von einem ganz ähnlichen Betrugsmanöver erzählt. [154, 33ff.]

So war es besser, wenn der junge Mann sich auf seine Mutter oder andere weibliche Verwandte verließ, die sich in der Nachbarschaft nach Familien mit heiratsfähigen Töchtern umhörten. Sie meldeten sich dann dort zu einem Besuch an, konnten das junge Mädchen in Augenschein nehmen, vielleicht auch ein paar Worte mit ihm wechseln. Die Dauer des Besuches konnte ein Hinweis auf das Interesse der Besucherinnen sein.

Die Mutter des jungen Mädchens gab diesem vorher wohlgemeinte Ermahnungen, etwa so: »Mein Töchterchen, dies ist deine Tante, sie ist zu dir gekommen, um dich anzuschauen. Verbirg vor ihr nichts, was sie über dein Aussehen und dein Wesen wissen möchte, und sprich zu ihr, worüber sie mit dir reden will!« Hier kam die Vermittlerin, eine ehrliche Frau, zu dem Schluß: »Lüftet man den Schleier, wird nicht betrogen der Freier« [117, 110]. Wenn das junge Mädchen der oder den Besucherinnen gefallen hatte, dann kamen sie wieder, um seiner Familie die finanzielle Situation des Bräutigams darzulegen und dessen Aussehen zu schildern.

Eine gewerbsmäßige Vermittlerin pries den Bräutigam meist in den höchsten Tönen. Mit der Wahrhaftigkeit nahm sie es dabei nicht allzu genau. Die Vertreter des Bräutigams und der Braut verhandelten dann geschäftsmäßig über die Brautgabe. War man zu einem für beide Seiten annehmbaren Ergebnis gekommen, rezitierte man gemeinsam die Eröffnungssure des Korans und setzte den Tag fest, an dem der Ehevertrag aufgesetzt werden sollte.

An diesem Tag brachte der Bräutigam das Brautgeld ins Haus der Braut und überreichte es deren gesetzlichem Vertreter. Der Vertrag wurde bis in den Beginn dieses Jahrhunderts oft nur mündlich abgeschlossen, auch hierbei wurde die erste Sure des Korans rezitiert. Meist war ein Religionsgelehrter zugegen, der eine kleine Ansprache hielt. Man nahm einige Erfrischungen zu sich und setzte fest, wann die *Leilat ad-Duchla* stattfinden sollte, die »Nacht des Ehevollzugs«, die Nacht, in der die Braut in das Haus des Bräutigams gebracht wurde, um seine Frau und Mitglied seiner Familie zu werden. Diese Zeitspanne betrug acht bis zehn Tage, manchmal auch mehrere Monate. In der »Verlobungszeit« war die Familie der Braut damit beschäftigt, ihr von dem Brautgeld und aus eigenen Mitteln die Ausstattung, also Kleider, Hausgerät, Bettzeug, Teppiche, zu besorgen. Der Bräutigam schickte der Braut, je nach seinem sozialen Status, Geschenke, etwa Früchte, Süßigkeiten, ein Tuch, und auch sie bedachte ihn mit kleinen Gaben. Er durfte sie aber immer noch nicht sehen. Erst nach 1910 konnte eine Braut ihrem Bräutigam eine Fotografie von sich als Ersatz für eine persönliche Begegnung schicken.

Die Hochzeitsbräuche waren regional und sozial unterschiedlich. Sie blieben sich auch nicht durch alle Zeiten gleich. In der Frühzeit des Islams waren sie schlicht. Doch wurde die Braut gekämmt, geschmückt und in ein besonders kleidsames Gewand gehüllt. Man richtete das Haus des Mannes für die Feierlichkeiten und die Brautnacht her.

Ā'ischa trug bei ihrer Hochzeit mit Muhammed ein Kleid aus rotgestreiftem Stoff aus Bahrein, das sich später jede Frau aus Medina, die heiraten wollte, von ihr auslieh. Das geschah sicher auch, weil sich die jeweilige Braut davon besonderen Segen versprach.

Als Muhammeds Tochter Fātima mit seinem Vetter Alī verheiratet wurde, bestreuten Ā'ischa und eine andere Frau Muhammeds den Boden mit weichem Sand, füllten zwei Kissen mit Palmfasern und stellten Feigen, Datteln und wohlschmeckendes Wasser bereit. Hier fand also augenscheinlich die Hochzeit im Haus der Braut, dem Haus des Propheten, statt. Meist aber wurde die Braut ins Haus des Bräutigams geleitet. Junge Mädchen begleiteten sie und sangen etwa: *ateinākum, ateinākum fāhayānā wāhayākum*, »Wir kommen zu Euch, wir kommen zu Euch, drum grüßt uns, und wir grüßen Euch«. Ein Hochzeitsmahl ist der Tradition zufolge Pflicht bei jeder muslimischen Hochzeit. Früher fand es für Männer und Frauen getrennt statt. Bei der Hochzeit Muhammeds mit der schönen Jüdin Safiyya bestand es aus *Heis*, einem Gericht aus Datteln, Quark und Fett, wahrscheinlich gehörte auch Mehl aus gerösteter Gerste dazu. Auch Brot und Fleisch wurden damals bei solchen Gelegenheiten gereicht. Von Safiyya wird besonders hervorgehoben, daß sie die Gäste mit einem selbstbereiteten Getränk aus eingeweichten Datteln erfrischen ließ.

Für die Brautnacht empfiehlt die Scharī'a dem Mann das folgende Gebet: »O Gott, ich bitte dich um das Gute in ihr und um ihre guten Neigungen, die du erschaffen, und ich nehme Zuflucht zu dir vor dem Bösen in ihr und vor den bösen Neigungen, die du erschaffen.«

Heiratet ein Mann eine Jungfrau, so sieht die Scharī'a vor, daß er sieben Nächte hintereinander bei ihr verbringt, für eine Witwe oder Geschiedene muß er sich nur drei Nächte nacheinander freihalten.

An den Höfen und in der städtischen Oberschicht wurden Hochzeiten später sehr prunkvoll gefeiert. Eine der verschwenderischsten Hochzeiten, von der arabische Historiker berichten, war die des späteren Chalifen al-Ma'mūn, eines Sohnes von Hārūn ar-Raschīd, mit Būrān, einer Tochter des Wesirs al-Hassan Ibn Sachl. Der offenbar unermeßlich reiche Wesir bewirtete auf seinem Landsitz in der Nähe der Stadt Wāsit im Irak 19 Tage lang die Spitzen des Reiches, darunter die obersten Heerführer und die Verwandten des Chalifen, und veranstaltete Vergnügungen aller Art. Die Großmutter der Braut ließ einen Regen von haselnußgroßen Perlen über den Bräutigam herniedergehen. Subeida, die Mutter al-Ma'mūns, schmückte die junge Būrān mit einem Gewand, das mit kostbaren Perlen bestickt war. Der Wesir verteilte Geschenke und Ehrengewänder und veranstaltete eine Art Lotterie: Er ließ Moschus- und Ambrakügelchen, also kostbare Essenzen, unter die Menge werfen, die jedes den Namen eines Gutes, einer Sklavin oder eines Reittiers enthielten. Wer ein Kügelchen zu fassen bekam, erhielt das darin Benannte. Das Brautgemach wurde von Kerzen aus kostbarem, duftendem Ambra erleuchtet, von denen jede 80 Pfund gewogen haben soll. Diese Hochzeit kostete, so sagt man, 50 Millionen Silberdirham, eine Summe, die nicht übertrieben erscheint.

Über die Riesenmengen von Speisen, die bei solchen Gelegenheiten verbraucht wurden, wird anläßlich einer anderen Hochzeit berichtet. Als um 1300 eine Tochter des Mamlūkensultans Nāßir Muhammed Ibn Kalawūn in Ägypten mit dem Emir Kaußūn verheiratet wurde, feierte man sieben Tage lang. Dafür wurden 5000 Schafe, 100 Rinder, 50 Stuten und unzähliges Geflügel geschlachtet. 11 000 »Zuckerbrote« wurden zu Konfekt und Erfrischungsgetränken verarbeitet. Die Emire schickten Wachs im Gewicht von etwa 300 Zentnern zur Illuminierung des Hochzeitsfests. Der Bräutigam erhielt von den anderen Emiren Geschenke im Wert von 50 000 Dinār. Ein prachtvolles Feuerwerk in der Hochzeitsnacht kostete 80 000 Dirham, und die Künstler, die während der Feierlichkeiten auftraten, erhielten ein Honorar in Höhe von 10 000 Golddinār. Die Prinzessin bekam ein Zelt zum Geschenk, an dem 100 000 Miskāl Gold waren, das sind 468 Kilogramm. Elf Töchter soll der Sultan auf diese Weise ausgestattet haben [7, 154].

Hochzeiten des städtischen Bürgertums begannen in Kairo um 1830 meist montags und dauerten bis zur Nacht vom Donnerstag auf den Freitag als der Brautnacht. Besonders vergnüglich wurde meist der Badbesuch der Braut. Wer kein eigenes Bad hatte, mietete am Tag vor der Hochzeitsnacht ein öffentliches Bad für einen halben oder ganzen Tag. Oft von Musikanten angeführt, begaben sich dann die weiblichen Angehörigen und Freundinnen der Braut mit dieser dorthin. Die Braut wurde gebadet, massiert, frottiert, gekämmt und parfümiert. Dabei ließ man sich gern von Sängerinnen unterhalten. Anschließend nahm man gemeinsam Speisen und Erfrischungen zu sich. Dann wurde die Braut wohlverhüllt in aller Stille in das Haus ihrer Eltern zurückgeleitet. Darauf folgte die »Henna-Nacht«. Der Braut wurden Hände und Füße mit Henna eingefärbt, die Ränder der Augenlider wurden mit *Kuchl*, Schwefelantimon, geschwärzt, sie wurde festlich gekleidet und geschmückt. In manchen Gegenden war es üblich, daß sich die Braut in sieben kostbaren Gewändern nacheinander präsentierte. Auch konnte sie – in Ägypten ist das seit dem 15. Jahrhundert bezeugt – mit einer Brautkrone, ähnlich unserem Myrtenkranz, verschönt werden. Dann wurde sie auf einen erhöhten Sitz plaziert und hatte mit scheu niedergeschlagenen Augen zuzuhören, wie ihre Gäste sangen, tanzten und musizierten. Am nächsten Tag, dem Donnerstag, wurde die Braut, dichter verhüllt als sonst, feierlich unter Klängen von Musik und bei Kerzenbeleuchtung ins Haus des Bräutigams geleitet. Hier wurde sie meist von der Schwiegermutter empfangen und ins Brautgemach gebracht. Der Bräutigam hatte inzwischen ebenfalls in Begleitung seiner Freunde ein Bad aufgesucht, einen Festschmaus gegeben und in einer größeren Moschee seine Gebete verrichtet. War die Braut im Haus des Bräutigams angekommen, wurde noch einmal gespeist, auch jetzt nach Geschlechtern getrennt [146, I, 175ff.].

Ein wenig anders beschreibt der Italiener Pietro della Valle Hochzeitszüge aus der Türkei vom Anfang des 17. Jahrhunderts: »Ich sahe auch ihre Hochzeits Ceremonien/ bey welchen die Braut gantz bedeckt/ und wann sie nur mittelmäßigen Standes ist/ zu Fuß gehet/ und auff dem Rucken einen Sack/ wie ein Ordensbruder/ traegt; da hingegen die/ so höhern Standes sind/ zu Pferd gefuehret/ und mit einem gewissen Zeug/ wie die Vorhaenge eines Bettes sind/ bedeckt und dessen Ende von vielen Personen/ die umb sie herumb sind/ getragen werden ... will nur allein dieses melden/ daß eine jede Braut/ weß Standes sie auch seyn mag/ etwas wie eine ziemliche hohe Flamm-Seule vor ihr hertragen laesset/ welches von Blumen/ gemahltem Papier/ geschlagenem Gold/ und anderen Laub- und Blumen Werck gemacht/ bißweilen auch mit Gold, Silber und Edelsteine/ je nachdem die Braut es vermag, gezieret ist« [275, I, 43b].

Wo und wie auch immer Hochzeiten veranstaltet wurden, sie waren und sind bis heute die bedeutendsten Familienfeste der Muslims. Heiratete eine Geschiedene oder Verwitwete wieder, wurde weniger pompös gefeiert.

Wenn der Bräutigam schließlich ins Brautgemach kam, durfte er, meist gegen ein Geschenk, den Schleier seiner Braut lüften und sah sie dann, wenn sie nicht seine Kusine war, zum ersten Mal. Falls er feststellen mußte, daß sie nicht, wie man ihm versprochen und im Ehevertrag zugesichert hatte, Jungfrau war, konnte er sie sofort verstoßen. Da das als große Schande galt, gebrauchte die als Jungfrau ausgegebene Braut alle Tricks, um ihn hinters Licht zu führen, sie holte etwa ein mit frischem

Taubenblut getränktes Tüchlein hervor. Der ägyptische Polyhistor as-Suyūti (st. 1505) hat in seinen medizinischen Ratgeber »Das Buch der Barmherzigkeit über die Medizin und die Weisheit« neben Rezepten für Krankheiten vieler Art, die öfter an unsere mittelalterliche »Drecksapotheke« erinnern, auch ein Kapitel mit mehreren »erprobten« Mitteln aufgenommen, die bei lokaler Anwendung aus einer Deflorierten wieder eine Jungfrau machten und die von »Mädchen und Prostituierten« verwendet würden [259, 136f.]. Heute unterziehen sich solche Bräute meist einem kleinen chirurgischen Eingriff. Es soll in Großstädten Arztpraxen geben, die auf solche Dienstleistungen spezialisiert sind.

Vielerorts war es üblich, daß den Gästen der Beweis der Jungfräulichkeit vorgeführt wurde. In ländlichen Gegenden soll dies heute noch so sein. Frauen begrüßten es mit lautem Freudentrillern. Moderne arabische Kurzgeschichten lassen deutlich werden, wie quälend ein sensibler junger Mann bei seiner ersten intimen Begegnung mit seiner jungen Frau die vor der Tür auf das Zeichen der gelungenen Entjungferung wartenden Frauen der älteren Generation empfinden kann. Nach der Hochzeitsnacht begab sich das junge Paar, wiederum getrennt, ins Bad, und es gab vielleicht noch einmal ein Festessen.

Nun begann für die junge Frau das Leben in der Familie ihres Mannes, deren Gewohnheiten sie sich anzupassen hatte. Manche Eltern mögen ihren Töchtern Ratschläge wie diese gegeben haben, die eine Araberin ihrer Tochter in vorislamischer Zeit erteilt haben soll: »Töchterchen, du verläßt jetzt dein Haus, aus dem du stammst, und dein Nest, aus dem du kamst. Du gehst zu einem Mann, der dir nicht bekannt, einem Gatten, an den du nicht gewöhnt. So sei ihm eine Magd, dann wird er dir ein Knecht sein. Halte dich ihm gegenüber an zehnerlei, das vor allem dir kostbar sei!« Dann werden in Reimprosa die Anforderungen an eine vorbildliche Ehefrau aufgezählt: Sie solle sich ihm in Demut unterwerfen, auf ihn hören und ihm gehorchen, sie solle darauf achten, wann er zu speisen und wann er zu schlafen wünsche, sein Vermögen hüten und für seine Familie sorgen, sich ihm nicht widersetzen und keins seiner Geheimnisse verraten. »Hüte dich, froh zu sein, wenn er betrübt, und kummervoll, wenn er zu scherzen beliebt!« [117, 83f.], fügte die eheerfahrene Mutter hinzu.

Wenn die junge Frau solche Weisheiten beherzigte, wenn sie also anpassungsfähig und ihr Mann ihr gut war, dann mag sie nach einiger Zeit des Ehelebens Empfindungen gehabt haben wie jene Frauen, die in der Adabliteratur ihre Gatten folgendermaßen priesen und damit zugleich das damalige Idealbild eines Ehemanns zeichneten: »Der Mann ist Stütze in der Not, im Wohlstand steht er als Helfer zu Gebot. Bin ich zufrieden, ist er mir gut, er begütigt mich, gerat ich in Wut.« Eine andere rühmte: »Das, was mich kümmert, kümmert auch ihn, für das, was mich krank macht, ist er Medizin. Sein Kuß ist wie Honig so süß, seine Umarmung schön wie das Paradies, ich mag ihn gern, ob nah oder fern.« Die dritte lobte: »Der Mann ist wie bei Kälte ein warmes Gewand, er wiegt mich, wenn er mich schläfrig fand. Seine Liebe ist Freude von einziger Art, er duftet danach mehr als Aloe zart.« Die vierte schließlich reimte: »Der Mann ist Glück, nicht zu beschreiben, Vergnügen ohne Ende, das durch nichts zu vertreiben.« [118, 124]

Aber es mag bittere Lebenserfahrung dahinter gesteckt haben, wenn man von einer jungfräulichen Braut, wie wir aus späterer Zeit wissen, erwartete, daß sie während der Hochzeitsfeierlichkeiten still und traurig war, ja sogar Tränen vergoß. Für ein junges Mädchen bedeutete die Ehe eine viel einschneidendere Veränderung als für einen Mann. Sie mußte ihre eigene Familie verlassen, die Frau eines ihr meist völlig fremden Mannes werden und sich in eine neue Gemeinschaft einfügen, in seine Familie. Ländliche Hochzeitslieder aus Palästina besingen das so: »Sie geht aus dem Haus ihres Vaters in das ihres Mannes, aus dem Haus des Glücks ins Elend, aus ihrer Familie zu Fremden« [95, II, 143]. Von Ethnologen und Reisenden wird berichtet, daß die junge Frau, so wie sie weiterhin den Namen ihres Vaters trug – und, jedenfalls in den arabischen Ländern, meist bis heute trägt –, sich ihrem Elternhaus stärker verbunden fühlte als ihrem Mann und dessen Familie. Erst mit dem Übergang von der Groß- zur Kernfamilie in den Großstädten ändert sich auch das.

Kluge Mütter wählten für ihre Söhne gern Sklavinnen, die wie Töchter im eigenen Haus aufgewachsen waren, oder sehr junge Mädchen, weil sie sie für anpassungsfähiger hielten. Oft war die Schwiegermutter froh, eine junge Frau ins Haus zu bekommen, weil sie allein die Hausarbeit, bei Fellachen auch die Feldarbeit, nicht mehr bewältigte. Bei den Fellachen galt eine Mutter, die mehrere Schwiegertöchter im Hause hatte, als »Dame«, die Dienerinnen beschäftigte, denn die jungen Frauen mußten Korn mahlen, Wasser holen, waschen, Holz sammeln usw.

Das wichtigste für eine junge Frau war, möglichst bald Kinder, vor allem Söhne, zu bekommen, um die geachtete Position einer Mutter einzunehmen. Der Koran gebietet, der Mensch solle seiner Mutter Schoß fürchten (4:1), und in der Traditionsliteratur heißt es, der Prophet habe dem Menschen den Ungehorsam gegenüber seiner Mutter verboten. So wie der Mann das größte Recht auf seine Frau habe, habe die Mutter den größten Anspruch auf den Mann, den sie geboren habe. »Das Paradies liegt zu den Füßen der Mütter«, heißt eine islamische Überlieferung.

Wenn sie keine Kinder bekam, war das ein Grund für den Mann, eine zweite Frau dazuzuheiraten, denn schon im Koran heißt es: Wer seine Kinder ebenso wie seine Gattinnen als Augentrost empfinde, würde des Paradieses teilhaftig (25:74). Kinder waren unter den Verhältnissen der Zeit auch eine Versicherung gegen Unbill im Alter. So riet wohl eine kluge kinderlose Frau ihrem Mann selbst, diese oder jene, meist eine sozial niedriger stehende, zu heiraten und behandelte dann deren Kinder von ihrem Mann wie ihre eigenen und die Nebenfrau mitunter als Magd.

Das arabische Wort für »Nebenfrau«, *Darra*, ist abgeleitet von einer Wurzel, die auch die Bedeutung »Schaden, Nachteil« hat, und so wird die Polygynie von vielen Frauen empfunden worden sein. Männer»weisheit« erfand Sprichwörter wie dies: »Will deine Frau dich überflügeln, heirat' 'ne zweite, sie zu zügeln!«, oder, aus Palästina: »Bezwinge Fraun mit anderen Fraun, statt sie mit dem Stock zu haun!« [95, II, 209] Frauen dagegen drückten ihre Gefühle so aus: »Eine Nebenfrau ist bitter genug, ist sie auch süß wie Honig im Krug« [95, II, 186].

Volkshumor und Volksweisheit zeigt sich in Geschichten wie dieser, die aus verschiedenen Gegenden in unterschiedlichen Versionen erzählt wird: Ein Mann hatte zwei Frauen, eine alte und eine junge. Die alte Frau, die nicht wollte, daß er zu jung aussah, zupfte ihm all seine dunklen Haare (nach anderen die Barthaare) aus. Die junge, die natürlich am Gegenteil interessiert war, riß ihm die grauen Haare aus. Als er sich waschen wollte, stellte er betrübt fest, daß er völlig kahl (in der anderen Version bartlos, das heißt auch: ehrlos) war.

Islamische Theologen der Gegenwart behaupten oft, daß der Islam mit der Polygynie frauenfreundlicher sei als das Christentum, denn eine Frau stehe sich als legitime zweite oder dritte Gattin eines Mannes besser als seine illegale Geliebte. Das mag früher für die materielle Seite des Lebens zutreffend gewesen sein, es läßt aber die psychische Situation der Ehefrauen völlig außer acht. Die frühe Traditionsliteratur berichtet schon von Eifersuchtsszenen aus dem Harem des Propheten. [etwa 45, 67, 107] Wir wollen eine Muslimin zu Wort kommen lassen, die als Kind unter der polygynen Ehe ihres Vaters tief gelitten hatte und sich von ihrem Mann, den sie aus Liebe geheiratet hatte, scheiden ließ, als er eine zweite Frau dazuheiraten wollte, die türkische Schriftstellerin Halidé Edib: »Die Natur und die Folgen des Leidens einer Frau, die im selben Hause sich legal mit einer zweiten Frau, einer gleichgestellten Partnerin, in, einen Ehegatten teilt, unterscheiden sich in ihrer Art wie in ihrem Grad von denen einer Frau, die sich ihn mit einer zeitweiligen Geliebten teilt« [63, 144 f.]. Im ersteren Fall, so sagt sie, seien oft noch andere Personen mitbetroffen, Kinder, andere Verwandte, Diener.

Das Alltagsleben islamischer Frauen im Harem war unterschiedlich je nach ihrer sozialen Stellung. Beduininnen und Fellachinnen hatten und haben bis heute schwere körperliche Arbeit zu leisten. Von Fellachinnen wird überliefert, daß ihnen aus diesem Grund eine Nebenfrau zuweilen nicht unerwünscht war.

Eine Überlieferung gibt Einblick in die harten Lebensumstände der frühen Musliminnen in Medina. Asmā, eine Tochter des späteren Chalifen Abū Bakr, eine ältere Schwester der Ā'ischa, berichtet: »As-Subeir heiratete mich. Er hatte aber keinen Besitz und keinen Sklaven, nur ein Kamel zum Wassertragen und sein Pferd. Ich fütterte und tränkte sein Pferd und nähte Wassersäcke aus Häuten. Ich knetete den Brotteig, aber ich konnte nicht gut Brot backen. Meine Nachbarinnen von den *Anßār* buken das Brot für mich, es waren gute Frauen. Ich trug auch immer die Dattelkerne von dem Grundstück Subeirs, das ihm Muhammed verliehen hatte, nach Hause (vermutlich als Viehfutter, W. W.). Dieses Grundstück war zwei Drittel Parasangen (knapp 4 km) von mir entfernt.« Später habe ihr, so berichtet sie, Abū Bakr einen Diener geschickt, der ihr die Pflege des Pferdes abnahm. Man hört förmlich die Erleichterung aus ihren Worten: »Das war, als wenn er mich (von Sklavenarbeit) befreit hätte« [45, 67, 107]. Muhammeds Tochter Fātima sagt man nach, daß sie vom Kornmahlen – bei den primitiven »Haushaltsgeräten«, über die man verfügte, auch später eine der schwersten Arbeiten für Frauen – Blasen an den Händen bekam.

Frauen aus den städtischen Mittel- und Oberschichten in späterer Zeit hatten, je nachdem, wie gut es ihnen finanziell ging, einen Teil der Hausarbeit zu verrichten, die Kinder und die Diener zu beaufsichtigen. In einem berühmten Werk der arabischen Kunstprosa aus dem 10. Jahrhundert preist ein Bagdader Kaufmann seine Hausfrau wortreich und reimgewandt: »Würdest du sie mit ihrer Schürze um die Hüften sehen, sich geschwind im Hause zwischen Herd und Töpfen drehen, wie sie mit dem Mund die Feuersglut entfacht, mit den Händen die Gewürze kleiner macht, wie der Rauch ihr schönes Angesicht mit Ruß beschmiert und seine Spur die glatten Wangen ziert, – dann, wahrlich, würdest du ein Bildnis schaun, dem deine Augen, ganz verwirrt, nicht traun. Ich liebe sie, weil sie mir ihre eigne Liebe schenkt.« [67, 98] Der glückliche Ehemann betont hier, seine Ehe sei so harmonisch, weil seine Frau seine Kusine sei.

Das Haus durften Frauen aus den Mittel- und Oberschichten nur verschleiert und mit Genehmigung ihres Mannes verlassen. Anlässe dazu waren Besuche bei Verwandten und auf dem Friedhof, Gebete beim Mausoleum eines Heiligen, an hohen Feiertagen auch in der Moschee. Eine der beliebtesten Abwechslungen war für Frauen der Mittelschichten, die kein eigenes Bad besaßen, der Besuch in einem öffentlichen Bad zu den Zeiten, da es Frauen vorbehalten war. Hier zeigte »frau« ihren Putz und verbrachte Stunden, mit den Nachbarinnen zu plaudern, die neuesten Familiennachrichten auszutauschen und sich pflegen zu lassen.

Ultrastrenge Muslims gingen manchmal dagegen vor, daß sich Frauen auf der Straße zeigten, so die Hanbaliten in Bagdad im Jahre 934. Der für seine Exzesse bekannte Fātimidenchalif al-Hākim in Ägypten glaubte, den Urislam wiederherzustellen, als er 1015 den Frauen untersagte, das Haus zu verlassen, und den Schustern, ihnen Schuhe anzufertigen. Hebammen und Leichenwäscherinnen brauchten eine schriftliche Genehmigung, um ihrem Beruf nachgehen zu können. Was zunächst als fromm galt, wurde dann vornehm.

Der Theologe al-Ghasāli (st. Bagdad 1111) ordnet in seinem »Buch der Ehe«, das Teil seines religionshistorisch wichtigen Werks »Die Neubelebung der Religionswissenschaften« ist, die Ausführungen zum Moscheebesuch von Frauen in den Abschnitt »Eifersucht« und sagt: »Auch gegenwärtig ist es einer ehrbaren Frau erlaubt, mit Einwilligung ihres Mannes auszugehen, sicherer aber ist es, wenn sie zu Hause bleibt. Auch soll sie nicht ohne wichtigen Grund ausgehen, denn auszugehen ohne gewichtigen Grund schadet dem Ansehen und hat üble Folgen. Wenn sie aber ausgeht, muß sie vor den Männern die Augen niederschlagen« [85, 81]. Auch der Bagdader Ibn al-Dschausi gesteht etwa 100 Jahre später in seinem »Buch der Satzungen für Frauen« diesen die Teilnahme am Freitagsgebet in der Moschee zu. Allerdings zitiert er auch einen auf Ā'ischa zurückgeführten *Hadīß*, demzufolge das Beste für eine Frau das Gebet in ihrem Zimmer sei. Er führt Traditionen über die Schändlichkeit von Badbesuchen auf. Keine Frau dürfe die Scham einer anderen Frau sehen [120, 171ff.]. Frauen, die Friedhöfe besuchten, möge Allah verfluchen [120, 401], solche, die Leichenzügen als Trauernde folgten, sollten zu Tode gesteinigt werden. Verderblich für ihre Herzen und ihre frommen Gatten sei auch, wenn sie an Zusammenkünften der Sufis, der Mystiker, teilnähmen, auf denen gesungen, getanzt und Musikinstrumente gespielt würden, wenn sie junge Männer sähen und wenn sie bei den »Sitzungen« der Volkserzähler zugegen wären, bei denen auch Liebesgedichte rezitiert und der Koran melodisch vorgetragen würden [120, 298]. Wenn eine Frau das Haus verlasse, solle sie das nur mit Erlaubnis ihres Mannes und in abgetragener Kleidung tun, leere Plätze bevorzugen, Straßen und Märkte meiden, nie in der Mitte eines Weges gehen, niemanden ihre Stimme hören lassen. Mit seinen Verdammungen macht er reale Bräuche deutlich.

Der französische Juwelier Chardin berichtet aus Persien im 17. Jahrhundert, daß die Frauen dort strenger bewacht würden als überall sonst in der Welt. Die Serails der Türken seien im Vergleich dazu öffentliche Häuser. Nur zum Badbesuch verließen Frauen der Mittelschichten, von Kopf bis Fuß verhüllt, das Haus. Wenn vornehme Damen sich in der Öffentlichkeit zeigten, dann müßten die Männer sich abwenden, obwohl die Aristokratin in einer völlig geschlossenen Sänfte befördert würde [51, VI, 8], oder es ritten Verschnittene, mit Stöcken bewaffnet, vorweg, um das Volk durch laute Zurufe von der Straße zu vertreiben. Der italienische Edelmann Pietro della Valle erzählt dagegen aus Konstantinopel um 1617, daß das »Türckische Frawen-Zimmer« »hauffenweiß« auf den Basar komme und dort sogar versuche, mit »Fremdlingen« anzubändeln [275, I, 19a]. Der englische Arzt Russell überliefert aus Aleppo im 18. Jahrhundert, daß Frauen des öfteren ihre Häuser verließen, besonders montags und donnerstags, auch, um sich in den Gärten zu ergehen. Dann trügen Sklavinnen ihnen Teppiche, Pfeifen, Kaffeegeschirr und Speisen voran. Unter den schattigen Bäumen würde gesungen, getrillert. Man spiele Musikinstrumente. Männer wären vom Besuch der Gärten an jenen Tagen nur ausgeschlossen, wenn mehrere Harems sich zusammentaten, um einen Park für einen ganzen Tag zu mieten und sich in ihm zu erfreuen. Dann höre man schon von weitem fröhlichen Lärm. Russell, der zwanzig Jahre in Aleppo lebte, sagte von den Beziehungen der Frauen zum männlichen Geschlecht: Die Frauen äußerten »kein großes Verlangen nach einer Freiheit, welche sie in vielen Beispielen mit ihren Begriffen von weiblicher Ehre und Zartgefühl nicht zusammenreimen können« [120, I, 365].

Vornehme Ägypterinnen dagegen rühmten sich noch um 1910 damit, daß sie das Haus ihres Gatten, nachdem sie als Braut dessen Schwelle überschritten, nie wieder verlassen hatten. Im Irak fiel mir 1980 auf, daß durchschnittlich nur etwa ein Viertel der Passanten, sogar in der Hauptstadt Bagdad, Frauen waren und daß viele Männer, wenn sie sich mit ihren Frauen außer Hauses zeigten, immer einige Schritte vor ihnen hergingen. Das wurde mit der Schutz- und Führungsbedürftigkeit der Frau begründet. Reisende berichten dies aus verschiedenen orientalischen Ländern in vergangenen Jahrhunderten.

So konnte der Harem, regional unterschiedlich, für Aristokratinnen – für unsere Begriffe – zu einem luxuriösen Gefängnis werden. Hier verbrachten sie ihre Tage in Müßiggang, schmückten und parfümierten sich, probierten Schönheitsmittel aus, rauchten Wasserpfeife, tranken seit dem 16. Jahrhundert auch Kaffee, naschten Süßigkeiten, spielten Brettspiele und später Karten, ließen sich von Sängerinnen und Tänzerinnen unterhalten und pflegten auch die Kunst des Erzählens. An heißen Sommertagen brachten sie auch viele Stunden plaudernd oder mit Handarbeiten beschäftigt in den schattigen Gärten ihrer Häuser zu, in denen meist ein Springbrunnen plätscherte, aber immer streng abgeschirmt gegen jedes männliche Wesen, das nicht zu ihrer nähereren Verwandtschaft gehörte. Was sie an Lebensmitteln, Kosmetika oder Stoffen brauchten, wurde ihnen durch Händlerinnen oder Dienerinnen gebracht. Der bereits genannte Arzt Russell wunderte sich, daß die Damen der bürgerlichen und großbürgerlichen Harems in Aleppo im 18. Jahrhundert im Gegensatz zu seinen Landsmänninnen, die sich damals ihre Mußezeit mit der Lektüre meist sentimentaler Romane vertrieben, nicht lasen. Er sagt, sie hätten zwar in der Jugend lesen und schreiben gelernt, vergäßen das aber in der Regel schnell, »so daß Lesen für keine gewöhnliche Ergözung des Frauenzimmers gehalten werden kann und niemalen ein Studium ist« [220, I, 353]. Wo der Bildungsstand der Frauen gering war, blühte der Aberglaube, besonders in polygynen Haushalten. Man vermittelte von einer Generation zur anderen Rezepte, um einen Mann zu bekommen, um sich die Oberherrschaft im Haus zu verschaffen, um die Treue des Mannes zu erhalten, um einer neu dazugeheirateten Frau vor der Hochzeitsnacht die Jungfräulichkeit zu nehmen, um sie unglücklich zu machen. Diese wiederum griff zu Mitteln, die die »Pläne« ihrer Nebenfrauen vereiteln sollten [144, 148]

In der Familie war der Vater jahrhundertelang das unumstrittene Oberhaupt. Seinem Willen und seinen Launen hatten sich nicht nur seine Frau(en) und Töchter, sondern auch die heranwachsenden oder schon erwachsenen Söhne zu beugen. Meist war es so, daß die Frau und ihre Töchter ihm zwar beim Essen aufwarteten, aber selbst in seiner Gegenwart nichts zu sich nehmen durften. Wenn der Mann den Harem betrat, erhoben sich die Frauen, und manche Männer gaben sich in ihrem Harem besonders finster, um ihre Machtposition zu betonen. Als typisches Beispiel für das Verhalten einer Frau aus den Mittelschichten in der traditionellen islamischen Gesellschaft späterer Zeit mag die bereits genannte Amīna aus der Romantrilogie von Nagīb Machfūs gelten: Jeden Abend wartet sie bis nach Mitternacht auf ihren Mann, der seine Freizeit mit leichtlebigen Frauen verbringt, ohne je zu fragen, wo er war. Sie leuchtet ihm lediglich, wenn er heimkommt, die Treppe hinauf und hilft ihm, seine Kleider zu wechseln. Sie wagt nur zu reden, wenn er sie anspricht. Doch an ihr in ihrer Sanftheit und Demut hängen die Kinder. Nicht nur die Töchter, auch die Söhne lieben und verehren sie, während der zu Hause stets strenge Vater nur den Respekt seiner Kinder genießt. In ihrer Ergebenheit und ihrer Unterwerfung unter den Willen ihres Mannes ist sie diejenige, die die Familie zusammenhält, und so versteht sie es auch, obwohl unerfahren in dem, was die Welt außerhalb ihres Hauses anlangt, ihren Mann in den Dingen zu beeinflussen, auf die es ihr und den Kindern ankommt.

Wir werden im nächsten Kapitel sehen, daß es besonders in den ersten Jahrhunderten des Islams Frauen gab, die in dieser Unterwürfigkeit nicht ihr Ideal sahen.

Die Teilung der Gesellschaft in eine Männer- und eine Frauengesellschaft zeigte sich am striktesten in der höfischen Gesellschaft. In den höfischen Harems lebte schon vor der Zeit Hārūn ar-Raschīds eine große Zahl von Frauen zusammen, und es bedurfte eines strengen Ordnungssystems für das Zusammenleben. Hier wurden Musik und Dichtung gepflegt, Politik gemacht, hier wurden auch Intrigen und Ränke gesponnen, Wesire ein- und abgesetzt. Hier hat es sicher auch Szenen der Sinnenlust gegeben, wie man sie oft mit dem Wort Harem assoziiert, einer Sinnenlust, die auf den Mann als Mittelpunkt zugeschnitten war. Harems dieser Art hat es im Orient schon lange vor dem Islam gegeben. Ihre Existenz ist bereits aus dem Iran der Achämeniden (700 bis 330 v. u. Z.) bezeugt, und es war der Alte Orient, der in den Harems der Abbāsiden und späterer Dynastien wieder auflebte.

Hier herrschte eine wohlabgestufte Hierarchie, und oft war das ganze Regierungstalent eines Herrschers erforderlich, um im Harem Ruhe zu halten. Der Freund und Sekretär des Mogulkaisers Akbar (1542–1605), der über die Regierungszeit seines Souveräns ausführlich berichtet, rühmt: »Durch Ordnung wird die Welt eine Wiese der Wahrheit und der Wirklichkeit, und das, was nur äußerlich ist, erhält durch sie eine geistige Bedeutung. Deswegen gab die große Zahl der Frauen – ein kompliziertes Problem sogar für große Staatsmänner – seiner Majestät eine Möglichkeit, seine Weisheit zu entfalten und von der niederen Ebene weltlicher Abhängigkeit zum Gipfel perfekter Freiheit zu gelangen. Der kaiserliche Palast und sein Haushalt sind deswegen in bester Ordnung« [11, 44]. Er sagt, obwohl im Harem mehr als 5000 Frauen seien, habe der Kaiser – der generell für sein administratives Geschick bekannt war – jeder ihr eigenes Appartement gegeben. Er habe sie in verschiedene Abteilungen eingeteilt und achte darauf, daß jede ihre Pflichten erfülle. Der Kaiser habe einige »reine Frauen« als Oberaufseher über jede Abteilung eingesetzt, eine habe die Pflichten eines Schreibers. So sei in den kaiserlichen Büros alles in Ordnung. Den Frauen würden großzügige Monatsgehälter gezahlt, die zwischen 1610 und 1028 Rupien für die oberen, 51 bis 20 für die Dienerinnen und 40 bis 2 Rupien für die untersten Ränge lägen. Der privaten

Audienzhalle des Palastes gehöre eine kluge und eifrige Schreiberin an, die alle Ausgaben überwache. Wenn eine Frau im Rahmen ihres Gehalts etwas haben wolle, müßte sie sich an die Rechnungsführerinnen des Serails wenden, die ein Memorandum an diese Schreiberin schickten. Das Innere des Harems würde von ernsthaften und aktiven Frauen bewacht, deren vertrauenswürdigste um die Appartements ihrer Majestät postiert würden. Außerhalb des Harems seien die Eunuchen aufgestellt, und in geeigneter Entfernung von ihnen eine Garde treuer Radschputen.

Die Harems der Potentaten wurden so streng bewacht, daß in späterer Zeit nicht einmal die Frauen der akkreditierten Diplomaten Zutritt zu ihnen hatten. Die Frauen des einheimischen Adels mußten, wenn sie in den kaiserlichen Harem gelangen wollten, sich zunächst an die Eunuchen wenden. Reisende berichten aus Persien [51, VI, 12ff.] und Indien [160, II, 332] im 17. Jahrhundert auch von Frauenbataillonen in Uniform, die die Harems bewachten.

In den höfischen Harems der späteren Zeit gab es für Frauen die selben Ämter wie in den den männlichen Höflingen vorbehaltenen Teilen der Paläste für Männer, vom General der Musketiere über den (weiblichen) Vorbeter, Schatzkämmerinnen, Ärztinnen bis hin zu Verwalterinnen der Wäscheabteilung, Kaffee»stewardessen«, Köchinnen, Schneiderinnen und Schuhmacherinnen.

Vom Harem des Mogulkaisers Aurangsēb (st. 1707) berichtet der Venezianer Manucci, daß die Beamten, die außerhalb des Harems im Palast tätig waren, an den Tagen, an denen der Kaiser den Harem nicht verließ, ihre Befehle von den damit beauftragten Damen erhielten. »Alle Personen, die in diesen Ämtern beschäftigt sind«, sagt er von diesen Damen, »sind sorgfältig ausgewählt. Sie haben viel Scharfsinn und gute Urteilskraft und wissen über alles Bescheid, was im Reich vor sich geht, denn die außerhalb des Harems tätigen Beamten sind veranlaßt, schriftliche Berichte über alles, was der Kaiser wissen muß, in den Harem zu schicken.« Eunuchen verrichteten die Botengänge zwischen beiden Teilen des Palastes. Die öffentlichen und geheimen Nachrichtenschreiber des Reiches müßten einmal in der Woche in einer Art Zeitung die wichtigsten Nachrichten zusammenstellen. Diese Berichte würden gewöhnlich gegen neun Uhr abends dem Kaiser von Damen des Harems vorgelesen, damit er wisse, was in seinem Reich vor sich ginge. Zusätzlich müßten

»Spione« wöchentlich Berichte über andere wichtige Geschäfte, vorwiegend aber über den Lebenswandel und die Beschäftigung der Prinzen – die ja zu seinen Rivalen hätten werden können – einsenden [160, II, 331]. Aurangsēb scheint also einen erheblichen Teil seiner Regierungstätigkeit im Harem und mit Hilfe kluger Haremsdamen erledigt zu haben, und er hat sich, so ist anzunehmen, sicher auch von ihnen beraten lassen.

Jahrhundertelang rekrutierten sich die fürstlichen Haremsdamen aus den unterworfenen Völkerschaften. Unter ihnen waren Griechinnen, Armenierinnen, Georgierinnen, Tscherkessinnen, Slawinnen. Sie erhielten, wenn sie in den Harem eintraten, meist einen klangvollen Namen mit schöner Bedeutung, in der Frühzeit einen arabischen, später dominierten in den Harems in der Türkei, in Persien und in Indien persische Namen. So hießen Kaiserinnen und Prinzessinnen am Mogulhof in Indien in der zweiten Hälfte des 17. Jahrhunderts etwa Tādsch Mahall – »Krone des Palastes«, Nūr Mahall – »Licht des Palastes«, Nūr Dschahān – »Licht der Welt«, Nūr un-Nißā Chānum – »Licht der Frauen«, Durr-e Durrān Begum – »Perle der Perlen«. Sklavinnen des Harems zu dieser Zeit hatten Namen wie Gul-andām – »Rosengestalt«, Gul-ānār – »Granatapfelblüte«, Banafse – »Veilchen«, Gul-rang – »Rosenfarben« [160, II, 333ff.]. In Persien schätzten sich, wie Chardin berichtet, vornehme Familien glücklich, dem königlichen Harem auf hochherrschaftliches Verlangen hin eine Tochter zur Verfügung zu stellen. Dann wurde nämlich nicht nur den näheren Verwandten eine Art Pension gezahlt, sondern man versprach sich auch Einfluß auf den Herrscher und damit eine Karriere bei Hof.

Die Königinmutter führte das Regiment im königlichen Harem, meist ein recht strenges. Wie auch alle ihr Unterstellten, je nach ihrem Rang, ihren Pflichtenkreis hatten, überwacht wurden und selbst ihre Untergebenen kontrollierten.

Zuweilen verschenkte der Herrscher einige seiner Haremsdamen, aber natürlich nur solche nicht freier Herkunft und nicht seine Favoritinnen. Sie bekamen eine entsprechende Ausstattung und waren eine Auszeichnung für den so Bedachten, meist einen Vertrauten des Potentaten, dessen Ehefrau sie dann wurden. Für die übrigen Damen gab es kaum eine Möglichkeit, den Harem je wieder zu verlassen, vor allem, wenn sie dem Herrscher Kinder geboren hatten. Nur die Mutter des ersten Sohnes konnte sich glücklich schätzen; Mütter nachgeborener Söhne, besonders in Persien und der Türkei im späten Mittelalter, mußten in ständiger Furcht um ihre eigene Existenz und die ihrer Kinder leben. Wenn man sie am Leben ließ, so war es ein Dasein wie im Gefängnis, vor allem, wenn der Herrscher, dem sie nahegestanden hatten, starb und sein Nachfolger den Thron bestieg.

Von einem besonderen Vergnügen der Damen des königlichen Harems in Persien zu seiner Zeit berichtet Pietro della Valle: Sie nahmen an der Jagd teil, und zwar als Zuschauerinnen aus einer hochgelegenen Hütte, »wenn Mannsvolck vorhanden ist«. Von dort aus schössen sie auch aus »Rohren«. Wenn keine Männer da wären, sagt er, »so setzen sie sich zu Pferd/ und lassen ihre Geschwindigkeit beides mit dem Degen/ als den Pfeilen sehen« [275, II, 142b]. Miniaturen zeigen öfter Damen hoch zu Roß, auch bei der Jagd und beim Polospiel. Dabei fällt auf, was auch della Valle beobachtete, daß es keine Damensättel gab; die Frauen sitzen zu Pferde »wie ein Reuter/ mit einem Fuß auf dieser/ dem anderen auf jener Seiten« [275, II, 12b].

Da der Bildungsgrad, zumindest der in der Hierarchie hoch plazierten Damen der fürstlichen Harems, höher war als der der Bürgersfrauen, wurde hier auch gelesen. Jedenfalls berichtet der Venezianer Manucci, daß die Damen im Harem des Mogulkaisers Aurangsēb an der Lektüre solch berühmter Werke der persischen Literatur wie Sa'dis *Gulistān* und *Bustān* Gefallen fänden.

Die Verbindung der fürstlichen Harems zur Außenwelt wurde durch die Eunuchen, die Verschnittenen, hergestellt, die es ebenfalls schon im Alten Orient und in Byzanz gegeben hatte. Der Ausschluß der vornehmen Frauen aus dem öffentlichen Leben erforderte solche geschlechtslosen Wesen. Koran und Traditionsliteratur untersagen zwar die Verschneidung von Mensch und Tier, doch hier wie auch in anderen Bereichen des Lebens setzte sich der Alte Orient durch. Der gläubige Muslim überließ die Verschneidung Juden oder Christen und kaufte die Verschnittenen bei ihnen. Den Vorrang, das innere Haremstor zu bewachen, hatte meist eine Garde von schwarzen, das äußere Tor bewachten weiße Eunuchen.

Durch die Teilung in eine Männer- und in eine Frauengesellschaft wurden besondere Frauenberufe notwendig. Von der Leichenwäscherin für weibliche Tote (auch der Hebamme) war schon die Rede. Eine Untersu-

Eine Haremsdame fühlt sich nicht wohl. Man hat den Arzt gerufen, der ihr den Puls fühlt. Ein Kollege sitzt ihm zur Seite. Die Kranke wird von einer Gefährtin gehalten. Der Hausherr beobachtet die Szene durch ein Fenster. (Türkische Miniatur, Archiv Verfasser)

chung über die Position der Frau zur Zeit der Mamlūken in Ägypten erbrachte außerdem folgende Professionen, die es in anderen islamischen Ländern ebenfalls gegeben haben dürfte: die Badefrau, die Brautwerberin, die Trödlerin, die die Harems belieferte und häufig nicht nur Waren, sondern auch den neuesten Klatsch von Harem zu Harem trug, ferner eine Art Friseuse, die jungen Mädchen vor Hochzeiten das Haar flocht, und schließlich die vom Islam eigentlich nicht gebilligten professionellen Klageweiber, die zu den Totenfeiern kamen und mit ihrem lauten Wehklagen der Trauer der Anwesenden Ausdruck geben sollten. Gängigstes Handwerk für Frauen aus den unteren Schichten war das Spinnen, das in Heimarbeit verrichtet wurde. Miniaturen zeigen wiederholt Frauen mit der Spindel unter dem Arm oder später Frauen am Spinnrad. Von den kunstvollen Stickereien der Türkinnen im 17. Jahrhundert berichtet Pietro della Valle: »... wie auch die Weiber in Leinwand und andere Sachen/ trefflich wohl umzugehen/ wie auch mit Seyden von unterschiedlichen Farben/ wie auch mit Silber und Gold auff zartes und durchscheinendes Tuch zu Sticken/ daß einerley Ding auff einer Seiten herauskomt/ wie auff der anderen; und wissen mit solchem Gold auff etliche Zeuge eine solche Schattierung zu machen/ daß dergleichen nicht schöneres zu finden sein kan« [275, I, 24b]. Von einer selteneren Tätigkeit für eine Frau hören wir in »Tausendundeiner Nacht«: Die listige Dalīla in Bagdad hat als Tochter eines Briefmeisters Brieftauben gezüchtet, und ihre genauso verschlagene Tochter erbt diesen Beruf von ihr.

Eines der ältesten Gewerbe der Welt, die Prostitution, die Koran und Sunna streng verpönen, war wie manches, was das Religionsgesetz untersagt, in der muslimischen Gesellschaft nicht unbekannt. So soll es nach Chardin 1666 in Isfahan, der glanzvollen Safawidenmetropole, 14 000 eingetragene Prostituierte gegeben haben, die als Steuerzahlerinnen – »non olet« gilt offenbar fast überall – auch registriert wurden. Sie lebten in besonderen »Karawansereis« zusammen und unterstanden einer »Oberin«, die sie »auslieh«. Begleitet von ein oder zwei Bediensteten zu Pferde kamen sie zu dem, der sie bestellt hatte [51, II, 211 ff.]. Der deutsche Gelehrte Olearius erzählt aus Kaswin zwischen 1635 und 1639, es gebe dort einen bestimmten Platz, wo auch viele Kaufleute seien und wo nach Einbruch der Dunkelheit »nemblich viel Cahbeha oder vnzüchtige Weiber/ welche mit verdeckten Angesichtern/ in einer langen Reihe sich nach einander stellen/ vnd jhre Schandwahren feil bieten. Jegliche hat hinter sich ein alt Weib/ Dalal genannt/ welche das Bettgerethe/ nemlich ein Küssen vnd ein mit Baumwoll gestopffte Decke/ auff dem Puckel/ vnd in der Hand ein vnangezüchtet Liecht helt. Wen nun jhrer art Leute mit jhnen zu handeln kommen/ zündet die Delal das Liecht an/ mit welchem der Kehrel sie beleuchtet vnd jhr Angesichte besehet/ die jhm am besten gefält/ heist Er jhm folgen« [196, 483]. Vielleicht um seines Rufes bei seinen Landsleuten willen beteuert Olearius, er habe das nicht selbst gesehen, sondern man habe es ihm so erzählt.

Auch der Alltag der Sklavinnen war unterschiedlich, je nach der Familie, zu der sie gehörten, oder der Position, die sie im Harem einnahmen. Wohl am besten standen sie sich, wenn sie die Ehefrau des Mannes wurden, der sie gekauft hatte oder dem sie bei der Eroberung als Beutegut zufielen. Dazu war allerdings erforderlich, daß dieser sie vorher freiließ. Der Koran empfiehlt in Sure 4:3 die Ehe mit Sklavinnen, und in Sure 2:221 wird die Ehe mit einer gläubigen Sklavin als der mit einer schönen Heidin überlegen erklärt. In der Traditionsliteratur heißt es mehrfach, wer eine Sklavin ausbilden und zwar gut ausbilden lasse, sie dann freilasse und heirate, der erhalte doppelten Lohn [45, 49, 16]. Vermutlich von ihrer Herkunft bewußten Arabern stammt dagegen der *Hadīß*, wer eine Sklavin freilasse und sie dann heirate, sei wie jemand, der auf seinem Schlachtkamel reite [248, 141]. In der Umayyadenzeit, in der die Araber mit ihrem Rassenstolz dominierten, wurden solche Ehen verpönt, auch wenn das Gesetz sie billigte. Damals lehnte zum Beispiel eine freie Frau das Heiratsangebot eines Mannes ab, weil seine Mutter eine Sklavin war [178, 262]. Die Abbāsidenherrschaft wirkte so nivellierend, daß nur drei Abbāsidenchalifen freie Araberinnen zu Müttern hatten. Sklavinnen konnten von nun an zu den höchsten gesellschaftlichen Rängen aufsteigen, und einige versuchten, in solcher Position auch Einfluß auf die Politik zu nehmen. Doch davon später.

Der Schöngeist Dschāhis (st. 869), der – wie viele Literaten – nicht arabischer Herkunft war, stellt fest, daß die meisten freien Männer Sklavinnen den freien Frauen vorzögen und gibt als Grund dafür an, daß ein Mann sich eine Sklavin gründlich ansehen und sie kennenlernen könne, bevor er sie kaufe. Bei einer freien Frau dagegen sei er auf das Urteil anderer Frauen angewiesen. Frauen hätten aber keinen Blick für weibliche

Schönheit, sie verstünden nichts davon, was ein Mann von einer Frau verlange und worin Männer und Frauen zusammenpassen müßten. Männer seien scharfsichtiger, wenn es um Frauen gehe. Im Kapitel »Über die Frauen« der bekannten Adab-Enzyklopädie »Das einzigartige Halsband« des Andalusiers Ibn Abd Rabbīhi (st. 940) heißt es, man müsse sich über Männer wundern, die die Nähe einer freien Frau suchten, nachdem sie Sklavinnen kennengelernt hätten. »Eine Sklavin wird mit dem Auge gekauft und zurückgegeben, wenn sie Fehler hat. Eine freie Frau dagegen ist wie eine Fessel am Halse dessen, zu dem sie kommt« [117, 125]. Deutlich wird hier die Degradierung der Frau. Hier heißt es auch in einem Vers, man solle einen Mann nicht schmähen, weil seine Mutter eine Byzantinerin, eine Schwarze oder eine Perserin sei. Mütter seien nur Gefäße, in die man den Samen legt. Wichtig für die Abstammung seien allein die Väter [117, 128].

Schöne, literarisch und künstlerisch gebildete Sklavinnen erbrachten im islamischen Mittelalter hohe Preise. Sie feierten zu einer Zeit, in der die freie Muslimin wie seinerzeit die freie Griechin aus der Öffentlichkeit nahezu ausgeschlossen war, bei den Aristokraten glänzende Triumphe. Sklavenhändler wandten Kunstgriffe an, um ihre »Ware« dem gängigen Schönheitsideal anzugleichen, und man hatte dieser »Ware« soviel und aus so unterschiedlichen Teilen der Erde, daß man sie auf ihre Tauglichkeit zu verschiedenen Lebensbereichen, von der Hausarbeit über Sex und Kinderwarten bis hin zu den schönen Künsten und den Wissenschaften, klassifizieren konnte. In der ersten Hälfte des 11. Jahrhunderts bezeichnet die Anleitung eines christlichen Arztes zum guten Sklaveneinkauf als die ideale Sklavin eine Berberin, die mit neun Jahren ausgeführt wird, dann je drei Jahre in Medina und Mekka bleibt und als Sechzehnjährige ins Zweistromland kommt, um dort in den Wissenschaften ausgebildet zu werden. Wenn sie dann mit 25 Jahren verkauft werde, vereine sie die Schalkhaftigkeit der Medinenserin mit der Weichheit der Mekkanerin und der Bildung des Zweistromlandes. Man wußte also die pikante Mischung aus Klugheit, Bildung und Weiblichkeit zu schätzen, und es wirkt, als habe man Sklavinnen wie Pferde gezüchtet.

Solche Sklavinnen waren sich allerdings auch ihres Wertes bewußt. Manche konnten sich bei ihrem Makler ausbedingen, daß er sie nur dem zuschlug, der ihre Billigung fand. Ja, sie konnten ihrem Käufer finanziell unter die Arme greifen, da sie eigenes Vermögen besitzen durften. So wurden sie auch einem interessierten Publikum mit schönen Worten angepriesen: »Ihr Kaufleute, ihr Männer des Geldes! Wer öffnet das Tor des Bietens auf diese Sklavin/ die Herrin der Monde, die Perle von hohem Gewinn/ Sumurrud (›Smaragd‹), die Vorhangstickerin/ die Sehnsucht des Verlangenden/ die Wonne des Liebebangenden?« [275, II, 210].

Aber trotz ihres hohen Preises und obwohl man sie schätzte, waren diese Sklavinnen der Willkür ihrer Besitzer ausgeliefert, solange sie nicht freigelassen wurden. So ließ der Fātimidenchalif al-Hākim im Jahr 1009 im religiösen Wahn seine Lieblingskonkubinen in Kisten legen, diese mit Steinen beschweren, zunageln und in den Nil werfen, weil er der Sinnenlust Ade sagen wollte. In einer Erzählung aus »Tausendundeiner Nacht« wird eine schöne Sklavin zur Küchenarbeit verdammt, weil sie dem häßlichen Sohn ihrer Besitzerin nicht zu Willen sein möchte. Man reißt ihr den Schmuck und die seidenen Gewänder herunter, die sie von ihrem früheren Herrn geschenkt bekommen hatte.

Küchen- und Hausarbeit waren der Bereich der weniger attraktiven Sklavinnen, oft von Schwarzen. Schwarze Sklavinnen genossen meist ein geringeres Ansehen als weiße, wenn auch manche hochgestellten Männer sie als Sexualpartnerinnen besonders schätzten. Vom 11. Jahrhundert an gelangten auch Söhne schwarzer Frauen in hohe Positionen.

Aber gerade wegen der Unsicherheit ihres Schicksals brauchten Sklavinnen ihren Mutterwitz und ihren Scharfsinn als Waffe. Sie fanden damit bei der Freude, die die arabische Welt im Mittelalter an solchen Gaben hatte, gebührende Anerkennung. »Was den Sklavinnen zuteil wird, hängt von den schlechten Eigenschaften der freien Frauen ab«, kommentierte eine Sklavin zynisch, als sich ihr Besitzer auf ihrem Lager über seine Frau beklagte [118, 193], und das sichtlich zu einer Zeit, da man die Freie höher bewertete als die Sklavin. Der Sohn eines Mannes beschimpfte eine Sklavin seines Vaters: »Du Hure!« »Wenn ich das wäre«, spottete sie, »hätte ich deinem Vater einen Sohn wie dich geboren« [118, 228].

Schmähgedichte gebildeter höfischer Sklavinnen, wie allerdings auch solche von männlichen Höflingen gegen sie, sind keine Seltenheit.

Von Frauen, die auf Grund ihrer Lebensführung, ihrer politischen uod sozialen Ambitionen und ihrer künstlerischen Begabung den Alltag überragten, soll nun die Rede sein.

»Besser eine Frau, die würdig im Land, als tausend Männer, deren Mängel auf der Hand«

Frauen in der islamischen Geschichte und Kulturgeschichte

Der Koran weist der Frau eine dem Mann untergeordnete soziale Position zu, und die religiöse Überlieferung verlangte von ihr relativ früh eine Unterwerfung unter den Mann, die später in einem angeblichen Prophetenwort krassen Ausdruck fand: »Wenn einem Menschen geboten werden könnte, vor einem anderen auf die Knie zu fallen, dann der Frau vor dem Mann!« Dieser sicher erfundene Hadiß steht im »Buch der Ehe« des Theologen al-Ghasāli (st. 1111). Die Steigerung: »Wenn der Körper eines Mannes gänzlich mit eiternden Schwären bedeckt wäre, hätte die Frau ihre Pflicht an ihm noch nicht erfüllt, wenn sie ihn von oben bis unten ableckte«, ist hier noch so eingekleidet, daß eine junge Frau fragt, ob sie heiraten solle, und auf diese Antwort hin sich entsetzt gegen die Ehe entscheidet. In späteren Traditionssammlungen fehlt dieser wertende Schluß [283,112]. Da bleibt also die Ungeheuerlichkeit demütigender männlicher Arroganz.

Trotzdem hat es im Lauf der islamischen Geschichte immer wieder hervorragende Frauen gegeben. Daß zu Muhammeds Zeiten Frauen auf der arabischen Halbinsel nicht ohne Einfluß waren, ist auch an der Gegenbewegung gegen die junge Religion ablesbar, die unmittelbar nach dem Tod ihres Stifters bei verschiedenen Stämmen aufflammte und über die die Historiographie, gefiltert durch die spätere Festigung des Islams, berichtet. Es ist von zwei Gegenprophetinnen die Rede, wie in Südarabien von »Huren« berichtet wird, die andere Frauen um sich scharten, um gegen den Islam zu kämpfen [41].

Bei den Berichten selbst der frühen arabischen Historiker über Frauen aus der Familie des Propheten ist zu bedenken, daß sie vermutlich nicht unbeeinflußt sind von den Machtkämpfen um die Nachfolge Muhammeds. Schließlich wurden sie erst mindestens hundert Jahre nach

Muhammeds Tod niedergeschrieben. Man kann allerdings annehmen, daß in der Zeit vorwiegend mündlicher Überlieferung das menschliche Gedächtnis besser funktionierte, als das heute der Fall ist. Wie auch vorausgesetzt werden kann, daß bei Berichten über den Propheten und seine nahe Umgebung in der sich formierenden religiösen Geschichtsschreibung mehr Wert auf Genauigkeit gelegt wurde als etwa bei volkstümlichen Erzählstoffen, deren Tradenten vorwiegend unterhalten und davon leben wollten. Trotzdem ist ein gewisses Maß an »tendentieller Gestaltung« nicht auszuschließen. Andererseits gibt es, wie kürzlich im Hinblick auf die »Halsbandaffäre« Ā'ischas nachgewiesen wurde [235], so viele Übereinstimmungen in den frühen Berichten, daß man doch wohl oft von Authentizität ausgehen kann. Dafür spricht auch die »Menschlichkeit« vieler dieser Darstellungen, die noch kaum eine Idealisierung der bald schon zu Vorbildern Gewordenen erkennen lassen.

Zu den von Sunniten und Schī'iten bis heute und ohne größeren Wandel in der Figurenzeichnung als vorbildlich anerkannten Frauen des frühen Islams gehört natürlich Chadīdscha Bint Chuweilid, Muhammeds erste Frau. Sie war zweimal verwitwet und hatte Kinder geboren, bevor sie Muhammed heiratete. Ihr ansehnliches Vermögen mehrte sie, indem sie Kamelkarawanen nach Syrien ausrüstete und Handel trieb. Das muß damals in Mekka nicht ungewöhnlich für eine Frau gewesen sein. Zum Leiter einer dieser Karawanen bestimmte sie den 25jährigen Muhammed, der in ihren Diensten stand. Da er diese Aufgabe zu ihrer Zufriedenheit ausführte und ihr vermutlich gefiel, trug ihm – auch das war damals nicht außergewöhnlich – die Vierzigjährige durch eine andere Frau die Ehe an. Für den mutterlos aufgewachsenen Muhammed bedeutete die Heirat mit der angesehenen und wohlhabenden Chadīdscha die materielle Sicherstellung, und Koran Sure 93:6 »hat er dich nicht als Waise gefunden und (dir) Aufnahme gewährt« »und dich bedürftig gefunden und reich gemacht?« (98:8), sprechen davon. Sie gebar ihm sieben Kinder, von denen nur die vier Töchter am Leben blieben. Sie gab ihm seelischen Rückhalt, als er die ihn zunächst bestürzende Erfahrung der ersten Offenbarungen machte. Insgeheim betete sie mit ihrem Mann und wurde zu einer Zeit, als Muhammeds Umgebung ihn für einen Lügner oder Träumer hielt, die erste Anhängerin des Islams.

Zu ihren Lebzeiten heiratete Muhammed, dem seine europäischen Kritiker seine Sinnlichkeit vorgeworfen haben, weil er später einen größeren Harem hatte, als ihn der Koran seinen Anhängern zugestand, keine andere Frau. Vermutlich konnte sie das auf Grund ihrer Position von ihm verlangen. Noch Jahrzehnte später war die Kindfrau Ā'ischa eifersüchtig auf »die zahnlose Alte«, wie sie sie im Affekt nannte, für die Allāh dem Propheten eine bessere Frau als Ersatz gegeben habe. Doch Muhammed widersprach ihr: »Er hat mir keine bessere gegeben. Sie hat an mich geglaubt, als niemand mir Glauben schenkte. Sie hat mich für wahrhaftig gehalten, als die Leute mich einen Lügner nannten. Sie hat mir mit ihrem Vermögen geholfen, als die Leute mir nichts gelassen hatten. Allāh hat mir durch sie Kinder gegeben, während er mir von anderen Frauen keine gab« [123, VI, 117 f.].

Als Chadīdscha im Alter von 65 Jahren starb, riet eine Frau aus der Gemeinde dem Propheten, wieder zu heiraten. Sie schlug ihm die Witwe eines im Kampf gefallenen Muslims und die junge Ā'ischa vor, die Tochter seines Freundes Abū Bakr, der später zu Muhammeds Nachfolger, dem ersten Chalifen, gewählt wurde. Muhammed heiratete Sauda, die ältere, und verlobte sich mit Ā'ischa, um sie zwei Jahre später zu ehelichen. Ā'ischa soll sich – in einer Gesellschaft, in der Selbstlob zur Eigenidentifikation Tradition war – ihrer Vorzüge gegenüber ihren »Mitfrauen« gerühmt haben: Sie war die einzige Jungfrau, die Muhammed heiratete, er empfing in ihrer Gegenwart Offenbarungen, betete in ihrem Beisein, wusch sich mit ihr in einer Schüssel. Sie pflegte ihn auf seinen Wunsch in seinen letzten Tagen. Er starb in ihrem Schoß und wurde im Boden ihres Wohnraums beigesetzt.

Ein Vorfall in Muhammeds Harem, der Anlaß für Koranverse wurde, zeigt, daß Muhammeds Frauen durchaus nicht immer unterwürfig waren. Die arabische Geschichtsschreibung überliefert, der spätere zweite Chalif Umar habe nach der Auswanderung der Muslims nach Medina gesagt: »Wir, die Männer der Kureisch, dominierten unsere Frauen. Aber als wir nach Medina gelangten, kamen wir zu Leuten (d. h.: Männern), deren Frauen über sie herrschten. Allmählich übernahmen unsere Frauen die Gewohnheiten der Medinenser.« Er fuhr fort: »Meine Frau hatte sich über mich geärgert und fing Streit mit mir an, doch ich verbot ihr das. Sie wehrte sich: ›Warum willst du mir untersagen, mit dir zu zanken? Die Frauen des Propheten streiten sich auch mit ihm. Eine hat ihn sogar heute abend verlassen.«« [129 , VIII, 131]. Darauf eilte er erschreckt zu seiner Tochter Hafsa, einer der Frauen Muhammeds, und beschwor sie, Muhammed das nicht anzutun, Gottes Zorn könnte sie treffen. Auch solle sie sich nicht durch Ā'ischa verleiten lassen, die genieße eine Sonderstellung. Er informierte Ā'ischas Vater Abū Bakr, der seine Tochter tadelte: Wenn sie Güter dieser Welt verlange – darum ging es –, dann solle sie ihn bitten, nicht Muhammed, der sie nicht besäße. Danach begaben sich Umar und Abū Bakr zu einer anderen Frau des Propheten, der stolzen Umm Salama aus dem angesehenen Stamm der Machsūm. Die aber sagte verärgert: »Was geht euch an, was hier los ist? Der Gesandte Allāhs steht über uns, und wenn er uns etwas verbieten wollte, hätte er es getan. Wen, wenn nicht ihn, sollen wir um etwas bitten? Mischt sich etwa in eure Familienangelegenheiten jemand ein? Wir haben euch damit nicht beauftragt!« [129, VIII, 129] Die anderen Frauen dankten ihr für ihren Mut, denn sie hätten nicht gewagt, den beiden hochangesehenen Männern so gegenüberzutreten. Muhammed zog sich betroffen 29 Tage von seinen Frauen zurück. Dann aber konnte er mit einer Offenbarung seine Frauen zurückgewinnen: Sure 33:28 stellt seine Frauen vor die Alternative, das irdische Leben mit seinen Gütern zu wählen und dann von Muhammed entlassen zu werden oder sich für Allāh, seinen Propheten und das Jenseits zu entscheiden und dafür im Paradies Entschädigung zu finden. Als erste entschied sich Ā'ischa, danach Hafsa für ihn. Die anderen Frauen folgten ihnen nacheinander. Die frühen Historiker zeichnen hier also eine ganz menschliche, realistische Szene, derer Muhammed im Bewußtsein seines Prophetentums Herr wurde.

Nach Muhammeds Tod im Jahre 632 lebten Ā'ischa und die anderen Witwen als »Mütter der Gläubigen« zusammen. Auch Abū Bakr ließ sich vor seinem Tod, nach zweijähriger Herrschaft, von Ā'ischa pflegen. Er wurde, wie später sein Nachfolger, der Chalif Umar, im Boden von Ā'ischas Kammer, also neben Muhammed, beerdigt. Wenn Ā'ischa ihn, wie in einem Adab-Werk des 9. Jahrhunderts über rhetorisch begabte Frauen berichtet wird [118, 10f.; 40f.; 23f.], in einer kunstvollen Ansprache in Reimprosa würdigte, so wie das, ebenfalls diesem Werk zufolge, schon Fātima für Muhammed und später Hafsa für ihren Vater Umar getan haben soll, dann steht das in der Tradition altarabischer Trauerpoesie. Frauen hatten verstorbene männliche Angehörige poetisch zu preisen.

Ā'ischa wurde eine gefragte Autorität für Muhammeds *Sunna.* Man schrieb ihr über 1200 Traditionen zu. Doch wurden in die frühen kanonischen Sammlungen nur rund 300 aufgenommen. In ihren Zuständigkeitsbereich fielen offensichtlich besonders Weisungen auf dem Gebiet der religiösen Reinheit für Frauen wie Männer, der Erfüllung der religiösen Pflichten für Frauen, der ehelichen Treue für diese. In dem oben genannten Adab-Werk werden ihr gute Kenntnisse der altarabischen Dichtung und der Genealogie zugeschrieben, beides Bildungsideale, und man legt ihr zudem Maximen der islamisch-arabischen Ethik in den Mund. Vornehme Charaktereigenschaften seien »Aufrichtigkeit der Rede, Zuverlässigkeit und Wahrhaftigkeit, Standhaftigkeit im Unglück, dem Freund und dem Nachbarn Schutz zu gewähren, in Wechselfällen des Lebens zu helfen, Bedürftige zu speisen, Sklaven gut zu behandeln und den Eltern gegenüber Pietät zu wahren« [118, 21f.].

Ā'ischa soll sich auch nicht gescheut haben, den dritten Chalifen Usmān wegen seiner Personalpolitik zu kritisieren – er setzte bevorzugt Angehörige seiner Sippe in führende Positionen. Selbst wenn sich vielleicht bei diesem Bericht anti-umayyadische Kreise unter den aufstrebenden Abbāsiden nur des Namens von Ā'ischa bedienten, zeigt das doch ihre Namhaftigkeit.

Nach Usmāns Ermordung im Jahre 656 trat sie noch einmal auf eklatante Weise ins Blickfeld der Öffentlichkeit. Sie scharte mit dem Ruf nach Rache für den ermordeten Chalifen gemeinsam mit zwei frühen Anhängern Muhammeds, Talcha und Ubeidallāh, die Gegner des neu gewählten Chalifen Alī um sich. Alle drei zogen mit ihren Anhängern in den Irak, weil sie hofften, dort weitere Unterstützung zu finden. In der Nähe der Stadt Basra kam es zu einer Schlacht, die nach dem Kamel, auf dem Ā'ischa in einer Sanfte saß und die Kämpfenden anfeuerte, den Namen »Kamelsschlacht« erhielt. Obwohl Ā'ischa all ihre Wortgewandtheit und ihr strategisches Geschick einsetzte, ging diese Schlacht für sie und ihre Anhänger verloren, nachdem Alī, der Ā'ischas Rolle erkannte, ihrem Kamel die Fesseln durchschneiden ließ. Talcha und Ubeidallāh wurden getötet. Ā'ischas Sänfte war von Pfeilen so gespickt, daß man sie mit einem Igel verglich, aber ihr war nichts geschehen. Alī ließ sie mit einem angemessenen Gefolge nach Mekka zurückkehren, nachdem sie öffentlich erklärt hatte, zwischen ihm und ihr hätte es nie andere Zwistigkeiten gegeben als die, die gelegentlich zwischen angeheirateten Verwandten vorkämen, und Alī dem zugestimmt hatte. Später soll sie diese Periode ihres Lebens sehr bedauert haben, denn es war viel Blut sinnlos vergossen worden.

Arabische Historiker und Literaten nahmen dies schon früh und bis ins 20. Jahrhundert zum Anlaß, die fehlende politische Begabung von Frauen zu betonen und sie zur Konzentration auf ihre häusliche Rolle anzuhalten [28; 148]. Für die Schī'iten, für die Alī der einzig rechtmäßige Chalif und der erste Imām war, konnte Ā'ischa nie zu einer Vorbildfigur werden. Sie halten auch die Verse Sure 24:11-20, in denen die Sunniten die Rechtfertigung Ā'ischas und die Abrechnung mit ihren Verleumdern sehen, nicht durch Ā'ischa, sondern Muhammeds koptische Konkubine Maryam ausgelöst. Maryam war die einzige Frau, die Muhammed einen Sohn geboren hatte, der allerdings früh starb. Ihre Vita bei Ibn Sa'd macht deutlich, daß Rivalinnen ihr Untreue anlasteten. Ā'ischa wird ja in diesen Versen nicht namentlich genannt. Für viele schī'itische Autoren blieb Ā'ischa die, die die Ehre des Propheten verletzte, die Maryam, die Koptin, verleumdete, und vom 10. Jahrhundert an ein Grund für antisunnitische Polemik, die natürlich die Frage der religiös-politischen Nachfolge des Propheten, also Machtfragen, einschloß.

Ā'ischa starb 64-jährig im Jahr 678. Spätere sunnitische Historiker und religiöse Juristen betonen ihre Reinheit und fromme Askese. Da sie vor allem als Gläubige leben wollte und jungfräulich in die Ehe ging, wurde sie Muhammeds liebste Frau.

Eine andere weibliche Vorbildfigur aus der Familie des Propheten ist seine jüngste Tochter Fātima. Daß zunächst der wohlhabende Abū Bakr, dann Umar um sie warb, Muhammed aber auf den »Schicksalsspruch« warten wollte, dürfte später erfunden worden sein. Er gab dann die 18-jährige dem mittellosen Alī, seinem Vetter, zur Frau, und die Berichte über die Geringwertigkeit ihrer Brautgabe variieren. Die frühe islamische Historiographie betont vor allem, wie hart und entbehrungsreich ihr Leben verlief. Das Lager, auf dem sie und ihr Mann schliefen, war die wollige Seite eines Schaffells, in dessen Innenseite sie tagsüber das Futter für das Kamel füllten, das ihnen ihr Wasser trug. »Und ich hatte für mich und sie keinen Diener als sie«, soll Alī gesagt haben [129, VIII, 13].

Als Alī eine zweite Frau dazuheiraten wollte, untersagte ihm Muhammed dies mit der Begründung, was seine Tochter schmerze, tue auch ihm weh. Schließlich hatte Muhammed zu Lebzeiten der angesehenen Chadīdscha auch keine andere Frau. Daß es zwischen Alī und ihr öfter (böse) »Worte« gab, berichten frühe Historiker.

Zwischen Ā'ischa und Fātima scheint eine gewisse Rivalität bestanden zu haben, denn es heißt, Fātima sei von den Frauen Muhammeds zu ihm geschickt worden, um gegen die Vorzugsstellung der jungen Frau zu protestieren. Der Prophet soll erwidert haben, was er liebe, müsse sie als seine Tochter auch gern haben. Daß Fātima Muhammed besonders nahestand, ist anzunehmen, denn in seinen Enkeln Hassan und Hussein, ihren Söhnen, konnte er sein Leben fortgesetzt sehen. Ihre beiden Töchter, Seinab und Umm Kulßūm, spielen in schī'itischer Lob- und Trauerpoesie eine Rolle.

Als Mutter der Prophetenenkel gewann Fātima vor allem für die Schī'iten besondere Bedeutung. Einige Richtungen der Schī'a, zum Beispiel die Nußeirier, vergöttlichten Fātima, war sie doch die Mutter derer, die nach Ansicht der Schī'iten nach Alī den Anspruch auf die höchste Macht hatten. Sie und Alī sollen nach Muhammeds Tod Abū Bakr den Treueid verweigert haben.

Alī leistete den Treueid auf Abū Bakr erst, nachdem Fātima wenige Monate nach Muhammed 28jährig gestorben war. Schon vom 9. Jahrhundert an setzte eine starke Legendarisierung der Fātimagestalt ein. Sie hatte 69 Beinamen – Allāh werden 99 Beinamen zugeschrieben –, darunter »die Strahlende«, »die Jungfrau« (sicher in Anlehnung an den christlichen Marienkult), »die Mutter ihres Vaters«, sogar: »der Schöpfer«. Sie gebar ihre Söhne nach neuntägiger Schwangerschaft aus ihrer Hüfte, so wie Muhammeds Samen, den er bei ihrer Zeugung in ihre Mutter Chadīdscha legte, aus einer Frucht stammte, die ihm der Erzengel Gabriel brachte.

Am Ende der Zeiten wird sie, so glauben gnostische Kreise der Schī'a, durch unversöhnliche Rache dafür sorgen, daß wieder Gerechtigkeit einkehrt. Die Dynastie der Fātimiden, die von 909 zunächst in Nordafrika, später, bis 1171, in Ägypten und Syrien regierte, leitete jedenfalls ihren Namen von Muhammeds Tochter ab, weil ihr Begründer seinen Machtanspruch mit der Behauptung untermauerte, er sei ein Nachkomme der Fātima.

Alī übrigens hatte nach Fātimas Tod von 9 Frauen und einigen Konkubinen insgesamt 14 Söhne und 19 Töchter. Ein Sohn, nach seiner Mutter Ibn al-Hanafiyya »der Sohn der Hanafitin« genannt, spielte eine Rolle in den Machtkämpfen des ersten Jahrhunderts, in die er eher gedrängt wurde. Für extreme Schī'iten kommt aber auch ihm, obwohl er gar kein Nachkomme des Propheten ist, eschatologische Bedeutung zu.

In der islamischen Religion, vor allem in der Mystik, sind Frauen öfter hervorgetreten. Es gibt Worte berühmter islamischer Mystiker wie: »Eine leichtfertige Frau ist schlimmer als hundert leichtfertige Männer. Aber eine fromme Frau empfängt denselben Lohn wie hundert fromme Männer« [26, 64]. Man glaubte nämlich, daß Frauen stärkeren Versuchungen ausgesetzt seien als Männer, aber eine geringere Widerstandskraft besäßen. Ein anderer sagte: »Wenn eine Frau auf dem Pfad Gottes wandelt wie ein Mann, kann man sie nicht als Frau bezeichnen« [34, I, 59], das heißt, sie verliert die negativen Eigenschaften, die ihr als Frau, wie man meinte, angeboren waren.

Als erste machte in der islamischen Mystik eine Frau von sich reden. Rābi'a al-Adawiyya war eine Freigelassene, die 713/714 oder 717 in Basra geboren wurde. Durch ihre Askese und ihre uneingeschränkte Gottesliebe, hinter der alles auf dieser Welt Existente für sie wesenlos wurde, erlangte sie Berühmtheit. Der Volksglaube umrankte ihr Leben mit wundersamen Geschehnissen, wie man sie auch aus der Heiligenverehrung anderer Religionen kennt. So soll einmal, als sie auf der Pilgerfahrt nach Mekka war, mitten in der Wüste ihr Packesel verendet sein. Mitreisende boten ihr Hilfe an, doch sie entgegnete, sie sei nicht im Vertrauen auf sie mitgekommen. Als sie allein war, betete sie: »O Gott, geht man so mit Schwachen um, mit einer Frau, einem Fremden oder einem Kranken? Du hast mich zu deinem Haus gerufen, dann läßt du mitten auf dem Weg meinen Esel sterben und läßt mich in der Wüste allein.« Kaum hatte sie ihr Gebet beendet, so heißt es, bewegte sich der Esel und stand auf. Sie belud ihn mit ihrem Gepäck und setzte ihren Weg fort [34, I, 61].

Berühmt war Fātima aus Nischapur (st. 849), die mit den bedeutendsten Mystikern ihrer Zeit Dispute führte und offenbar ihren Mann in religiösen und praktischen Fragen anleitete. Während ihrer langen Gespräche mit dem Mystiker Bāyasīd Bistāmi verhielt sie sich so ungezwungen und lüftete ihren Schleier, daß ihr Mann eifersüchtig wurde. Als

Bāyasīd eines Tages merkte, daß sie sich die Fingerspitzen mit Henna färbte und sie nach dem Grund fragte, entgegnete sie resolut: »Wenn du entdeckt hast, daß ich meine Finger gefärbt habe, hast du nicht mehr nur mit geistlicher Freundschaft auf mich geblickt. Jetzt muß es mit der Vertrautheit zwischen uns ein Ende haben.« [26, 64]

Heute noch wird in Ägypten Nafīßa, die Urenkelin von Hassan, dem Enkel des Propheten, als Heilige verehrt. Sie wurde 762/63 in Mekka geboren, wuchs in Medina auf und ging später mit ihrem Mann, andere sagen, mit ihrem Bruder, nach Ägypten. Wegen ihrer Kenntnisse in der Religionswissenschaft wurde sie so berühmt, daß sogar ihr großer Zeitgenosse, der Jurist asch-Schāfi'i, sie aufsuchte, um bei ihr Traditionen zu hören. Man rühmte ihr nicht nur 30 Pilgerfahrten nach, sondern auch strenge Askese und Wohltätigkeit. Als sich die Leute bei ihr über die Unbill des damaligen ägyptischen Statthalters beklagten, soll sie sich ihm in den Weg gestellt und ihm einen Zettel überreicht haben, mit dem sie ihn aufforderte, mehr Gerechtigkeit walten zu lassen. Sie starb 823/24 in Kairo und wurde auf Bitten der Kairoer Bevölkerung dort begraben. Ihr Mausoleum, so sagt ein späterer Biograph, sei bekannt dafür, daß Gebete, die man dort spricht, erhört würden.

Von Frauen, die als Hadīß-Tradentinnen, sicher nach dem Vorbild Ā'ischas, tätig waren, sogar im religiösen Lehrbetrieb der Moscheen, wird in späteren Jahrhunderten berichtet. Der ägyptische Gelehrte as-Sachāwi (1427–1497) stellt im zwölften und letzten Band seines biographischen Lexikons mit dem Ziertitel »Das glänzende Licht über bedeutende Personen des 9. (islamischen) Jahrhunderts« nur Frauen vor. Erstaunlich ist die Mobilität einiger weiblicher Gelehrter, von denen hier die Rede ist, leider ohne Aufschlüsse über Details. Wenn also eine dieser gelehrten Frauen zuerst in Kairo, später in Aleppo, danach dem Hidschās tätig war, kennen wir die Hintergründe dafür nicht. Anzunehmen ist, daß sie diese Ortswechsel mit ihrem Mann oder einem männlichen Verwandten vollzogen, und daß es ihnen immer wieder gelang, Zugang zum Lehrbetrieb der Moscheen zu finden. Der ägyptische Polyhistor as-Suyūti (1445–1505) nennt in seiner Autobiographie mehrere Scheichas, bei denen er in Kairo Hadīß hörte. Vermutlich waren dies Frauen jenseits der Menopause, die bereits in ihrer Jugend auf diesem Gebiet, von ihren Vätern oder auch in der Moschee, ausgebildet worden waren. Die Herausgeberin der Autobiographie vermutet, daß Frauen dieses Fach betreiben durften, da es hauptsächlich reproduzierend, von einem gutem Gedächtnis abhängig, im Familienbetrieb überlieferbar war. Hadīß-Kritik dagegen blieb (wohl weil mit rationalerem Anspruch) Männern vorbehalten [227, 125ff.]. Daß Frauen durchaus auch ein besseres Denkvermögen zugeschrieben werden konnte, beweist Fātima Bint Achmed Ibn Yachya (st. 1436/37), die religiösrechtliche Probleme mit ihrem Vater debattierte. Ihr Mann, ein Imām, soll sie konsultiert haben, wenn ihm solche Fragen unklar blieben, die er seinen Schülern erläutern wollte. Sie gab ihm die notwendigen Erklärungen. Wenn er seine Schüler trotzdem nicht einleuchtend belehren konnte, sagten sie: »Das stammt ja gar nicht von dir, sondern von (der) hinter dem Vorhang!« [134, IV, 31f.]

Klöster, wie sie im soziokulturellen Leben des europäischen Mittelalters Bedeutung erlangten, gab es in islamischen Ländern nicht. Doch existierten schon relativ früh Konvente, wo Frauen, die den mystischen Pfad der Gottesverehrung oder generell ein gottgefälliges Leben suchten, zusammenlebten. Im Ägypten der Mamlūkenzeit leitete dort eine Scheicha das Gebet und predigte. Weibliche Heilige kennt man überall in der Welt des Islams. Es gibt auch Schreine weiblicher Heiliger, zu denen Frauen kommen, um in Lebensnöten Trost und Hilfe zu suchen. Am intensivsten blühte dieser Heiligenkult vermutlich in Indien. Eine Dichterin unter den Mystikerinnen war die Türkin Sidkī, die 1703 starb. Wohlhabende Frauen wurden durch ihre Spenden für Sūfischeichs und Derwischorden bekannt.

Von einer »Märtyrerin« berichtet die frühe Geschichtsschreibung: Umm Waraka Bint Abdallāh aus Medina. Weil sie sich der Verwundeten annehmen wollte, bat sie Muhammed, mit in die Schlacht von Badr ziehen zu dürfen. Sie gehörte zu den wenigen Frauen, die Koranabschnitte sammelten, bevor die endgültige Fassung zustandekam. Muhammed selbst soll ihr befohlen haben, ihrer Sippe, also einer gemischten Gemeinde, die auch einen eigenen Gebetsrufer hatte, als Vorbeterin vorzustehen. Dabei wandte sie ihr den Rücken zu, und ein Sklave und eine Sklavin brachten sie zur Regierungszeit des Chalifen Umar um. Umar befahl, die beiden zu kreuzigen und bestätigte ihren Ruf als Märtyrerin, deren Grab die Gemeinde aufsuchen solle [129, VIII, 335]. In rein weiblichen Gemeinden ist natürlich eine Vorbeterin religiös-rechtlich akzeptiert.

Doch soll sie inmitten der Gemeinde stehen, nicht vor ihr, wie der männliche Imām [120].

Über die Medinenserin Umm Umāra gibt es eine regelrechte Heldenberichterstattung: Sie zog mit ihrem Mann und ihren beiden Söhnen in die Schlacht von Uchud, zunächst, um Verwundete zu tränken und zu verbinden. Doch dann schürzte sie ihre Gewänder auf und kämpfte mit Pfeil und Bogen und dem Schwert, um den bedrohten Propheten zu verteidigen, nach anderen Quellen, um ihren verwundeten Sohn zu rächen. Zwölf- oder dreizehnmal soll sie dabei verwundet worden sein, davon einmal sehr schwer an der Schulter. Später verlor sie im Kampf eine Hand [129, VIII, 301ff.].

Daß Frauen, wie Āʼischa es getan hatte, von einem Kamel herab die Kämpfenden mit leidenschaftlichen Rufen in Reimprosa anfeuernd, an Schlachten teilnahmen, ist aus vorislamischer Zeit überliefert und war auch im frühen Islam nicht ungewöhnlich. In der Schlacht zwischen dem Chalifen Alī und seinem Gegner, dem späteren Chalifen Muʼāwiya, bei Siffīn im Jahr 657 spornten auf Alīs Seite mehrere Frauen die Kämpfenden an. Muʼāwiya muß sie auch später noch als hervorragende Persönlichkeiten betrachtet haben, denn er bestellte sie zu sich, um sich mit ihnen zu unterhalten und sie zu fragen, was sie damals dazu getrieben habe. Alle sagten, sie hätten die leidenschaftlichen Worte, die sie damals an die Kämpfer richteten, vergessen. Doch Muʼāwiya rezitierte sie ihnen. Von ihm nach dem Grund für ihr damaliges Auftreten gefragt, antwortete Sarkā lakonisch: »O Fürst der Gläubigen, es ist schon ganz anderes vorgekommen. Wer nachdenkt, sieht mehr, und was geschieht, geschieht eben.« Als der Chalif sie aufforderte, sich etwas zu wünschen, entgegnete sie diplomatisch, sie habe sich geschworen, einen Fürsten, gegen den sie gekämpft habe, um nichts zu bitten, aber jemand wie er sei ohnehin großzügig. So erhielt sie ein ertragreiches Lehen [118, 50 ff.]. Diese Geschichte hat sicher das Ihre dazu beigetragen, daß Muʼāwiya im Ruf »kluger Besonnenheit« stand.

In einer anderen Schlacht der Muslims im ersten Jahrhundert des Islams eilten Frauen ihren Männern mit einer List zu Hilfe: Sie verwandelten ihre Schleier in Kampffahnen und zogen mit diesen wehenden Standarten hinter ihren Männern her. Die Feinde dachten, die Muslims bekämen eine Verstärkung, der sie nicht gewachsen seien, und flohen.

Ein beliebter, Frauen generell charakterisierender Topos islamischer Literaturen, der aber auch anderen Literaturen, etwa der indischen, nicht fremd ist, ist der *Keid an-Nißā'*, »die List der Frauen«, anknüpfend an die Josefssure (12:28). Im Schelmenroman »Von der listigen Dalīla« aus »Tausendundeiner Nacht« heißt es: »Bagdad ist voller Weiber, die den Männern Streiche spielen« [265, IV, 731]. Ein marokkanisches Sprichwort sagt: »Was der Teufel in einem Jahr zustande bringt, schafft eine alte Frau in einer Stunde« [300, 68]. Es scheint, als habe religiös legitimierte Subordination durchaus nicht immer zur Submission, sondern oft zur Subversivität geführt. Doch scheinen Männer an solchen Geschichten durchaus ihre Freude gehabt zu haben (oder war das kollektive Schadenfreude über das Hereingelegtwerden anderer?). Gelehrte des religiösen Rechts allerdings wetterten immer wieder über die losen Sitten der Frauen »heutzutage« [z. B. 120].

Das erste Jahrhundert des Islams kannte aber auch stolze Schönheiten, die im gesellschaftlichen Leben ihrer Zeit eine solche Rolle spielten, daß die literarische Tradition Romanzen um sie spann.

Sukeina war eine Enkelin des Chalifen Alī, Tochter seines Sohnes Hussein, der bei Kerbela im Kampf fiel und von den Schī'iten bis heute als Märtyrer verehrt wird. Sie lebte zu einer Zeit, in der sich in den heiligen Städten des Islams, Mekka und Medina, nicht nur die fromme Opposition gegen die weltliche Umayyadenherrschaft zusammenfand, sondern auch eine lebenslustige Gesellschaft, die ungestört von politischen Querelen – Damaskus, die Residenz der Chalifen, war weit – ihre Reichtümer genießen wollte. Musik und Dichtung blühten in dieser Zeit im Hidschās.

Die Einstellung dieser Kreise zum Islam geht aus einer Bemerkung hervor, die man Sukeina zuschreibt. Als sie gefragt wurde, warum sie stets so fröhlich sei, ihre Schwester Fātima aber ständig ernst, entgegnete sie, weil man sie nach ihrer vorislamischen Urgroßmutter, ihre Schwester aber nach der islamischen Großmutter genannt habe. Sukeina wurde berühmt nicht nur für ihre Schönheit, ihren Humor und ihre Lausbubenstreiche, sondern auch, weil sie klug und geistvoll war. Sie sammelte einmal Dichter um sich, ließ sich deren neueste Werke vortragen und belohnte sie danach, wie die Poeten darin ihre Geliebten oder ihr Verhalten zu ihnen schilderten. Aber auch für ihre Eleganz war sie bekannt. Ihr prachtvolles Haar frisierte sie auf besondere Weise, die man, als sie zur Mode wurde, nach ihr benannte. Männer allerdings, die anfingen sie nachzuahmen, ließ der fromme Chalif Umar Ibn Abd al-Asīs auspeitschen und kahlscheren. Daß Männer sich Frauen angleichen und umgekehrt, wird vom Religionsgesetz strikt untersagt.

Sie muß auch mutig und tapfer gewesen sein. Als man ihr – natürlich ohne Betäubung – eine Geschwulst unterhalb des Auges wegoperierte, ließ sie das unbewegt über sich ergehen, ohne zu stöhnen. Es blieb ihr davon eine Narbe, die man als reizvoll empfand. Mindestens viermal war sie verheiratet, doch variieren die Angaben der Quellen über die Reihenfolge der Gatten und deren Namen. Jedenfalls stammten auch sie aus angesehenen Familien. Besonderes Augenmerk widmen die Quellen ihrer Ehe mit Seid Ibn Amr, einem Enkel des Chalifen Usmān. Sie hatte sich ausbedungen, daß er sie nicht von sich aus verstoßen, keine Frau außer ihr anrühren und ihr nichts versagen dürfe, was sie sich wünschte – sie zwang ihm ihre Launen auf –, sie wohnen ließe, wo sie wolle, und ihr in nichts widerspreche, sonst müsse er sie auf ihren Wunsch verstoßen. Es kam häufig zu Streitereien zwischen beiden. Als er aus Ärger über sie auf eins seiner Güter ging, wo ihm zahlreiche Sklavinnen zur Verfügung standen, und sieben Monate dort blieb, beklagte sie sich beim Gouverneur von Medina. Der ließ Seid holen und beauftragte einen seiner Untergebenen, zwischen ihnen zu Gericht zu sitzen. Sukeina provozierte den Richter so, daß er ihr drohte: »Wenn du nicht eine Frau wärst, würde ich dich auspeitschen lassen.« Es kam zu einem heftigen Wortgefecht zwischen beiden, und als einer der Zuhörer sie zur Vernunft mahnte, beschimpfte sie auch ihn. Der Richter fürchtete, so heißt es, für seine Frau, die in einer Nische saß, weil sie alles mitanhörte, was Sukeina, platzend vor Zorn, vorbrachte. Ihr Ehemann, der nicht eben der Mutigste gewesen zu sein scheint, »hielt sich so eng an den erhöhten Sitz des Richters, als wollte er sich aus Furcht in ihn verkriechen«. Sukeina rief ihm zu: »Sieh dich nur heute satt an mir! Du wirst mich nicht mehr zu Gesicht bekommen.« Der Gouverneur von Medina, der sich von der Verhandlung berichten ließ, »hielt sich«, so wird überliefert, »den Bauch vor Lachen« [10, XVI, 155ff.].

Sukeinas Rivalin in bezug auf Schönheit und Eleganz war die kapriziöse Ā'ischa Bint Talcha, durch ihre Mutter eine Enkelin des ersten Chalifen Abū Bakr. Zeitweise waren beide mit demselben Mann verheiratet, mit dem ebenso gutaussehenden, ritterlichen und freigebigen wie harten und unnachgiebigen Muß'ab Ibn as-Subeir. Von Ā'ischa heißt es, sie habe vor niemandem ihr Gesicht verschleiert. Ihrem Mann Muß'ab gefiel das nicht, und er drang in sie, sich den Sitten zu fügen. Doch sie trumpfte auf: »Gott, der Erhabene, hat mich durch Schönheit ausgezeichnet. Ich möchte, daß die Leute das sehen und erkennen, welchen Vorrang ich vor ihnen genieße. Ich werde mich nicht verschleiern. Niemand wird einen Makel an mir finden.« [10, XI, 176].

Auch sie war mehrfach verheiratet, und es wird erzählt, daß sie ihre Männer neckte, indem sie jeweils die Vorzüge eines Verflossenen in den höchsten Tönen pries, freilich nicht sehr taktvoll. Muß'ab soll sie wegen ihrer Schönheit, ihres zarten Wesens, ihrer hübschen Figur – besonders ihr umfangreiches Hinterteil wird gepriesen –, ihrer Willensstärke und ihrer Sittsamkeit bewundert haben. Es heißt aber auch, er habe ihrer nur mit Schimpfen und Schlägen Herr werden können. Eines Tages streute er ihr kostbare Perlen in den Schoß, als sie schlief. Die Verwöhnte wachte auf und murrte: »Mein Schlaf wäre mir lieber gewesen« [10, XI, 181]. Sein Sekretär versprach ihm einmal, ihm zu helfen, ihren Stolz zu brechen. Muß'ab ermutigte ihn: »Tu, was du willst, denn sie ist das beste, was mir an irdischen Gütern zuteil geworden ist.« Der Sekretär ließ eines Nachts vor ihren Augen von zwei schwarzen Sklaven in ihrem Haus eine Grube mit der Begründung ausheben, Muß'ab habe ihm befohlen, sie darin lebendig zu begraben. Da fürchtete sie sich so sehr, daß sie versprach, sich künftig ihrem Mann stärker zu fügen [10, XI, 181f.].

Ihr nächster Ehemann bestach ihre Dienerin, damit er die Hochzeitsnacht auch wirklich bei ihr verbringen konnte. Als dieser Mann gestorben war, wies sie alle weiteren Bewerber ab und heiratete nicht mehr.

Sie war so angesehen, daß der Gouverneur von Mekka bereit war, ihretwegen die Gebetsstunde zu verschieben, damit sie den Umlauf um die Ka'ba vollenden konnte, als sie die Pilgerfahrt vollzog. Daß er daraufhin entlassen wurde, konnte oder wollte sie nicht verhindern. Poeten besangen ihre Schönheit. Es wird aber auch berichtet, daß sie sich mit gebildeten Männern aus dem Herrscherhaus der Umayyaden in Kenntnissen über die altarabische Geschichte mit ihren Schlachten, in arabischer Dichtung und in der Sternenkunde messen konnte.

Wir sehen, in der Frühzeit des Islams waren Aristokratinnen ihren

Ehemännern nicht nur de facto gleichberechtigt, sondern sie konnten sie ihre Überlegenheit spüren lassen. So wird berichtet, daß Umm Salama, die mit zwei angesehenen Männern aus dem Haus der Umayyaden verheiratet gewesen war, eines Tages den jungen Abu l-Abbās as-Saffāch, den späteren ersten Abbāsidenchalifen, sah und daß seine Schönheit ihr gefiel. Sie schickte eine Dienerin zu ihm und trug ihm die Ehe an, zugleich sandte sie das Geld für die Brautgabe mit. In der Hochzeitsnacht war sie so mit Juwelen behangen, daß er sie nicht anrühren konnte. Aber es gelang ihm auch, nachdem sie sie abgelegt und die Kleider gewechselt hatte, nicht, sich ihr als Ehemann zu beweisen, so daß sie ihn damit trösten mußte, daß es auch anderen Männern gelegentlich so gehe. Er schwor ihr dann, daß er keine andere Frau dazuheiraten und auch keine Konkubine nehmen würde. Sie gebar ihm zwei Kinder, und er entschied nichts, ohne ihren Rat einzuholen und sie gebieten zu lassen, bis er Chalif wurde.

Eines Tages soll ihn einer seiner höfischen Literaten bedauert haben, weil er sich auf eine einzige Frau beschränke. »Wenn du, o Fürst der Gläubigen«, so sagte er, »ein hochgewachsenes weißhäutiges Mädchen sähest oder eine braunhäutige mit dunklen Lippen oder eine gelbe mit runden Hüften, auch solche, die nach Kufa oder Basra eingewandert sind und süß zu reden verstehen, von schlankem Wuchs, schmaler Taille und mit sich kringelnden Schläfenlocken, schwarz geschminkten Augen, festen Brüsten, in schöner Kleidung und fein geschmückt, so sähest du etwas Wunderbares.« Dem Chalifen gefiel das, und er ließ sich diese Worte wiederholen. Als ihn später seine Frau Umm Salama gedankenverloren dasitzen sah, bekam sie den Grund bald heraus. Wutentbrannt schickte sie einige Männer zu dem Literaten, Chālid Ibn Safwān war sein Name, und befahl ihnen, ihn zu verprügeln. Chālid ließ die Männer herein, weil er glaubte, der Chalif wolle ihn für seinen guten Rat belohnen, und wurde bitter enttäuscht. Mehrere Tage lang mußte er das Haus hüten. Als er dann, vor Schmerzen stöhnend, zum Chalifen kam, weil der nach ihm geschickt hatte, sah er, wie sich hinter einem Vorhang vor einer Tür etwas bewegte, und vermutete Umm Salama dahinter. Der Chalif wollte seine Worte noch einmal hören. Doch er sagte ihm, daß die Araber das Wort *Darra*, »Nebenfrau«, von einer Wurzel ableiten, die auch »Schaden, Unglück« bedeutet. »Niemandem von denen, der mehr als eine Frau hatte, ging es gut ... drei Frauen sind wie drei Steine, auf denen ein Topf brodelt, vier Frauen sind das reine Unglück für einen Mann, sie machen ihn grau, alt und krank.« Der Chalif unterbrach ihn immer wieder: »Das hast du bestimmt nicht gesagt.« Doch er erzählte ihm noch, Jungfrauen seien wie Jünglinge, nur ohne Hoden, und er habe doch eine kluge Dame aus edlem Stamm geheiratet und solle nicht nach anderen Frauen sehen. Darauf ertönte ein Lachen hinter dem Vorhang, dem zustimmende Worte folgten. Nun erhielt Chālid tatsächlich eine hohe Belohnung, aber von der Frau des Chalifen [164, VI, 110–118].

Auch Arwā (Umm Mūßā), die Frau von as-Saffāchs Nachfolger auf dem Thron, dem Chalifen al-Manßūr, die ihre Abstammung auf die südarabischen Könige der Himyar zurückführte, forderte von ihrem Mann eine schriftliche Erklärung, daß er, solange sie lebe, weder eine Frau dazuheiraten noch eine Konkubine nehmen würde. Der Chalif bereute dies später und wollte es annullieren lassen. Doch seine Frau wandte sich an den obersten Richter in Ägypten, der eigens zu diesem Zweck in den Irak gebracht wurde. Er entschied zugunsten von Arwā, weil sie den Ehevertrag mit der entsprechenden Klausel vorlegen konnte. Nach ihrem Tod, im zehnten Jahr seiner Regierung, legte sich al-Manßūr einen großen Harem zu.

Seinem Sohn von Arwā, dem späteren Chalifen al-Machdi, der eine besondere Schwäche für das weibliche Geschlecht hatte, gab er den väterlichen Rat, Frauen in seinen Angelegenheiten nicht zu konsultieren, doch offenbar ohne Erfolg. Al-Machdi stand sehr unter dem Einfluß seiner Konkubine und späteren Ehefrau Cheisurān (»Bambusrohr«), einer früheren Sklavin jemenitischer Herkunft. Sie war die Mutter seiner beiden Söhne Mūßā und Hārūn und einer Tochter, die von ihrem Vater so geliebt wurde, daß sie ihn, als Jüngling verkleidet, auf seinen Reisen begleiten durfte und daß er bei ihrem Tod öffentlich die Trauerbekundungen seiner Untertanen entgegennahm.

Während der Regierungszeit al-Machdis hatte Cheisurān, obwohl sie ihren Gemahl mit anderen Ehefrauen und zahlreichen Konkubinen teilen mußte, so sehr vom verführerischen Kelch der Macht gekostet, daß sie auch, als ihr Sohn Mūßā al-Hādi 785 zur Macht kam, nicht mehr darauf verzichten wollte. Noch in den ersten vier Monaten seines Chalifats sammelten sich die Leute bei ihr, suchten sie auf, und wahre »Prozessionen pilgerten zu ihrer Tür«, so heißt es bei dem Historiker Tabarī [261, VIII, 205]. Dann aber wurde das dem jungen Chalifen, der sichtlich mehr auf die Durchsetzung seines Willens bedacht war als sein Vater, zu viel. Er, der ihr bisher nie einen Wunsch abgeschlagen hatte, verweigerte ihr in aller Härte ein Anliegen unter einem Vorwand und zeigte sich auch ihren eindrücklichen Bitten gegenüber abweisend. Er sagte ihr: »Es ist den Frauen vom Schicksal nicht bestimmt, sich in Herrschaftsangelegenheiten einzumischen. Du hast zu beten, Allāh zu preisen, dich von der Welt zurückzuziehen und dich den Diensten Allāhs zu weihen. Danach hast du zu gehorchen, wie es sich für Frauen geziemt.« Er drohte: »Wehe, wenn du dich nicht an meine Worte hältst …, wenn ich höre, daß einer meiner führenden Leute oder Diener an deiner Tür steht, dann schlage ich ihm den Kopf ab und ziehe sein Vermögen ein. Was sind das für Prozessionen, die sich jeden Tag zu deiner Tür begeben? Hast du denn keine Spindel, die dich in Anspruch nimmt, oder ein Koranexemplar, das dich zu Gehorsam aufruft, und kein Haus, das dich beschützt? Hüte dich, zu mir zu kommen, um mich zu langweilen oder zu tadeln!« [164, VI, 269f.] Danach wuchs der Haß zwischen ihnen so, daß sie sich gegenseitig ermorden lassen wollten. Nach Mūßās frühem Tod im Jahr 786, an dem Cheisurān nicht unschuldig gewesen sein soll, sicherte sie ihrem geliebten Sohn Hārūn die Nachfolge.

Cheisurān war eine der reichsten Frauen ihrer Tage, ihr Jahreseinkommen auf dem Höhepunkt ihrer Macht soll 160 Millionen Silberdirham betragen haben. Sie soll in ihrem Palast 18 000 Frauengewänder aus gesticktem Brokat gehabt haben. Als sie einmal von Mūßā al-Hādī noch mehr verlangte, stellte er ihr ein ganzes Magazin zur Verfügung. Diese Liebe zu Pracht und Luxus regte die Textilindustrie an. Sie investierte auch in andere Unternehmungen. So soll sie einen (strategisch wichtigen) Kanal von Bagdad am Tigris zur alten Handelsstadt Anbar am nördlichen Euphrat haben anlegen oder doch erneuern lassen.

Nach ihrem Tod 789 – sie kann kaum fünfzig gewesen sein – nahm bald eine andere Frau eine ähnlich machtvolle Position im Chalifenharem und im Land ein: Subeida, die Kusine und Ehefrau des bei uns vor allem aus »Tausendundeiner Nacht« bekannten Chalifen Hārūn ar-Raschīd. Eigentlich hatte sie den islamischen Namen Amat al-Asīs. Da sie aber ein niedliches, dralles Kind war, nannte sie ihr Großvater, der Chalif al-

Manßūr, wenn er sie auf seinen Knien tanzen ließ, Subeida, »Butterflöckchen«, auch »kleine Ringelblume«. Im Jahr 781/82, während des Chalifats von al-Machdi, wurde sie die Frau Hārūn ar-Raschīds und bezauberte ihn so, daß er nahe daran war, seinen Anspruch auf den Thron aufzugeben und sich nur ihr zu widmen. Obwohl er später auch zahlreiche schöne und künstlerisch begabte Konkubinen besaß, genoß sie offenbar auf Grund ihrer persönlichen Ausstrahlungskraft und sicher auch wegen ihrer königlichen Herkunft eine Vorzugsstellung bei ihm.

Subeida wurde wegen ihrer Großzügigkeit gegenüber Dichtern und Sängern gerühmt. Sie hatte hundert Sklavinnen in ihrem Palast, die alle in Zehnerabschnitten den Koran rezitierten, so daß es sich anhörte, als summe ein Bienenschwarm.

Während einer Dürre ließ sie eine zehn Meilen lange Wasserleitung von einer Quelle im Hidschās über Berge und Täler zur heiligen Stadt Mekka legen, die in eine tiefe, ausgemauerte Zisterne mündete und noch im 14. Jahrhundert bewundert wurde. Die Kosten sollen 1 700 000 Dinar betragen haben. Der andalusische Reisende Ibn Dschubeir bezeichnete im 12. Jahrhundert alle Brunnen, Zisternen und Karawansereien auf der Pilgerstraße von Bagdad nach Mekka als Bauten Subeidas. Auch für eine große Moschee in Bagdad wurde sie bekannt [122, I, 337; VIII, 297; 134, II, 27ff.].

Die arabische Historiographie, die gern berühmten Persönlichkeiten *Awā'il* zuschreibt, »Pionier- oder Ersttaten«, nennt Subeida als die erste, die Geräte aus Gold und Silber mit eingelegten Juwelen benutzte, die erste, die bestickte Gewänder im Wert von 50 000 Dinar trug, die erste, die eine Garde von Sklaven und Sklavinnen beschäftigte, die beritten ihre Botschaften und Briefe in alle Gegenden zu befördern hatten, die erste, die Kuppeln aus Silber, Eben- und Sandelholz errichten und die Ampelhaken aus Gold und Silber, umkleidet mit Stickereien, Zobelpelz, Brokat und farbigen Seiden, anfertigen ließ. Sie soll juwelenbestickte, flache Pantoffeln ebenso wie die kostspieligen duftenden Ambrakerzen eingeführt haben. Man hielt sie also für die Begründerin eines atemberaubenden Luxus am Abbāsidenhof. »Und alle wollten es ihr gleichtun«, schließt der Bericht [134, II, 27ff].

Auch Subeida versuchte, Einfluß auf die Thronfolge zu nehmen. Ihr geliebter, aber nicht sehr tüchtiger Sohn Muhammed al-Amīn sollte

Nachfolger werden und nicht Hārūns Sohn von einer persischen Konkubine, al-Ma'mūn. Als Hārūn sich entschied, alle arabischen Gebiete seines Reiches und den Thron al-Amīn zu überlassen und al-Ma'mūn die persischen Gebiete unter der Oberhoheit seines Bruders, warf sie ihm Ungerechtigkeit vor, weil er Amīn nicht die Unterstützung der Generäle und Großen des Reiches gesichert habe. Hārūn aber entgegnete ihr: »Was geht dich (eine Frau, W. W.) die Beurteilung unserer Taten und die Erfahrung von Männern an?!« [164, VI, 325f.] Als es später zu Zwistigkeiten zwischen beiden Brüdern kam, in deren Folge al-Amīn 813 hingerichtet wurde, verfiel Subeida in tiefe Trauer und trug härene Gewänder. Eine Sklavin forderte sie auf, sich wie seinerzeit Ā'ischa, Muhammeds Lieblingsfrau, zu einem Rachezug zu erheben, doch sie erwiderte, den Wandel im Frauenbild deutlich machend: »Was haben Frauen mit der Forderung nach Blutrache zu tun und sich als Helden aufzuspielen?« Diplomatisch schickte sie al-Ma'mūn ein Gedicht, in dem sie ihre Trauer über den Tod ihres Sohnes ebenso wie ihre Bewunderung für ihn, al-Ma'mūn, den neuen Chalifen, zum Ausdruck brachte. Das rührte ihn so, daß er ihr tiefen Respekt zollte und eine ansehnliche Apanage bewilligte. Subeida starb 831 in Bagdad.

Die im Islam jahrhundertelang dominierende Vorstellung von einer Frau auf dem Thron war negativ. Zwar erscheint die legendäre Königin von Saba im Koran ohne jedes abwertende Urteil, doch finden sich schon etwa vom 8. Jahrhundert an Hadīße wie diese: »Wenn Männer den Frauen gehorchen, sind sie zum Untergang bestimmt« [123, V, 45]. Oder: »Ein Volk, das seine Angelegenheit einer Frau überläßt, muß scheitern« [24, 92, 18]. Trotzdem hat es im Lauf der islamischen Geschichte Frauen gegeben, die auf ihre hochrangigen Männer oder Söhne in Fragen der Politik Einfluß nahmen. Aber nur selten und für kurze Zeit haben Frauen selbständig einen Herrscherthron bestiegen. Meist waren sie ebenso rücksichtslos, grausam, intrigant und verschwendungssüchtig wie ihre männliche Umgebung. Sonst hätten sie sich vermutlich nicht durchsetzen können.

Die Sklavensultanin mit dem klingenden Namen Schadscharat ad-Durr [»Perlenbaum«], in Ägypten war zunächst Sklavin, später Ehefrau des letzten Ayyūbidenherrschers al-Malik as-Sālich, nachdem sie ihm einen Sohn geboren hatte, der früh verschied. Ihr Mann starb, kurz nachdem

Der Dīnār der Sultanin Schadscharat ad-Durr trägt Ort und Zeit der Prägung (Kairo 648h), den Namen des Chalifen al-Musta'sim bi-llāh und Beinamen und Titulatur der Sultanin

das Kreuzfahrerheer Ludwigs IX. vor Damiette gelandet war. Sein Sohn und Nachfolger Tūrānschāh wurde unmittelbar darauf ermordet. Da übernahm sie am 2. Mai 1250 offiziell den Sultanstitel und war bis zum 30. Juli desselben Jahres souveräne Regentin von Ägypten. Ein zeitgenössischer arabischer Historiker charakterisiert sie als »starke Persönlichkeit, von großem Edelsinn ... und vortrefflichem Lebenswandel«, die der Sultan »sehr geliebt« habe [236, 43]. Aus derselben Zeit schreibt ein syrischer Historiker von ihr: »Sie war eine Türkin, die durchtriebenste Frau ihres Zeitalters, die an Schönheit unter den Frauen und an Entschlußkraft unter den Männern ihresgleichen nicht hatte« [236, 44]. Nachdem ihre Untertanen den Treueid auf sie geleistet hatten, führte sie die Regierungsgeschäfte, unterschrieb die Sultansdekrete mit ihrem Thronnamen und wurde, wie für einen islamischen Herrscher üblich, im Freitagsgebet als Souverän genannt. Zum ersten Mal wurden in einem islamischen Land Münzen mit Bei- und Thronnamen einer Frau geprägt.

Schon unter Tūrānschāh waren die Kreuzfahrer entscheidend geschlagen worden. Wenige Tage nach dem Machtantritt der Sultanin wurde Damiette an die Muslims zurückgegeben. Als man aber dann auch von dem syrischen Vizekönig den Treueid auf die Sultanin verlangte, kam es zu einer Auseinandersetzung, in deren Folge die Mamlūkenemire beschlossen, die Herrschaft nicht in den Händen einer Frau zu belassen. Sie übertrugen sie dem bisherigen Oberbefehlshaber der Truppen, Aibak. Später wurde Schadscharat ad-Durr dessen Frau. Die arabischen Historiker stellen diese Absetzung als taktischen Thronverzicht der Herrscherin zugunsten ihres späteren Gemahls dar. Der Kampf Syriens gegen Ägypten aber, für den die Frau auf dem Thron den Vorwand geliefert hatte, verstärkte sich noch nach diesem Schritt. Wann Schadscharat ad-Durr den Aibak heiratete, wissen wir nicht genau. Doch beschreiben ihre orientalischen Zeitgenossen sie weiterhin als die eigentliche Regentin, die über das Reich verfügte, Befehle erteilte und der man gehorchte. Ein Historiker sagt von ihrem Verhältnis zu ihrem Mann: »Sie beherrschte ihn, und er hatte bei ihr nichts zu sagen« [236, 79]. Es ist auch bezeugt, daß sie weiterhin Sultansdekrete unterschrieb und als Sultanin angeredet wurde. Als sie erfuhr, daß Aibak eine Tochter des »Herrn von Mossul« dazuheiraten wollte, ließ sie ihren Gemahl ermorden. Da sie keine Vorsorge für die Nachfolge getroffen hatte, kam es zu Unruhen, während derer die Mörder gekreuzigt wurden. Schadscharat ad-Durrs halbnackte Leiche fand man im Graben der Zitadelle.

Fast zur selben Zeit wie Schadscharat ad-Durr, um die später im volkstümlichen Beibarsroman Legenden gesponnen wurden, herrschte eine souveräne Sultanin in Delhi. Ihre Regentschaft dauerte immerhin drei Jahre, sechs Monate und sechs Tage, von 1236 bis 1240. Auch Rasiyya entstammte einer türkischen Sklavendynastie. Ein persischer Historiker, der sie persönlich erlebt hatte und der allerdings gegenüber den Herrschern dieser Dynastie grundsätzlich mit Lob nicht geizt, schreibt von ihr: »Die Sultanin Rasiyya war eine große Herrscherin und scharfsinnig, gerecht, eine Wohltäterin, Patronin der Gelehrten, Spenderin der Gerechtigkeit, gut zu ihren Untertanen. Sie hatte kriegerische Talente und war mit all den bewunderungswürdigen Attributen und Eigenschaften ausgestattet, die Könige unbedingt brauchen. Aber da sie vom Schicksal nicht als Mann erschaffen war, welchen Nutzen hatten da alle diese exzellenten Eigenschaften für sie?« [175, 637f.] Ihr Vater erkannte ihre Fähigkeiten und setzte sie, obwohl er mehrere Söhne hatte, zu seiner Nachfolgerin ein. Das provozierte allerdings den Unmut seiner Umgebung. Man war der Ansicht, der Herrscher habe Söhne, die er zu Thronerben machen könne. »Erspart uns diese Schwierigkeit«, sagten sie, »denn dies erscheint Euern demütigen Untertanen nicht ratsam«. [175, 638f.] Der Sultan aber befand, keiner seiner Söhne sei so wie seine Tochter imstande, das Reich zu regieren. Als sie schließlich den Thron bestieg, kam es zu Unruhen, die sie jedoch niederschlagen konnte. Sie gewann den größeren Teil ihrer

Gegner für sich und verteilte Ämter an sie. Dann aber erlangte der königliche Stallmeister, ein Abessinier, ihre besondere Gunst. Das erregte den Neid der anderen Hofbeamten und Emire.

Schließlich legte die Sultanin Rasiyya die Frauenkleidung ab und kleidete sich als Mann. Sie trug einen Turban und zeigte sich so, natürlich unverschleiert, in der Öffentlichkeit, vermutlich, weil sie annahm, ihre Autorität wüchse dadurch. Im Jahr 1239 kam es zu erneuten Rebellionen ihrer Lehnsherren und Emire, infolge derer man sie verhaftete. Der Statthalter, dessen Gewahrsam man sie übergeben hatte, heiratete sie und schickte Truppen nach Delhi, um den Thron zurückzuerobern. Doch Rasiyyas Bruder, der zur Macht gelangt war, sandte ein Heer gegen sie und ihren Mann. Ihre Truppen fielen von ihr ab, und im Oktober 1240 wurden sie und ihr Mann getötet.

Der Ägypter as-Sachāwi nennt im zwölften Band seines biographischen Lexikons eine Prinzessin Tandu »von brillanter Schönheit« (aus der Dynastie der Dschalā'iriden), die mit ihrem Onkel Achmed Ibn Uweis nach Kairo kam und die Frau des Mamlūken as-Sāhir Barkūk wurde. Nach dessen Trennung von ihr heiratete sie ihren Vetter Schāchwalad Ibn Schāchsadeh Ibn Uweis. Als sie nach Bagdad zurückkehrten und ihr Onkel Achmed starb, übernahm ihr Mann Schāchwalad die Regierung. Sie intrigierte gegen ihn, bis er ermordet und sie als Regentin eingesetzt wurde. Zwar wurden sie von Muhammedschāh Ibn Qara-Yūssuf eine Weile belagert, doch sie dehnte ihre Herrschaft bis Wasit, dann Tustar und über das nordwestliche Zweistromland aus. Man gab ihr Machmūd Ibn Schāchwalad, einen Sohn ihres Mannes von einer anderen Frau, zur Seite. Sie intrigierte, bis auch er ermordet wurde. Danach, seit 1416/17, herrschte sie unabhängig. Für sie wurde von den Kanzeln gebetet, und Münzen wurden mit ihrem Namen geprägt. 1419 starb sie, und ihr Sohn Uweis Ibn Schāchwalad kam zur Macht [224, 16].

Daß machthungrige Mütter für ihre minderjährigen oder untüchtigen Söhne die Regierungsgeschäfte führten, kam öfter vor, trotz einer öffentlichen Meinung, die immer mehr zur Frauenfeindlichkeit tendierte.

Die Mutter des Abbāsidenkalifen al-Muktadir war eine griechische Sklavin namens Schaghab (»Aufruhr«). Als ihr 13-jähriger Sohn 908 durch einen Wesir an die Macht kam, war er so unselbständig, daß sie das Regiment übernahm. Daran änderte sich wenig, als der Chalif älter wurde. Doch ließ er sich dann auch von anderen Damen seines Harems, der 4000 Frauen umfaßt haben soll, und von wechselnden Wesiren beraten. Seine Mutter setzte 918/19 ihre Oberhofmeisterin Saml, (»Trunkenheit«), dem Namen nach zu urteilen, ebenfalls Sklavin, zur Vorsitzenden des höfischen Petitionsgerichts ein, einer weltlichen juristischen Instanz, die aus der sassanidischen Administration stammte und die für Berufungsfälle in religiös-richterlichen Entscheidungen, bei Machtmißbrauch und für Lehensvergaben zuständig war. Große Entrüstung war die Folge, doch als sie zu den freitäglichen Sitzungen männliche Autoritäten hinzuzog, legte sich der Protest. Al-Muktadir mußte während seiner 24-jährigen Regierungszeit zweimal abdanken. Es war eine Zeit wirtschaftlichen, finanziellen und politischen Verfalls. Sein Nachfolger, al-Kāhir, ließ Schaghab bei seinem Machtantritt so grausam verprügeln, um Geld von ihr zu erpressen, daß sie daran starb [134, V, 70]. Im »Buch der Satzungen für Frauen« des Bagdader Religionsgelehrten und Predigers Ibn al-Dschausi im 12. Jahrhundert ist Schaghab nur noch großzügige religiöse Wohltäterin.

Der Chalif al-Mustakfi (944-46) soll nur durch die Überredungskünste einer Dailamitin an die Macht gekommen sein, die dann seine Oberhofmeisterin wurde, sich Alam (»Standarte«), nannte und ihn völlig beherrschte.

Die Mutter des spanischen Umayyadenchalifen al-Hakam II. in Cordova, die schöne Baskin Subch (»Morgenröte«), hatte schon zu Lebzeiten ihres Mannes, des Chalifen al-Hakam II., den Erzieher ihres Sohnes protegiert. Ibn Abi Āmir nahm 981, als er dank der Hilfe von Subch und seiner rücksichtslosen Intriganz und geschickten Heiratspolitik eine absolute Machtposition erlangt hatte, den Namen al-Manßūr (»der Siegreiche (durch Gott)«), an. Er wurde zum Almanzor der christlichen Chronisten, denn zwischen 982 und 1002, dem Jahr seines Todes, führte er 52 Kriege gegen die christlichen Reiche Spaniens. Den Chalifen, den Sohn von Subch, der sein Amt 976 als 10-jähriger übernommen hatte, sperrte er zu theologischen Studien in seinen Palast ein.

Im 11. Jahrhundert regierten Sayyida, eine Būyidenprinzessin, im Westiran und die karachānidische Prinzessin Terken Chātūn aus Buchara, die die Frau des Seldschūken Malikschāh wurde, eine Zeitlang im Namen ihrer minderjährigen Söhne. Die letztere trug sogar selbst ihrem

Schwager die Ehe an, um die politische und militärische Entwicklung in die von ihr gewünschte Richtung zu lenken.

Mütter ebenso wie Favoritinnen der Osmānensultane gewannen von der Zeit Suleimāns, »des Gesetzgebers«, im 16. Jahrhundert zunehmend an Einfluß. Die Osmānensultane hatten bis zur Mitte des 15. Jahrhunderts eine Heiratspolitik verfolgt, die vor allem auf eine Stabilisierung nachbarschaftlicher Beziehungen bedacht war: Sie heirateten Prinzessinnen aus den christlichen wie muslimischen Nachbarstaaten und hatten zusätzlich Konkubinen, die allerdings, sobald sie einen Sohn geboren hatten, mit diesem den Hof verlassen mußten. Ihre Schwestern und ihre Töchter hatten zu solchen Allianzen ebenfalls beizutragen. Je mehr die Macht der Dynastie sich ausdehnte und stabilisierte, wuchs die Verachtung für umliegende kleinere Fürstentümer. Zudem wurde Istanbul zur Hauptstadt des Reiches. Die Sultane zogen nicht mehr oder nur noch selten auf Eroberungszüge, sondern residierten in der Metropole und schmückten sie mit ihren Repräsentativbauten, die wie überall auch Machtsymbole waren. Dynastische Heiraten mit ihren politischen Verpflichtungen spielten keine Rolle mehr. Schon von der Mitte des 14. Jahrhunderts an scheinen, trotz legaler Ehefrauen, die Söhne der Sultane Kinder von Konkubinen gewesen zu sein.

Die Macht der Konkubinen begann mit Hurrem Sultān, einer Sklavin wohl polnischer oder ukrainischer Herkunft, die von den Gelehrten der Renaissance wegen ihrer Herkunft Roxolane, »die Russin«, genannt wurde. Wahrscheinlich war sie Suleimān I. anläßlich seiner Inthronisierung als 26-jähriger 1520 geschenkt worden. Er hatte damals auch eine Konkubine namens Māhidevrān, wohl albanischer oder tscherkessischer Herkunft, die ihm einen Sohn geboren hatte. Von deren Eifersuchtsszene der neuen Rivalin gegenüber, die so heftig war, daß das Herz des Sultans sich dieser zuneigte – sie soll sie als »Ware vom Fleischbasar« bezeichnet und ihr das Gesicht zerkratzt haben –, berichtet ein venetianischer Gesandter am osmānischen Hof [203, 60f.]. Hurrem (»Fröhlich«), die klein und zierlich, aber nicht besonders schön gewesen sein soll, die auch einige Jahre brauchte, bis sie das Türkische gut beherrschte, gewann die Zuneigung Suleimāns so sehr, daß er sie freiließ und mit großer Prachtentfaltung heiratete. Bis zu ihrem Tod 1558 blieb sie an seiner Seite im Sultanspalast. Sie gebar ihm mindestens fünf Kinder, darunter drei

Söhne, von denen aber zwei früh verstarben – den Sohn der Māhidevrān ließ Suleimān hinrichten, nachdem ihm berichtet worden war, er wolle ihn entthronen. Suleimāns Umgebung türkischer wie europäischer Provenienz empfand sein Verhalten der Hurrem gegenüber als so gegen herkömmliche Normen verstoßend, daß behauptet wurde, sie habe den Sultan verhext.

Das Jahrhundert war, das sollte bedacht werden, ein Jahrhundert der Königinnen und mächtigen Frauen in Europa: Anna Boleyn in England, Margarete von Navarra in Frankreich, Elisabeth I. in England, Maria die Katholische von Schottland, Katharina von Medici und ihre Tochter, »La Reine Margot«, Margarete von Valois, in Frankreich, die Generalstatthalterinnen Margarete von Österreich und Margarete von Parma in den Niederlanden. Der schottische Reformator John Knox, der 1554 vor Maria der Katholischen ins reformierte Genf floh, publizierte nach deren Tod 1558 zornig ein Buch mit dem Titel »Der erste Trompetenstoß gegen das monströse Weiberregiment« [140], das in die Religionskämpfe dieser Zeit einzuordnen ist. In Johann Heinrich Zedlers »Grossem vollständigen Universal-Lexicon« aus dem Jahr 1747 ist unter dem Stichwort »Weib« nachzulesen, daß sich die mitteleuropäische Debatte darüber, »ob die Weiber Menschen sein«, bis ins 17. Jahrhundert zog, und unter »Weiberregiment«, daß noch 1727 im katholischen Augsburg eine Schrift mit dem Titel »Spiegel der regiersüchtigen bösen Weiber« erschien. Daß hinter diesen Beiträgen kein Misogyn steht, wird deutlich. Aber offensichtlich bot Frauenherrschaft, ob nun in Europa oder dem Vorderen Orient, stets Angriffspunkte, schon weil sie dem herkömmlichen sozialen Rollenverständnis widersprach.

Hurrems Position wurde noch machtvoller, als sie ihre Tochter Mihrimāh 1539 mit dem Wesir Rüstem verheiratete, der wiederum durch diese Bindung seinen Einfluß bei Hof sicherte.

Die Schwiegertochter von Hurrem, Nūrbanū, Favoritin *(haseki)* Selīms II. und Mutter Murāds III., war die erste Wālide Sultān, »Sultanin Mutter«, die Bedeutung erlangte. Sie war illegitimer Sproß zweier venezianischer Adelsfamilien, eine geborene Cecilia Venier-Baffo, geriet 1537 als 12jährige in die Gefangenschaft des osmanischen Admirals Barbarossa Hayreddīn und kam dann als Sklavin an den kaiserlichen Hof. Vermutlich begleitete sie den Prinzen Selīm, als er 1543 das Gouvernorat von Konya übernahm, und gebar ihm bald darauf eine Tochter. In rascher Folge bekam sie zwei weitere Töchter und 1546 Selīms einzigen Sohn, den späteren Sultan Murād III., der nach dem Tod seines Vaters 1574 den Thron bestieg und 21 Jahre lang regierte. Selīm II. soll Nūrbanū seine Gunst bewahrt haben, auch als er später andere Konkubinen hatte. Nach dem Vorbild seines Vaters machte er seine Haseki zu seiner Ehefrau.

Murād III. hatte ebenfalls nur eine Favoritin, Safiye, eine Sklavin vermutlich albanischer Herkunft, und lebte mit ihr auch noch als Sultan jahrelang monogam. Aber er heiratete sie anscheinend nicht. Sie gebar ihm mehrere Söhne und Töchter, und die einflußreiche Position der Ḥaseki schien nun, zwei Generationen nach Hurrem, schon Tradition. Murāds Sohn, Mehmed III., hatte, im Gegensatz zu seinen Vorgängern und vielleicht auch unter dem Einfluß der starken Persönlichkeit seiner Mutter, die keine Rivalin haben wollte, keine Favoritin, sondern eine Anzahl von Konkubinen. Erst sein Sohn und Nachfolger Ahmed I. (1603-17) hatte wieder eine Lieblingskonkubine, Māhpeyker Kösem, die bei türkischen Historikern als die machtvollste aller Frauen am Osmanenhof gilt. Während der 28jährigen Regierungszeit ihrer Söhne Murād IV. und Ibrahīm und der ersten Regierungsjahre ihres Enkels Mehmed IV. hatte sie als Wālide Sultān bis zu ihrer Ermordung 1651 die Zügel in der Hand. Daß sie sie nicht weitergeben wollte, war allerdings Ursache ihres Todes: Als 1648 ihr geistig verwirrter Sohn Ibrahīm zugunsten ihres damals siebenjährigen Enkels Mehmed IV. abdanken mußte, baten sie einflußreiche Höflinge, die Rolle der Wālide Sultān weiter zu übernehmen, denn Mehmeds IV. Mutter Tarhān schien damals noch zu jung. Sie sah sich aber als die richtige Wālide Sultān. Darauf wollte Kösem den jungen Sultan durch einen anderen mit einer weniger ehrgeizigen Mutter ersetzen. Kösems Vertraute Meleki, die man später einer lesbischen Beziehung zu Tarhān verdächtigte, informierte Tarhān über diese Pläne. Kösem wurde im Saray von Tarhāns schwarzem Obereunuchen ermordet.

Der Titel Haseki kam außer Mode, denn die Sultane hatten nun diverse Konkubinen, die in der Reihenfolge der Söhne oder Kinder, die sie gebaren, als Baš Kadın »Erste Frau«, Ikinci Kadın »Zweite Frau« und so weiter bezeichnet wurden. Damit war die hierarchische Machtposition der Wālide Sultān unangefochten. Die größere Nähe der Favoritinnen und Sultaninnenmütter zum Zentrum der Macht kam mit dem Umzug

Hurrems um 1534 aus dem Alten Palais, in dem die Harems bis dahin residierten, in das Neue Palais, das heutige Topkapı Saray, zum Ausdruck, in dem schon Mehmed 1468 Residenz bezogen hatte. Wie das Register der Haremsprivatschatullen ausweist, wuchs die Zahl der mit einem eigenen Einkommen bedachten Haremsdamen im Topkapı Saray von 49 im Jahr 1575 auf 436 1652, im Alten Palais von 167 1552 auf 531 1652 [203, 122]. Das Alte Palais wurde zum Wohnsitz der Haremsdamen »im Ruhestand«.

Der Wālide Sultān kam entsprechend den koranischen Weisungen für Frauen jenseits der Menopause eine größere Mobilität als der Haseki zu. Die schwarzen Eunuchengarden unterstanden ihr. Sie konnte ihre Sklavinnen nach einigen Jahren freilassen und an Hofbeamte verheiraten und sich damit ein Netzwerk höfischer Macht schaffen, wie es von Kösem berichtet wird. Da sie über das umfangreichste Budget verfügte, konnte sie ihre Macht durch Prachtbauten demonstrieren, wie es Nūrbanū mit einer im Jahr ihres Todes 1583 vollendeten großen Moschee tat, zu der ein Derwischkonvent, ein Krankenhaus, eine Armenküche, ein Karawansaray, ein Lagerhaus, eine Koranschule und eine religiöse Hochschule gehörten. Das in der Nähe erbaute Bad sollte mit seinen Einkünften der Unterhaltung der religiösen Bauten dienen. Bereits Hafsa, die Mutter Suleimāns I., hatte eine Moschee mit dazugehörigen Bauten errichten lassen, aber in der Provinz. Hurrem war ihr mit einer schlichten Moschee in Istanbul gefolgt. Eins aber durfte noch nicht sein: Die bildliche Darstellung hochrangiger Damen, wie wir sie aus der europäischen Kunstgeschichte kennen. Sultane dagegen wurden, sicher unter zunehmendem europäischem Einfluß, in Portraits verewigt.

Über die Wichtigkeit der Sultaninnenmütter, ihren Einfluß auf den jeweiligen Herrscher und das Zeremoniell, das ihnen gegenüber erforderlich war, berichteten immer wieder europäische Gesandte am Osmanenhof. Diverse Dokumente diplomatischer und politischer Korrespondenz sind erhalten, natürlich auch mit damaligen europäischen Regentinnen, etwa zwischen Nūrbanū und Katharina von Medici und Safiye und Elisabeth I.

Unter den Frauen, die auf Regenten einwirkten, ist die Mogulkaiserin Nūr Dschahān zu nennen, die Frau des Kaisers Dschahāngīr. Sie wurde 1577 in Kandahar geboren und heiratete im Alter von 34 Jahren vier Jahre nach der Ermordung ihres ersten Mannes, den damals 42jährigen Dschahāngīr. Auf dem Frühlingsfest des Jahres 1611 hatte er die damalige Hofdame der Witwe Kaiser Akbars kennengelernt. Er fühlte sich sofort zu ihr hingezogen und heiratete sie zwei Monate später. Sie wurde bald die eigentliche Regentin, denn Dschahāngīrs Gesundheit war durch starken Alkoholgenuß und Asthma geschwächt. Ihr Vater und ihr Bruder unterstützten die ebenso kluge wie gebildete, charmante und politisch ehrgeizige Kaiserin. Wiederholt betonte ihr Mann, wie sein Biograph sagt, er habe die Macht seiner Frau überlassen, ihm genüge ein Viertel Wein und ein Pfund Fleisch. Aus Dschahāngīrs Memoiren läßt sich sein Stolz über seine mit männlichem Geist begabte Frau entnehmen, der es etwa bei einer Jagd gelang, aus einer Sänfte von einem wegen der Gefahr unruhigen Elefanten herab, vier Tiger zu erlegen. Auch seine Dankbarkeit für das Geschick und die Zuneigung, mit der sie besser als jeder Arzt, wie er meinte, seine zerrüttete Gesundheit pflegte und ihm nach und nach den Alkohol entzog, wird hier deutlich. Der Engländer Thomas Roe, der in den Jahren 1615-19 am Mogulhof weilte und später in seinem Tagebuch über diesen Aufenthalt berichtete, sagt von Kaiser Dschahāngīr, er werde »gelenkt von einer Frau und wird jetzt so von ihr beherrscht, daß alle Gerechtigkeit oder Fürsorge für irgend etwas oder öffentliche Angelegenheiten entweder ruhen oder von ihr abhängig sind, die unerreichbarer ist als irgendeine Gottheit oder ein Mysterium heidnischer Unfrömmigkeit« [215, 337]. Von Nūr Dschahān sagt er: »Sie bestätigt die Beobachtung, daß in allen konsequenten Handlungen an einem Hof, besonders bei Parteiungen, eine Frau nicht nur immer ein Bestandteil, sondern gewöhnlich eine Hauptdroge und von größtem Wert ist« [215, 325]. Die Regierungszeit von Elisabeth I. war nur ein gutes Jahrzehnt vorher zu Ende gegangen. Als Nūr Dschahān im Zenit ihrer Macht stand, wurden in ihrem Namen Münzen geprägt. Sie soll sogar Fermāne (Sultansdekrate) erlassen haben. Sie war tonangebend in der Mode. Ihre Gewänder, Schleier, Brokate, auch ihre sandelholzfarbenen Teppiche wurden von ihrer Umgebung nachgeahmt.

Mit der Machtübernahme Schāh Dschahāns 1627, eines Schwiegersohnes ihres Bruders – Nūr Dschahān hatte nicht seine Nachfolge, sondern die ihres eigenen Schwiegersohns unterstützt –, zog sich die Kaiserin aus der Politik zurück. Sie erhielt eine angemessene Pension und errichtete bis zu ihrem Tod 1645 Grabbauten für ihren Mann und ihren Vater.

An der Miniaturmalerei scheinen Frauen keinen Teil gehabt zu haben. In einer arabischen Quelle des 9. Jahrhunderts wird berichtet, daß eine Tochter des Abbāsidenchalifen al-Machdi ein Glas mit den goldenen Schriftzügen eines Verses bemalte [131, 187], doch gehört das in eine Zeit, in der es Mode war, Gewänder, Stoffe und Stirnbänder mit goldenen Versen oder Schriftzügen zu verzieren, ja, in der »frau« sich auch mit dunkelfarbenem Parfüm Schriftzeichen ins Gesicht malte, etwa den Namen eines Geliebten. Dieselbe Quelle überliefert, daß Frauen diese Art galanten Handwerks gern betrieben. Kalligraphinnen sind uns vor allem aus Spanien bekannt, und gelehrten, auch künstlerisch begabten Frauen wird gelegentlich ihre schöne Handschrift nachgerühmt.

In der arabischen Adabliteratur ist immer wieder von einem geistvollen höfischen Spiel die Rede, an dem sich Frauen, vor allem gebildete Sklavinnen, gern beteiligten, nämlich in kunstvoller Improvisation auf Verse mit Versen zu antworten. Da das Arabische über ein kompliziertes System poetischer Metren, gebildet aus dem nach bestimmten Regeln zu erfolgenden Wechsel langer und kurzer Silben, verfügt und die Gedichte einen durchgängigen Reim aufweisen mußten, war das schwieriger, als es dem Außenstehenden zunächst erscheinen mag, der dies leicht als »Gelegenheitsdichtung« abtun könnte. Bei diesen dichterischen Spielen mußte der Antwortende sich desselben Metrums und Reims bedienen wie der Herausfordernde.

Freie Araberinnen in vor- und frühislamischer Zeit traten vor allem mit Elegien auf ihre in Kämpfen gefallenen Brüder, ihren Vater oder ihren Mann hervor. Durch solche Trauergedichte wurde al-Chanßā bekannt, die mit leidenschaftlichen Worten ihre beiden bei Stammesfehden in vorislamischer Zeit gefallenen Brüder beklagte. Der Islam hatte auf ihre Poesie keinen Einfluß. Sie war so sehr der vorislamischen Tradition verhaftet, daß sowohl der zweite Chalif Umar als auch Muhammeds Lieblingsfrau Ā'ischa ihr Vorwürfe gemacht haben sollen, weil ihre Klagen um zwei im Heidentum gefallene Männer kreisten. Sie soll dem Umar entgegnet haben, daß eben darum ihre Trauer so tief sei, weil beide nun im Höllenfeuer litten. Sie hat jedenfalls mit ihrer poetischen Bildersprache auf Spätere anregend gewirkt.

Auch die arabische Dichterin Leilā al-Achyaliyya im 7. Jahrhundert wurde berühmt für ihre Traueroden. Sie tauschte zudem, den Sitten der

Zeit entsprechend, Schmähgedichte mit dem damals berühmten Dichter an-Nābigha. Mit dichterischem Schmäh voller sexueller Derbheiten bedachten damals durchaus auch Frauen ihre Ehemänner [118, 149ff.].

Daß männliche Dichter Elegien auf geliebte Frauen verfaßten, war erst in der frühen Abbāsidenzeit nicht mehr ungewöhnlich. Es galt dann der Mutter, manchmal auch einer Schwester, nur sehr selten einer Geliebten des Dichters.

Größerer Freiheit als die Frauen im Osten des islamischen Reiches erfreuten sich die Frauen im islamischen Spanien, wo unterschiedliche ethnische und kulturelle Elemente in einer geglückten Synthese verschmolzen. Hier entwickelte sich die arabische Dichtkunst, auch die der Frauen, zu hoher Blüte. Ein arabischer Autor der ersten Hälfte des 17. Jahrhunderts sagt in seiner kulturgeschichtlichen Monographie über Spanien, bevor er sich über viele Seiten hinweg den dichtenden Frauen widmet, folgendes: »... so will ich eine Anzahl spanischer Frauen nennen, die sehr geschickt sind in der Wortkunst, damit deutlich wird, daß bei den Spaniern dieses Talent gewissermaßen ein Naturinstinkt ist, sogar bei Frauen und Knaben«. [161, II, 536]

Hier sollen nur drei der berühmtesten Vertreterinnen genannt werden. Wallāda war eine Chalifentochter, die 1087-88 oder 1091-92 unverheiratet starb. Sie wurde für freimütige Liebesgedichte bekannt, die sie mit ihrem berühmten Dichterkollegen Ibn Seidūn tauschte. Einer ihrer Zeitgenossen, der sie persönlich kannte, pries an ihr Geistesgegenwart, Sprachreinheit, leidenschaftliches Fühlen, kluges Reden. Ein anderer arabischer Autor rühmte in bilderreicher Sprache: »Ihre Dichtkunst und Eleganz war von vollkommenster Art, durch raffinierte Geistesgegenwart mit temperamentvoll schönem Ausdruck gepaart. Sie war schön anzusehen und von edlem Wesen. Es war angenehm, zu ihr zu gehen, und wer von ihr ging, fühlte sich erfrischt und genesen. Ein Treffpunkt für die Edlen war ihr Salon in Cordova, ihr Hof eine Rennbahn für stolze Pferde der Poesie und Prosa. Die Gebildeten blendete ihrer Stirne heller Glanz, Dichter zugrunde gingen, um an ihrer Süße teilzuhaben ganz.

Obwohl es leicht war, zu ihr zu gelangen und viele sie umdrangen, war sie von hoher Stellung, von edler Abstammung und tugendhafter Gesinnung. Doch Anlaß zu Gerede gab ihre Unbekümmertheit und ihrer Gedichte lebensfrohe Offenheit.« [161, II, 565]

Von ihrem Stolz und ihrem Freimut sprechen die Verse, die sie sich – der damaligen Mode folgend – auf ihre Ärmelränder stickte. Auf dem rechten stand:

»Ich tauge bei Gott zu großen Dingen
und geh meinen Gang mit Stolz bewehrt.«

und auf dem linken:

»Meinem Liebhaber biet ich die Schale meiner Wange
und meinen Kuß, wer immer ihn begehrt.«

[161, II, 563]

Trotzdem war sie, so sagt derselbe Autor, bekannt für ihre Züchtigkeit und Tugend, doch scheint man in Spanien damals wesentlich liberaler gewesen zu sein als im islamischen Osten.

Wir wissen, daß neben Ibn Seidūn auch andere Männer sie begehrten und daß sie auch mit diesen Liebesgedichte tauschte. Ibn Seidūn besingt eine Nacht, die er mit ihr verbrachte, »die Kamillenblüten der Lippen pflückend und die Granatäpfel der Brüste erntend« [113, 22]. Sie selbst verabschiedete sich von einem ihrer Liebhaber nach einer gemeinsam verbrachten Nacht so:

»Bruder du des Monds an Helle,
Strahlend du und hehr wie er,
Daß ich wieder dich erblicken
Möge, gebe Gott der Herr!

Lang nun dünken mich die Nächte.
Und ich klage Nacht für Nacht,
Daß so kurz nur jene waren,
Die ich einst mit dir verbracht.«

[161, II, 564; 231, I, 290]

»Sie anzusehen und anzuhören, war ein so vollkommener Genuß, daß sie die Herzen stahl und Greisen die Jugend zurückgab« [161, II, 566], preist sie ein arabischer Autor.

Aus Granada stammte Nas'hūn. Sie lebte im 11. Jahrhundert, und man rühmte ihre Liebenswürdigkeit, ihr Talent zum Improvisieren von Gedichten, ihre Schönheit, ihre Kenntnisse in der Dichtkunst und ihre einprägsame und treffende Sprache. Auch sie war recht freimütig in ihren Liebesgedichten. So besang sie die Freuden einer Liebesnacht, in der man »die Sonne des Vormittags in den Armen des Mondes« hätte liegen sehen können oder »vielmehr die weiße Antilope des Stammes Chuseima in den Armen eines Löwen« [161, II, 637].

Die berühmteste Dichterin des islamischen Spanien war Hafsa Bint al-Hāddsch, die nach 1135 geboren wurde und 1190/91 starb, bekannt durch ihre jahrelange Liebesaffäre mit dem Dichter Abū Dscha'far Ibn Sa'īd. Diese wurde der Ausgangspunkt für nahezu alle Gedichte, die von ihr erhalten sind. Doch war sie nicht so leichtfertig wie ihre Vorgängerin Wallāda. So gab sie einmal ihrer Eifersucht Ausdruck:

»Eifersucht erfüllt mit Pein
nicht auf meine Blicke, auf dich und mich allein,
auch auf die Zeit und den Ort, wo du magst sein.
Und schlöss' ich dich in meinen Augen ein
bis zum jüngsten Tag, genug könnt's nicht sein.«
[87, St. 13]

Obwohl Hafsa in einer Zeit lebte, da es in Spanien unter der puritanischen Berberdynastie der Almoraviden, später der Almohaden, strenger zuging als zur Zeit Wallādas, läßt sich ihren Versen entnehmen, daß sie die Freiheit hatte, ihre Verehrer zu besuchen. So beginnt eins ihrer Gedichte: »Besuch ich dich oder besuchst du mich, mein Herz neigt immer zu dem, was es begehrt« [161, II, 544]. Als sie einmal ohne vorherige Ankündigung zum Haus des Ibn Sa'id kam, gab sie der ihr die Tür öffnenden Dienerin einen Zettel mit einem Gedicht, in dem sie ihre Schönheit besingt und das beginnt: »Ein Besucher mit dem (schlanken) Hals einer Gazelle ist gekommen«, und endet: »Meinst du, er darf eintreten mit deiner Erlaubnis oder glaubst du, es ist besser, er geht?« [161, II, 545]

Ihre Liebe zu Ibn Sa'īd geriet in Gefahr, als sich der neuernannte Almohadengouverneur der Stadt und spätere Chalif Abū Sa'īd Usmān in sie verliebte. Längere Zeit versuchte sie, die Liebe beider Männer zu ihr, die des in der Aristokratie angesehenen Dichters und die des Machthabers, miteinander in Einklang zu bringen. Der Gouverneur, der etwa sieben Jahre jünger war als sie, scheint zunächst in ihr nur die schöne, geistvolle Frau bewundert zu haben. Er schickte sie bald mit einer Deputation zu seinem Vater, dem Chalifen, dessen Gunst sie mit einem Gedicht schnell errang. Später allerdings machte ihr ihr langjähriger Verehrer Ibn Sa'īd Vorwürfe: »Was liebst du diesen Schwarzen (der Almohade war der Sohn einer Afrikanerin, W. W.), ich kann dir auf dem Sklavenmarkt zehn Neger kaufen, die schöner sind als er!« [161, II, 546] Das muß dem Abū Sa'īd zu Ohren gekommen sein. Ibn Sa'īd wurde später nicht zu Unrecht der Beteiligung an einer Verschwörung bezichtigt, ins Gefängnis geworfen und 1163 hingerichtet. Hafsa trauerte mit Gedichten um ihn, die von ihren tiefen Gefühlen sprechen. Sie trug zum Zeichen ihres Schmerzes schwarze Kleidung, obwohl sie, wie sie in einem Gedicht klagt, deswegen getadelt wurde. Eins ihrer Gedichte lautet:

»Er überglänzte mich mit Sternes Helle,
doch jetzt erblicke ich finstre Nacht.
Um seine Tugenden klag ich voll Trauer,
fern der Gnade und dem Glück, die er gebracht.«

[87, St. 18]

Bald nach dem Tod des geliebten Poeten gab sie das Dichten auf. Sie beschloß ihr Leben als Erzieherin almohadischer Prinzessinnen am Hof von Marrakesch und erlangte auch hier bald so großes Ansehen, daß ein späterer Biograph sie als die bedeutendste Professorin ihrer Zeit bezeichnete.

Was man den spanisch-arabischen Dichterinnen Hafsa und Wallāda nachsagt, nämlich daß sie bei allem Verwurzeltsein in den Traditionen der arabischen Dichtkunst, bei allem Geschick im Einsatz überkommener poetischer Diktion es doch verstanden, ursprüngliche Gefühle ungekünstelt zu äußern, gilt ähnlich für die türkischen Dichterinnen Michrî Chātūn und Seinab.

Michrî, sie starb am 16. März 1512, war die Tochter eines Kādis, der selbst Gedichte verfaßte. Sie verbrachte ihr Leben in Amasya, aber es ist nur bekannt, daß sie zum Dichterkreis um den Osmānenprinzen Achmed, einem Sohn von Sultan Bāyesīd II., gehörte, als dieser dort Gouverneur war. Nahezu alle Kassiden ihres Diwāns sind an ihn gerichtet. Sie besang in ihren Liebesgedichten Gefühle zu verschiedenen Männern, betont aber immer wieder ihre Tugendhaftigkeit. Sehr schön soll sie gewesen, aber, obwohl es ihr nicht an Verehrern fehlte, unverheiratet gestorben sein. Von Seinab ist nur bekannt, daß sie etwa zur selben Zeit lebte und daß auch sie einer Familie entstammte, in der Bildung Tradition war. Nachdem sie verheiratet worden war, verfaßte sie keine Gedichte mehr, vielleicht auf Drängen ihres Mannes.

Um in arabischer, persischer oder türkischer Dichtung zu brillieren, mußte ein Poet zunächst Hunderte bis Tausende von Versen seiner Vorgänger auswendig lernen. Er hatte die poetischen Mittel seiner Muttersprache, ihre Bilder und Metaphern geschickt zu variieren, durch die kunstvolle Anspielung auf poetische Tradition zu entzücken. Dies gehörte selten zur Ausbildung eines Mädchens. So zitiert der Biograph der Michrî Chātūn bekannte arabische Verse zu ihrem Preis: »Es ist keine Schand für die Sonn, daß sie feminin/ sowie kein Ruhm für den Mond, daß er maskulin.« [88, II, 129, n. 1] Das arabische Wort für »Sonne« ist feminin, das für »Mond« maskulin, das sei zur Erklärung hinzugefügt. Michri selbst wandte sich gegen die Zurücksetzung der Frau:

»Da sie immer schrein, der Frau fehlt Verstand,
muß man sie verteidigen, welches Wort sie auch fand.
Weit besser, eine Frau, die würdig, im Land
als tausend Männer, deren Mängel auf der Hand.«

[88, II, 130]

Zu den schreibenden Frauen in Indien gehörte Gulbadan Bēgam (1523–1603), die begabte und charmante Tochter von Kaiser Bābur, und durch diesen Halbschwester des späteren Kaisers Humāyūn, dessen Mutter sie adoptierte. Sie wurde mit einem Hofbeamten verheiratet und gebar viele Kinder. Als sie nach über dreijährigem Aufenthalt in Mekka, in der sie viermal den Hāddsch vollzog, und einem Schiffbruch bei Aden, der sie zu einem einjährigen Aufenthalt dort zwang, zurückkehrte, bat Kaiser Akbar sie, ihre Memoiren, das Humāyūn-nāme zu verfassen. Es reicht bis 1553 und wurde Grundlage des Akbar-nāme. Sie soll das Persische und das Türkische gleich gut beherrscht haben, bevorzugte aber für ihr Werk das Persische. Auch als vorzügliche Kalligraphin wurde sie gerühmt [35, 2, 1134 f.].

Dschahānārā (1614–1681), die älteste Tochter von Schāh Dschahān und Mumtās Mahall, verfaßte zwei mystische Werke. Sie wurde, unverheiratet, nach dem Tod ihrer Mutter 1631 die First Lady, bezog eine hohe Apanage und hatte großen Einfluß auf ihren Vater. Als Aurangsēb ihn entthronen und gefangensetzen ließ, wurde sie Mittlerin zwischen beiden. Alle Korrespondenz ging durch ihre Hände. Aurangsēb verdoppelte ihr Einkommen. Sie ließ sich ein schlichtes Marmorgrabmal in Delhi errichten – ihr Vater Schāh Dschahān hatte für ihre Mutter den weltberühmten Tādsch Mahall gebaut [65, II, 378 f.].

In der Musik haben sich Frauen, besonders in den ersten Jahrhunderten des Islams, sehr hervorgetan. Islamische Religionsgelehrte sahen nur das Tamburinschlagen bei Hochzeiten für zulässig an, denn solche Feiern sollten nicht in aller Stille verlaufen. Ansonsten heißt es, Muhammed habe sich, als er eine Hirtenflöte hörte, die Ohren zugehalten und zum Lied einer Sängerin gesagt, der Teufel habe ihr in die Nasenlöcher geblasen. Der ägyptische Religionsgelehrte Ibn al-Hāddsch (geb. 1336) zitiert Hadīße, denen zufolge Musikliebhabern am jüngsten Tag die Ohren mit Blei ausgegossen würden.

Aber es war hier wie auf anderen Gebieten, die Frommen konnten sich in der Aristokratie und bei den dem Lebensgenuß ergebenen Oberschichten nicht durchsetzen. Im ersten islamischen Jahrhundert wurde der Gesang, eine Kunst, für die man Anregungen aus Persien und Byzanz übernommen hatte, besonders in der sinnenfreudigen hidschāsenischen Gesellschaft, in den Städten Mekka und Medina, gepflegt. Aber schon bald erwuchs dem Hidschās am Hof der Umayyaden in Damaskus, später vor allem bei den Abbāsiden in Bagdad ernsthafte Konkurrenz.

Aus der musikliebenden Aristokratie stammt ein Loblied des Gesanges, das sich in Abū l-Faradschs »Buch der Lieder« findet, und das man sicher der ablehnenden Haltung der Religionsgelehrten entgegensetzte. Die Sängerin Dschamīla aus Medina, die berühmteste Vertreterin dieser Kunst im 7. Jahrhundert, wollte eines Tages, so heißt es, dem Gesang entsagen. Sie war ein Naturtalent, das sich seine Kunstfertigkeit angeeignet hatte, als es seinem Nachbarn zuhörte und ihn nachahmte. Sie bildete eine eigene Schule und war allgemein anerkannte Autorität auf ihrem Gebiet. An jenem Tag versammelte sie Männer und Frauen in ihrem Haus und teilte ihnen mit, sie habe einen bösen Traum gehabt und fürchte nun um ihr Seelenheil. Sie erbat die Meinung der Anwesenden zu ihrem Entschluß; die war geteilt. Da erhob »ein alter Mann voller Wissen, Erfahrung und Gesetzeskenntnis« seine Stimme. Er ermahnte sie, nicht nachzulassen, da doch jetzt andere, wie die Iraker, ihnen streitig machten, was sie von ihnen ererbt hätten. Dann stimmte er einen Preis des Gesanges an, dem sich entnehmen läßt, daß ihn die herrschenden Schichten nicht nur zu ihrer Freude, sondern auch als ein Machtmittel zur Erhaltung des sozialen Status quo pflegten: »Der Gesang gehört zu den größten Vergnügungen und ist erfreulicher für die Seele als alles, wonach sie begehrt. Er belebt das Herz, stärkt den Verstand, erfreut die Seele, gibt der freien Meinung weiten Raum. Das Schwierige wird durch ihn leicht. Heere werden Sieger durch ihn. Die Despoten werden durch ihn so überwältigt, daß sie sich selbst verachten, wenn sie ihn hören. Er heilt den Kranken und den, dessen Herz, Verstand und Gesichtssinn erstorben sind. Er macht die Reichen reicher und die Armen genügsamer und zufriedener, wenn sie ihn hören, so daß sie nicht mehr Besitz fordern. Wer an ihm festhält, ist gelehrt, und wer auf ihn verzichtet, ist unwissend. Es gibt nichts Höherstehendes und nichts Schöneres als ihn. Warum hält man es für richtig, ihn aufzugeben und bedient sich seiner nicht beim Gottesdienst?« [10, VIII, 224f.] Dschamīla ließ sich, wie alle übrigen, davon überzeugen.

Sänger und Sängerinnen vertonten Gedichte berühmter arabischer Poeten, meist aber waren sie Dichter, Komponisten und Interpreten in einer Person. Die musiktreibenden Frauen waren mit wenigen Ausnahmen Sklavinnen, die man von Kindheit an, wenn ihre Begabung erkannt war, bei berühmten Meistern ausbilden ließ. Wenn sie talentiert und reizvoll waren, konnten sie hohe Preise erzielen und auf der sozialen Leiter gelegentlich bis zu Gattinnen von Chalifen aufsteigen. Das Gros der Sängerinnen allerdings führte vermutlich in den Weinschänken der Städte ein Dasein, das an das von Prostituierten grenzte, und blieb namenlos.

Aus der frühen Abbāsidenzeit ist eine Sängerin hoher Abkunft bekannt, Ulayya (776/7–825/6), die schöne und hochbegabte jüngere Halbschwester des Chalifen Hārūn ar-Raschīd, eine Tochter des Chalifen al-Mahdi und einer Sängersklavin. In Abu l-Faradschs »Buch der Lieder«, entstanden zwischen etwa 915 und 965, heißt es, sie habe »es vielen hervorragenden Männern an Verstand und Argumentation gleichgetan und wunderschöne Poesie und hervorragende Lieder verfaßt«. Es gab auch einen Diwān von ihr. Sie habe das rituelle Gebet verrichtet, den Koran rezitiert und Bücher gelesen, aber »an nichts soviel Freude gehabt wie daran, im geeigneten Moment Gedichte zu rezitieren« [10, X, 163f.]. Mit ihrem künstlerischen Talent und ihrem heiteren Charme gewann sie den Chalifen immer wieder für sich, auch wenn er ihr grollte, weil sie Liebeslieder erst auf einen, später auf einen anderen Sklaven verfaßte und vortrug.

Die meisten berühmten Sängerinnen waren unfreier Herkunft, sich aber ihrer Fähigkeiten durchaus bewußt. Sie verschönten mit ihrer Kunst die geselligen Zusammenkünfte, die Feste der Chalifen und ihrer Höflinge, waren also ein wichtiges Element der höfischen Kultur. In Abū l-Faradschs umfangreichem »Buch der Lieder« werden zusätzlich zur Schönheit, der Fähigkeit zu komponieren, zu singen und auf der Laute zu spielen, die Bildung, die Schlagfertigkeit und das libertinistische Verhalten einiger berühmter Sängerinnen geschildert. Sie hatten auch das Schach- und das Nardspiel zu beherrschen, und manche verstanden sich auf die feine Küche. Sie waren also für nahezu alle Bereiche des verfeinerten Sinnengenusses zuständig, denn natürlich waren sie häufig auch die Konkubinen ihrer Besitzer. Der spätere Chalif al-Mu'tamid weigerte sich, andere Speisen zu sich zu nehmen als solche, die die Sängerin Schāriya bereitet hatte.

Arīb, die sicher bedeutendste Sängerin am Abbāsidenhof in der Mitte des 9. Jahrhunderts – sie soll die Tochter einer Sängersklavin und eines Wesirs aus der berühmten Familie der Barmakiden gewesen sein, die dann beim Chalifen Hārūn ar-Raschīd in Ungnade fiel – tadelte einmal einen jungen Höfling, der ihr auf ihre Bitte um eine Kostprobe von einer seiner Festtafeln etwas sandte, was er in ein Tuch geschlagen hatte: »Im Namen Allahs des Barmherzigen, des Erbarmers! Du Barbar, du Dummkopf! Denkst du etwa, ich sei ein Türke oder ein niedriger Soldat, daß du mir nur Brot, Fleisch und Süßes geschickt hast? Allāh stehe mir gegen dich bei!« Um ihm höfischen Standard zu demonstrieren, sandte sie ihm in einer Schüssel auf einer mit einem Goldbrokattuch »nach Art der Chalifen« überdeckten Platte in zwei feine Weißbrotfladen gehüllte gebratene Rebhuhnbrüste mit Mandeln und Rosinen, Palmenknospen und Salz [10, XXI, 74f.].

Auch der Dichterin Fadl (»Vorzug«), ebenfalls einer schönen gebildeten Sklavin am Abbāsidenhof, widmet Abu l-Faradsch ein längeres Kapitel, das die Freude an poetischen Ping-Pong-Spielen deutlich macht, die damals die gehobene höfische Unterhaltung bestimmten [10, XIX, 301–313]. Fadl war die Tochter einer Sklavin und behauptete von sich, ihr eigener Halbbruder habe sie mit Wissen ihres Vaters verkauft, nachdem der sie ausgebildet hatte. Ein ehrgeiziger Höfling kaufte sie und machte sie dem Chalifen al-Mutawakkil zum Geschenk. »So saß sie mit den Männern zusammen, und die Dichter kamen zu ihr«, Verse im selben Rhythmus und Reim wurden spielerisch getauscht, denn »sie war von schneller, intuitiver Auffassung, wie geschaffen zu dichten, und es gab unter den Frauen ihrer Zeit keine, die bessere Dichtung verfaßte als sie«. Sie konnte auf Verlangen eines Chalifen erotische Situationen in Verse umsetzen, verspielt, sentimental, auch kess bis lasziv. Spitzzüngig-poetisch wehrte sie sich gegen poetische Attacken. Arīb vertonte viele ihrer Gedichte.

Im 9. Jahrhundert, als Samarra für fast sechs Jahrzehnte Chalifenresidenz war, gab es in der Metropole eine so heftige Rivalität zwischen Arīb und der Sängerin Schāriya, der Abu l-Faradsch ebenfalls eine Kapitel widmet [10, XVI, 3–16], daß später berichtet wurde: »die Bewohner von Samarra zerfielen in zwei Parteien: eine war für Arīb und die andere für Schāriya« [10, XVI, 14]. Die Anhänger Schāriyas machten geltend, daß sie vom Abbāsiden Ibrahīm Ibn al-Mahdi, der nach seinem Scheitern als Chalif 819 sich bis zu seinem Tod 839 ganz seinen poetischen und musikalischen Neigungen widmete, gekauft und ausgebildet wurde. Arībs »Meister« dagegen war nur der Chef des höfischen Reitstalls. Daß der verarmte Ibrahīm Ibn al-Mahdi sich die hohe Summe für den Kauf Schāriyas habe borgen müssen, berichtet sein Sohn. Es heißt auch, er habe das damals sehr junge und scheue Mädchen vor geladenen Zeugen nur vorgeblich freigelassen, um sie heiraten zu können. Nach seinem Tod habe der Chalif al-Mu'taßim sie für einen noch wesentlich höheren Preis Ibrahīms Tochter abgekauft.

Daß diese Sängerinnen auf dem Gipfel ihrer Karriere sehr vermögend waren, einem Höfling durch ein großzügiges Darlehen aus finanziellen Nöten helfen konnten und daß sie selbst Sängersklavinnen besaßen, wird aus den Quellen deutlich. Sie betätigten sich als Ausbilderinnen und traten mit ihren Mädchen zusammen auf, meist hinter einem Vorhang, der aber auch zur Seite genommen werden konnte.

»Die schöne Machsati«, eine persische Dichterin vermutlich des 11. oder 12. Jahrhunderts, als historische Persönlichkeit hinter den ganz unterschiedlichen Vierzeilern zu erkennen, die ihr zugeschrieben werden, von höfisch-erotischen bis zu bänkelsangähnlichen, stark lasziven, scheint kaum möglich. Diese so verschiedenartigen Vierzeiler, die sie auch musikalisch vorgetragen haben soll, gehören in die persische poetische Tradition dieser Zeit. Es war nicht ungewöhnlich, anzunehmen, sie stammten von einer Frau. Machsati lebt auch in einem persischen volkstümlichen Liebesroman weiter [168].

Sängerinnen und Sänger begleiteten ihre Lieder meist selbst auf der Laute, von Miniaturen und aus der Adabliteratur wissen wir aber auch, daß es Frauen gab, die Tamburin schlugen, Harfe, Oboe und Flöte spielten, auch den Kānūn, ein harfeähnliches Saiteninstrument.

Geringer als die Zahl der Sängerinnen war die derjenigen Sklavinnen, die man wissenschaftlich ausbildete. Ihr berühmtestes Beispiel in der Volkserzählung ist die Sklavin Tawaddud (»Liebeserweis«), aus »Tausendundeiner Nacht«, die sich rühmt, nahezu alle damals bekannten Wissenschaften zu beherrschen, von der Grammatik über die Dicht- und die Tonkunst, das religiöse Recht, die Theologie, die Mathematik, die Astronomie, die Philosophie bis zur Medizin, und die vor Hārūn ar-Raschīd mit Gelehrten disputieren muß, um ihr Wissen zu beweisen. Sie zeigt sich nicht nur allen, die sie prüfen sollen, überlegen, sie besiegt zum Schluß auch den Tricktrackspieler, und als Universalgenie erfreut sie anschließend alle mit Gesang und Lautenspiel.

Bezeichnend für die soziale Wertung ist der Schluß: Der Chalif Hārūn ar-Raschīd in seiner Großzügigkeit läßt ihrem playboyhaften jungen Besitzer 100 000 Dinar zahlen, setzt ihm eine Lebensrente von monatlich 1000 Dinar aus und macht ihn zu seinem Tischgenossen. Danach darf sich die schöne, hochgebildete Tawaddud etwas wünschen: Sie bittet, der Chalif möge sie ihrem Herrn (der als einziger Erbe eines sehr reichen Großkaufmanns sein Vermögen verpraßte und sie deswegen dem Chalifen auf ihren Rat für 10 000 Dinar zum Kauf anbot), zurückgeben. Der Chalif schenkt ihr zusätzlich 5000 Dinar. Daß sich die Zuhörer dieser

Volkserzählung, die andalusischen Ursprungs sein soll, mit deren männlichem Helden identifizierten, ist anzunehmen. Die Geschichten aus »Tausendundeiner Nacht« wurden einem männlichen Publikum von männlichen Erzählern vorgetragen. Männerphantasie also, ausgehend von realen Gegebenheiten: brillante weibliche Schönheit, Bildung und Klugheit und deren hohe Belohnung für einen labilen Weichling!

In einer spielerischen Bewegung hat sich diese persische Schöne aus der ersten Hälfte des 17. Jahrhunderts den großen Turban ihres Verehrers aufgesetzt, der kniend ihre Hüfte umfaßt, während sein Freund verwundert zuschaut. (Foto: The Pierpont Morgan Library)

»In der Liebe ist Süße und Bitternis«

Erotik und Sexualität im islamischen Mittelalter

Nur wer die Liebe wirklich empfand,
kennt des Lebens Glück und sein Leid.
Denn in der Liebe ist Süße und Bitternis,
nur wer sie gekostet, gibt dir Bescheid.
(al-Kumeit, st. 743, [131, 67])

Die libanesische Autorin Laila Ba'labakki (geb. 1936) wurde 1964 wegen »Obszönität und Gefährdung der öffentlichen Moral« gerichtlich verklagt. Ihr wurden eine Haftstrafe von bis zu sechs Monaten und eine Geldstrafe angedroht. Grund war ihre neun Monate zuvor erschienene Erzählung »Raumschiff der Zärtlichkeit zum Mond«, in der sie die leidenschaftliche Liebe eines jung verheirateten Paars einfühlsam darstellt [73, 273ff.] Die »Gefährdung der öffentlichen Moral«, das wird aus dem Prozeßprotokoll deutlich, bestand für das Gericht in der realistischen Gestaltung zweier Liebesszenen. Laila Ba'labakki wurde freigesprochen, der Erzählband aber konfisziert. Dabei stand gerade der Libanon lange in dem Ruf, auf erotischem Gebiet liberal zu sein. Hier erschienen etwa in den fünfziger Jahren ein freimütiges Buch über das Sexualleben der Araber in der Vergangenheit [184] und eine Sammlung von Liebesgedichten arabischer Frauen aus früheren Jahrhunderten, mit der der Verfasser/Herausgeber beweisen wollte, daß Araberinnen früher ebenso offen über ihre Liebe zu einem Mann sprach wie dieser über seine Gefühle zu ihr [221].

Aber es ist offensichtlich spätestens seit dem Eindringen viktorianischer Moralvorstellungen in den Vorderen Orient im Zuge des westeuropäischen Kolonialismus ein Unterschied, ob ein Mann sich zu solchen Themen äußert oder eine Frau.

Tatsächlich geben Adabwerke der klassischen und nachklassischen arabischen Literatur Einblick in die Freude an sinnlicher Lust, die in den ersten Jahrhunderten des Islams nicht nur »mann«, sondern auch »frau« ganz ungezwungen zu erkennen gab. Es existiert im Arabischen eine umfangreiche Literatur über die profane Liebe, angefangen von philosophischen Disputen über das Wesen der Liebe, die meist vom Neuplatonismus beeinflußt sind, über das Für und Wider bestimmter Zustände und Erscheinungsformen der Liebe, durchsetzt mit Anekdoten und Versen, die mit praktischen Beispielen belegen oder untermalen sollen, was vorher in der Theorie dargelegt wurde.

Daneben gibt es eine reiche sexualkundliche Literatur, die auch in Rezepturen für potenzstärkende oder die weibliche Intimkosmetik beeinflussende Mixturen brilliert und uns heute sexistisch anmutende physiologische und psychologische Klassifizierungen des weiblichen Geschlechts nach der Eignung zum Sexualakt unternimmt. Verfasser solcher Werke waren meist renommierte Naturwissenschaftler. Auch diese Werke der mittelalterlichen arabischen Medizin wurden durch Übersetzungen aus dem Griechischen angeregt.

All diese Literatur, auch solche, in der – für unsere heutigen Begriffe – überaus frivole Verse und Anekdoten aneinandergereiht werden, beginnt mit der Eingangsformel jedweder arabischsprachigen islamischen Literatur des Mittelalters, mit der bis heute viele Muslims Bücher, Briefe, Vorlesungsnachschriften, Verträge beginnen lassen, der *Basmala*, »Im Namen Allāhs, des Barmherzigen, des Erbarmers«. Ein Beispiel dafür mag eine kleine sexualkundliche Abhandlung des ägyptischen Polyhistors as-Suyūti aus dem 15. Jahrhundert sein, die so anfängt: »Im Namen Allāhs, des Barmherzigen, des Erbarmers. Lob sei Allāh, der die Oberkörper der Jungfrauen mit Brüsten zierte und die Beine der Frauen zu Plattformen für die Scham der Männer machte, der den speergleichen Penis des Mannes aufrichtete, damit er in die Scheide der Frau stößt, nicht (wie ein richtiger Speer) in die Brust (eines Feindes)« [259, 1]. Man assoziiert unwillkürlich die Parole des »Make love, not war!«.

Koran und Sunna enthalten Gebote und Empfehlungen zur Sexualität in der Ehe, die größerenteils an Männer gerichtet sind. Sure 2:187 besagt: »Erlaubt ist euch, während der Nächte der Fastenzeit mit euern Frauen Umgang zu haben. Sie sind für euch ein Gewand, und ihr seid ein Gewand für sie.« Das Gewand könnte hier als Metapher für emotionale Wärme und Schutz, beides vielleicht auch gegen Verfehlungen, gedeutet werden.

An anderer Stelle wird den Männern, ebenfalls metaphorisch, geboten: »Eure Frauen sind euch ein Saatfeld. Geht zu (diesem) eurem Saatfeld, wo immer ihr wollt. Und legt euch (im Diesseits) einen Vorrat (an guten Werken) an! Und fürchtet Gott! Ihr müßt wissen, daß ihr ihm (dereinst) begegnen werdet« (2:223). Die sexuellen Beziehungen zwischen Mann und Frau gelten also, aus der Sicht des Mannes, als etwas Natürliches, das auch im Hinblick auf Allāh und den Jüngsten Tag gesehen werden soll.

An anderer Stelle werden die Gläubigen, nämlich Männer und Frauen, die nicht miteinander verheiratet sind, zur Keuschheit ermahnt. Sie sollen »ihre Augen niederschlagen« und »darauf achten, daß ihre Scham bedeckt ist« (24:30/31). Das erstere wurde zu einem beliebten Topos in der Literatur über die gesittete profane Liebe.

Vom Propheten Muhammed berichten frühe Überlieferer, die dabei vielleicht auch eigene Interessen vertraten, daß ihm zweierlei im Leben besonders gefiel: Frauen und Düfte, auch in umgekehrter Reihenfolge. Manche fügen noch gutes Essen dazu [129, I,2, 187]. Er soll von sich gesagt haben, daß ihm der Erzengel Gabriel als Bote Allāhs durch eine Speise die Potenz von vierzig Männern verliehen habe – dies ist ein Abschnitt mit eigener Überschrift in Ibn Sa'ds »Klassenbuch«. Die Muslims setzten also damals bei einem Menschen, der ihnen zur Gänze Vorbild sein sollte, auch eine außergewöhnliche Potenz voraus; eine Vorstellung von der Gestalt eines Religionsstifters, die sich völlig vom christlichen Jesusbild unterscheidet.

Im Zusammenhang mit seiner eigenen Potenz soll Muhammed auch gesagt haben, daß im Paradies jeder Mann die Potenz von achtzig Männern haben würde. Eine spätere Quelle verspricht ihm täglich hundert vollbrüstige Jungfrauen, deren Virginität immer wieder neu erwächst. [126, 270] Sie werden von allen Übeln, die irdische Frauen plagen, wie der Menstruation, frei sein und auch ohne Eifersucht. Ihren Männern werden sie weder Schaden zufügen, noch je Vorwürfe machen oder sich für einen anderen schmücken als den ihren.

Die Interessen der Frauen werden hier nur insofern berücksichtigt, als Muhammed einer Frau auf die Frage, welchem Mann eine Frau im Paradies angehören würde, wenn sie auf Erden mit mehreren nacheinander verheiratet war, geantwortet haben soll, sie könne sich für den entscheiden, dessen Wesen ihr am meisten zusage [126, 257]. Auf alle Fälle wird betont, es werde im Paradies keinen Junggesellen geben, und tatsächlich lautet ein bekannter Ausspruch: »Es gibt kein Mönchtum im Islam«, das heißt also, Askese jeder Art, auch sexuelle, ist unerwünscht.

Daß der Islam ein Ganzheitsbild des Menschen vertritt, wird auch daraus deutlich, daß der große Theologe al-Ghasāli (st. 1111) in sein reformatorisches Werk »Die Neubelebung der Religionswissenschaften« ein Kapitel über die Ehe, auch übrigens über das rechte Verhalten beim Essen, in der Gastfreundschaft, beim Broterwerb aufgenommen hat. Solche Kapitel gibt es schon in den maßgeblichen Traditionswerken des 9. Jahrhunderts, die zu Rechtsquellen wurden. Al-Ghasāli gab in einer schweren Glaubenskrise seine Lehrtätigkeit an einer berühmten Bagdader Moscheehochschule auf und lebte zehn Jahre lang als armer Sūfi. Dann schrieb er seine »Neubelebung«, um dem sehr rationalen orthodoxen Islam mit der Karrieresucht vieler seiner führenden Vertreter etwas vom Gefühlsreichtum der Mystik zuzuführen.

Von sinnlicher Lust sagt er, ein Nutzen der irdischen Genüsse sei, daß sie den Wunsch nach ewiger Dauer weckten und so ein Anlaß für den Dienst an Allāh seien. Die Ehe charakterisiert er reimend: »Die Ehe ist der Religion Helferin und der Satane Demütigerin, auch gegen Allāhs Feind eine wahre Beschützerin« [86, II, 20]. Das arabische Wort *Nikāch*, das hier steht, heißt auch »Koitus« und ist maskulin. Nach Art der antiken Dialektik führt er jeweils Gründe und Gegengründe auf, auch für die Ehe »heutzutage«: Gegen die Ehe spreche die Schwierigkeit, den Lebensunterhalt zu erwerben, und das tadelnswerte Verhalten der Frauen. Der wichtigste Grund für die Ehe sei ein Sohn, denn ein rechtschaffener Sohn würde für seine Eltern beten oder, wenn er vor ihnen ins Paradies eingehe, ihnen Fürsprecher sein. Für die Erzeugung eines Kindes aber habe Gott die Libido geschaffen. Und wenn der Mensch die auslebe, empfinde er eine unvergleichliche Lust, die Vorbote der im Paradies verheißenen Genüsse sei. In der Libido stecke also zweierlei Leben, ein äußeres, das die Fortdauer des Menschen auf der Erde durch Kinder bedeute, und ein inneres, auf das jenseitige Leben gerichtete, denn diese schnell vergängliche Lust wecke den Wunsch nach ewiger, vollkommener Lust [86, 26]. Die Libido sei auch deswegen zu preisen, weil sie den Mann dazu bringe, sich eine Gefährtin zu suchen, bei der er Erholung der Seele finde, wenn er mit ihr zusammensitze, das wiederum stärke ihn für den Dienst

Unverhohlene Freude an der realistischen Darstellung des schönen nackten weiblichen Körpers spricht aus dieser Darstellung eines Liebespaars aus dem Iran des 17. Jahrhunderts. (Foto: Fogg Art Museum, Harvard University, Cambridge, Massachusetts)

an Gott. Auch würde durch die Libido, die ihn zur Ehe bringe, »der Verstand frei von der Hausarbeit«, »die für das Haus taugliche Gattin ist so auch eine Hilfe für die Religion«. Daß dies auch apologetisch gemeint ist, beweisen die anschließend aufgeführten Meinungen (von frauenfeindlichen Asketen), denen zufolge die Libido das stärkste Werkzeug des Satans sei, würde sie doch ausgelöst durch die an Verstand und Religion Defizitären, also die Frauen. Der öfter zitierte angebliche – pragmatische – Rat des Propheten zur Wahrung ehelicher Treue, wenn ein Mann eine attraktive Frau sehe, solle er zu seiner eigenen gehen, die habe dasselbe wie die andere, erscheint hier ebenfalls [86, 27].

Unter »Anstand beim Koitus« empfiehlt al-Ghasāli, wenn ein Mann zu seiner Frau oder Sklavin eingehe, solle er zuerst Gott preisen und um gute Nachkommen bitten, dann solle er ihr zärtliche Worte sagen und sie küssen, nicht aber über sie herfallen wie ein wildes Tier. Auch habe sie ein Recht auf Befriedigung *vor* ihm.

Das Für und Wider des Coitus interruptus wird von Theologen und religiösen Juristen früh erörtert. Er gilt generell als erlaubt – dieser Standpunkt ermöglicht heute den muslimischen Ländern, die unter Armut und Überbevölkerung leiden, staatliche Propaganda für Familienplanung –, aber die meisten kamen darin überein, daß eine freie Ehefrau sich ihn verbieten konnte, die Sklavin nicht, eben weil man die empfängnisverhütende Wirkung kannte.

Der Damaszener Theologe und Vielschreiber Ibn Kayyim al-Dschausiyya (1292–1350) hat in seinem Buch »Die Prophetenmedizin« – es gab ein eigenes Genre solcher Werke, in dem Erkenntisse der griechischen Medizin und religiöser Volksglaube sich mischten – für den Koranvers 2:187, demzufolge Mann und Frau sich gegenseitig »ein Gewand« seien, eine Deutung, die er »die schönste Metapher« nennt: Beim Koitus habe der über der Frau liegende Mann ein Gewand in der Decke, die Frau im Bettuch, auf dem sie liege. Der Koranvers 4:34 »Die Männer stehen über den Frauen« wird hier als Weisung für die »Missionarsstellung« gedeutet. »Das gehört zur vollkommenen Überlegenheit des Mannes« [128, 198]. Im übrigen beginnt er das Kapitel »Koitus und Potenz« mit der kategorischen Feststellung, dafür gebe es die vollkommenste religiöse Rechtleitung, die die physische Gesundheit wahre und durch die Lust und Seelenfreude vollkommen würden [128, 194].

Derselbe Autor erklärt in seinem Buch über die weltliche Liebe »Der Garten der Liebenden und der Spaziergang der sich Sehnenden«, daß eine Frau in der Ehe genauso ein Recht auf sexuelle Erfüllung habe wie ihr Mann. Er führt Dispute darüber auf, wie oft das geschehen solle – al-Ghasāli gibt vor: alle vier Tage – und wie lange eine verheiratete Frau ohne körperliche Vereinigung mit ihrem Mann sein könne. Die durch eine Ehe sanktionierte körperliche Vereinigung zwischen zwei sich liebenden Menschen sei die höchste seelische Erfüllung ihrer Gefühle zu einander, die ihrerseits erhöht würden durch die demütige Liebe zu Gott.

Beduinische Liebesdichtung aus vorislamischer Zeit war noch kein selbständiges Genre, sondern erschien im sogenannten *Naßīb*, der erotischen Einleitung zur damals und auch später noch gebräuchlichsten Gattung arabischer Dichtung, der *Kassīda*. Deren eigentlicher Zweck war das Lob eines Gönners, eines Stammes, auch Selbstlob, oder die Schmähung, eines Gegners oder feindlichen Stammes. Doch enthielt die *Kassīda* auch eingehende Beschreibungen der die Beduinen umgebenden Natur, einschließlich der Reittiere, derer sich die Nomaden bedienten. Der

Naßīb läßt erkennen, daß sich die vorislamischen arabischen Dichter durchaus nicht immer mit platonischen Gefühlen zufriedengaben. Das Frauenideal, das sie priesen, war nicht die Durchschnittsbeduinin, deren Äußeres von den harten Lebensbedingungen der Nomaden gezeichnet war. Die arabischen Dichter jener und späterer Zeit besangen weißhäutige Schönheiten mit schmaler Taille, aber schwerhüftig und an Wohlleben gewöhnt.

Mit den leichtlebig-frivolen Gedichten des Mekkaners Umar Ibn Abī Rabi'a aus dem vornehmen Stamm der Kureisch erschien in der Umayyadenzeit zum ersten Mal eine selbständige urbane Liebespoesie, Ghasal genannt. In zahlreichen Gedichten besang er galante Abenteuer mit Frauen aus angesehenen Familien, und es ist nicht zu bezweifeln, daß seine Gedichte der Wirklichkeit entsprachen. Daß aristokratische Mekkanerinnen jener Zeit selbstbewußt und selbständig waren, haben wir am Beispiel der Ā'ischa Bint Talcha und der Sukeina im vorigen Kapitel gesehen. So wird es auch der Realität nahekommen, daß einige dieser Abenteuer von den Damen selbst eingefädelt wurden, daß sie den Dichter zu einem Rendezvous bestellten, mit ihm flirteten und nicht nur das.

Etwa gleichzeitig entstand aber in Medina eine Liebesdichtung ganz anderer Art, die von zahlreichen Anekdoten umrankt wird. Nach dem Beduinenstamm, dem sie zuerst zugeschrieben wurde, heißt sie »usritisch«. Heinrich Heines Vers aus dem »Romanzero« »Und ich bin vom Stamme jener Asra, die da sterben, wenn sie lieben« nennt sie.

Der bedeutendste Vertreter der usritischen Liebe aus jener Zeit ist der Dichter Dschamīl (ca. 660–701), der seine Stammesgenossin Bußeina von Jugend an liebte, wie sie ihn. Ihr Vater aber gab sie einem anderen Mann in die Ehe. Dschamīl besang in seinen Gedichten die Reinheit seiner Gefühle, die Leiden, die er ihretwegen ertrug. Bußeina wurde in seinen Gedichten zur »Grausamen«, die ihn ganz beherrschte. Beide verzehrten sich aus unerfüllter Liebe zueinander und starben daran.

Etwa vom 9. Jahrhundert an wurde die usritische Liebe zum hohen Ideal der höfischen Gesellschaft im Irak, deren tatsächliche Moralauffassung aber offenbar ganz anderer Art war. In dieser Zeit erzählte man sich rührende Liebesgeschichten über solche Paare, vielleicht weil man der immer mehr um sich greifenden Flatterhaftigkeit in den erotischen Beziehungen überdrüssig war.

Kußayyir (st. 732), ein Dichter, der wegen seiner reinen Liebe zu seiner Kusine Asa berühmt wurde, erzählte einmal, so heißt es, dem Umayyadenchalifen Abd al-Malik Ibn Marwān: »Ich traf eines Tages den Dschamīl , der fragte mich: ›Willst du mit mir zu Bußeina gehen?‹ Ich bejahte und ging mit ihm. Als wir dem Ort, wo sie sich aufhielt, nahe waren, forderte er mich auf. ›Geh zu ihr und sag ihr, wo ich bin!‹ Das tat ich. Da kam sie mit einigen Frauen des Stammes. Als die Dschamīl sahen, ließen sie sie allein, und auch ich ging weg. Die beiden aber blieben vom Einbruch der Nacht bis zum Morgengrauen stehen. Als sie sich entschlossen, sich zu trennen, bat sie ihn: ›Komm doch näher zu mir, Dschamīl!‹ Da trat er auf sie zu, und sie flüsterte ihm heimlich etwas ins Ohr. Darauf fiel er ohnmächtig zu Boden, und erst die Hitze der Sonne brachte ihn (viel später) wieder zu sich« [131, 60 f.].

Das berühmteste Liebespaar dieser Art sind Leila (im Persischen Leilī) und Madschnūn, die in großen Bereichen der islamischen Welt wohl bekannter sind als Romeo und Julia in Europa. Es gab ganze Bücher über Paare, die aus unerfüllter Liebe zueinander starben.

Hinter solchen Beziehungen mögen handfeste soziale Gründe gestanden haben, denn des öfteren heißt es bei usritischen Paaren, daß ein Vater seine Tochter dem Mann, der sie liebte und um sie warb, versagte, weil er ihm gesellschaftlich nicht ebenbürtig erschien. Sie wurde dann mit einem Wohlhabenderen verheiratet, die Liebenden verzehrten sich aus Sehnsucht zueinander und starben.

Gedichte und Überlieferungen des Inhalts entstanden, der Oberkörper einer Frau bis zum Nabel sei der Bereich dessen, der sie liebe, nur was darunter liege, stehe ihrem Ehemann zu. [131, 96f.] Bekannt sind Geschichten wie diese: Der Philologe al-Asma'i (st. 828), Protagonist vieler Anekdoten, fragte eines Tages einen Beduinen: »Was bedeutet bei euch Liebe?« Der entgegnete: »Sich immer wieder anzusehen, und wenn es heißt, sich immer wieder zu küssen, so ist das schon das Paradies.« al-Asma'i erwiderte: »Das bedeutet bei uns (den Städtern, W. W.) nicht Liebe.« Der Beduine fragte: »Was ist sie bei euch denn dann?« Al-Asma'i gab zur Antwort: »Du spreizt ihr die Beine und dringst in sie ein.« »Oh je«, stellte da der Beduine fest, »du bist kein Liebender, du willst nur ein Kind!« [131, 77]

Der klassische Vertreter einer höfischen Liebesdichtung war al-Abbās

Ibn al-Achnaf (st. nach 808). Er gehörte zum Bagdader Dichterkreis um den Chalifen Hārūn ar-Raschīd und besang seine Angebetete, von der manche annahmen, es sei Hārūn ar-Raschīds schöne Schwester Ulayya, unter dem wohl fiktiven Namen »Faus«. Faus bedeutet »Erfolg«, aber seine Gedichte sprechen von sehnender, überhöhender Liebe zu einer unerreichbaren Schönen, in der Demut der Schlüssel zur Freude sein kann [66], eine Variation des koranischen »Geduld ist der Schlüssel zur Freude«. Während Umar Ibn Abī Rabī'a in der geheiligten Stadt Mekka sich nicht scheute, in seinen Liebesgedichten religiöses Wortgut ganz profan und verspielt zu verwenden, bedient sich al-Abbās einer solchen Lexik, um liebende Selbstkasteiung gegenüber einer Grausamen poetisch zum Ausdruck zu bringen. Er wird damit zum Vorbild für die spätere höfische Liebe als vornehmer Selbstverleugnung und Lebenshaltung des Elegants, die als Pose erscheint, vergleicht man sie mit der Frivolität von Anekdoten derselben Zeit. Diese Art arabischer Liebesdichtung ist Vorläuferin des provençalischen Minnesangs, auch wenn das soziale Umfeld ein anderes war.

Wohl erst vom 9. Jahrhundert an gab man dieser Lebenshaltung in Büchern über die profane Liebe mit dem angeblichen Prophetenwort: »Wer liebt, seine Liebe geheimhält, geduldig ausharrt und stirbt, der stirbt als Märtyrer« eine religiöse Motivierung.

Die Vorstellung von der Liebe als Krankheit, nämlich Besessenheit bis Wahnsinn, findet sich bei Madschnūn. Später ist sie, ausgelöst durch griechische Einflüsse, körperliches Leiden, das zum Tod führt.

In seinem Buch über »Prophetenmedizin« äußert sich der schon zitierte Theologe Ibn Kayyim al-Dschausiyya auch über »Die Heilung von Liebe« und bezeichnet sie als Krankheit des Herzens/Verstandes, die anders sei als alle anderen Krankheiten. Gott habe aber für sie verschiedene Heilmittel. Das Beste sei die gesetzliche und vom Schicksal gegebene Vereinigung mit der Geliebten, ansonsten aber die Ehe mit so vielen Frauen, wie sie der Koran erlaubt, oder die Beziehung zu Sklavinnen. Er schlägt weitere, eher psychische Therapien vor, darunter die, sich die schlechten Eigenschaften der Geliebten auszumalen oder sich zu überlegen, wie schnell Lust nach der Vereinigung verginge und zur Last würde [128, 206ff.]. Das angebliche Prophetenwort über den Märtyrertod aus Liebe ist für ihn nicht authentisch.

Vom 9. Jahrhundert an entstanden Bücher über die Theorie der Liebe, die zunächst den Idealvorstellungen höfischer Kreise vom gesitteten Menschen entsprachen. Eine der Maximen im »Buch der Blume« des Juristen Ibn Dāwūd (st. 909) lautet: »Wer gesittet und gebildet sein will, muß keusch sein«, eine andere: »Es ist kein Zeichen gesitteten Benehmens, wenn man die Geliebte verächtlich behandelt, indem man sie beschreibt.«

In dieser Literatur wird die Liebe als seelische und charakterliche Übereinstimmung zwischen zwei Menschen definiert, die den Liebenden dazu bringt, den Geliebten auch äußerlich als schön zu empfinden, selbst wenn er das in den Augen anderer gar nicht ist, oder ihn veranlaßt, das geliebte Wesen immer wieder anzuschauen und es dann auch sinnlich zu begehren. Deswegen auch wolle der Liebende mit dem geliebten Menschen im Kuß vereint sein, weil der Atem des Menschen unmittelbar aus seiner Natur komme und direkte Berührung mit seiner Seele habe. Auch die Umarmung diene der größeren seelischen Nähe zwischen Liebendem und Geliebter.

Wenn sinnlicher Genuß um seiner selbst willen gesucht werde, heißt es im »Garten der Liebenden« des Theologen Ibn Kayyim al-Dschausiyya (1292–1350), dann sei er tadelnswert, denn ihm folge nur um so größerer Schmerz, oder er verhindere schönere Genüsse, etwa die, die den Gläubigen im Paradies erwarten [126, 170].

Einerseits wird gesagt, Liebe mache blind und taub, andererseits rühmen ihr, die sie preisen, veredelnde Eigenschaften nach: »Sie gibt den Feiglingen Mut, macht die Geizigen freigebig, klärt den Verstand der Blöden, macht die Zungen der Gehemmten beredt. Die Macht der Könige unterwirft sich ihr, die Willkür des Kühnen gerät ins Wanken vor ihr, sie führt zu Anstand.« Als einem führenden Mann gesagt wurde, sein Sohn habe sich verliebt, erwiderte der: »Allāh sei Dank, jetzt wird er höflich und freundlich, schön in seinen Gebärden und elegant in seinen Bewegungen, angenehm in seinem Ausdruck und ernsthaft in seinen Botschaften, sein Wesen wird freier, denn er wird sich dem Schönen widmen und das Häßliche meiden« [126, 190]. Kluge Leute sagen, heißt es in derselben Quelle, Liebe sei für die Seele wie eine gute Speise für den Leib, wenn man sie nicht genieße, sei es von Schaden, koste man sie aber überreichlich, bringe sie einen um [126, 189].

In einer arabischen Anthologie älterer Liebesgeschichten aus dem 15. Jahrhundert heißt es sogar philosophierend und eine bekannte Behauptung konterkarierend: »Wenn die Frauen Fallstricke des Satans sind, so sind sie auch Richtschnüre, die zur Erkenntnis führen, denn der Verständige gelangt durch die Liebe zu ihnen zur Kenntnis ihres Schöpfers, weil klare Prämissen wahre Ziele hervorbringen« [28, 57].

Während Juristen, Theologen und Philosophen über das Wesen der irdischen Liebe disputierten, klagten Adabautoren seit Beginn des 10. Jahrhunderts über den zunehmenden Sittenverfall, wobei sie freilich die Frühzeit idealisierten. So schreibt der Bagdader Ibn al-Waschschā in seinem Buch über die guten Sitten:

»Wenn früher ein Mann eine Frau liebte, dann verließ er sie nicht bis zum Tod, sein Herz befaßte sich mit keiner anderen, und er versuchte nicht, sich über sie hinwegzutrösten ... und der Frau ging es ebenso. Wenn einer von ihnen vor dem anderen starb, tötete er sich, oder aber er lebte im Gedanken der Liebe zu ihm weiter, hielt ihm die Treue und bewahrte sein Andenken in Ehren« [131, 77].

Dem Leichtfuß, der da dichtete:

»Ich seh ein Mädchen und verlieb mich in sie,
dann erblick ich 'ne andre und liebe die,
in achtzig verlieb ich mich jeden Tag,
und keiner mein Herz die Treu halten mag«,

dem möge Allāh die Häßlichkeit dieser Worte klarmachen, so wünscht er und erklärt: »Unbeständigkeit ist nicht die Sache der Gebildeten und ständiger Wechsel nicht die Angelegenheit der Gesitteten« [131, 79].

Ironisch heißt es in einem Adabwerk aus der Zeit um 984 im Anschluß an eine laszive Anekdote: »Wenn früher ein Mann ein Mädchen liebte, dann tauschte er ein Jahr lang mit ihr Briefe. Danach war er es zufrieden, den Mastix zu kauen, den sie (vorher) im Munde hatte, und wenn sie sich trafen, sprachen sie miteinander und rezitierten Verse. Wenn aber heute einer ein Mädchen liebt, dann hat er nur im Sinn, ihr die Beine zu heben, als wollte er den Abū Hureira (ein berühmter frühislamischer Überlieferer von Prophetenhadīßen, W. W.) zum Zeugen seines Koitus mit ihr machen« [264, 55].

Wenn al-Dschāhis, der wohl viel zu sehr Freigeist war, als daß er eine höfische Karriere gesucht hätte, sagt: »Die Frau steht in manchen Dingen über dem Mann. Sie ist es, um die geworben wird, die gewünscht, geliebt und begehrt wird, und sie ist es, um deretwillen man sich aufopfert und die beschützt wird« [79, 414], charakterisiert er doch damit die höfische Liebe, von der oben die Rede war.

Ursprünglich ist dem Arabischen Prüderie fremd. Al-Dschāhis wendet sich im 9. Jahrhundert gegen die frommen Heuchler unter seinen Zeitgenossen, die sie predigten: »Manche von den Leuten, die Frömmigkeit und asketische Lebensführung zur Schau tragen, empfinden Abscheu und verschließen sich, wenn Wörter wie ›Vulva‹, ›Penis‹ oder ›Koitus‹ erwähnt werden, aber die meisten von denen, die sich so verhalten, sind Männer, die nicht mehr Wissen, Edelmut, Vornehmheit und Würde besitzen als das, was zu ihrer Heuchelei im Verhältnis steht« [79, 434].

Fast alles, was wir über die recht freimütigen Äußerungen von Frauen jener Zeit über ihre Empfindungen gegenüber ihren männlichen Partnern wissen, stammt aus männlicher Überlieferung, denn arabische Liebesdichtung von Frauen gibt es, wie wir gesehen haben, erst aus wesentlich späterer Zeit aus dem ohnehin recht libertinistischen Westen des islamischen Reiches. So kann man annehmen, daß einige von den frivolen Geschichten über das erotische Verhalten von Frauen, die sich in der Adabliteratur finden, als eine Art »Herrenwitze« bei den Abendunterhaltungen am Hof oder in der höfischen Aristokratie zum besten gegeben wurden. Doch waren bei diesen Vergnügungen ja meist auch Frauen zugegen, freilich nicht Freigeborene oder gar die Ehefrauen der Anwesenden, sondern die musikalisch und/oder literarisch gebildeten Sklavinnen. Sicher ist nicht alles, was hier tradiert wird, nur Männerphantasie.

Die literarische Überlieferung sagt nicht nur vorislamischen Araberinnen – es soll eine Frau gewesen sein, die die Mekkaner verschiedene, bis dahin unbekannte Formen des Liebesakts lehrte [118, 215] –, sondern auch arabischen Aristokratinnen des 7. Jahrhunderts sexuelle Offenheit nach. Als eine Mekkanerin der kapriziösen Ā'ischa Bint Talcha, die wir im vorigen Kapitel kennenlernten, vorwarf: »Du, eine freie Frau, benimmst dich so?!«, denn sie war Ohrenzeuge ihres offenbar leidenschaftlichen Liebesspiels mit ihrem damaligen Ehemann geworden, entgegnete Ā'ischa: »Wir begehren diese Art Männer, mit allem, was sie erregt und wozu wir fähig sind« [10, XI, 186].

Der zweite Chalif, Umar Ibn al-Chattāb, wurde, so sagt man, eines Nachts Zeuge, wie eine Frau auf dem Dach ihres Hauses klagte:

»Lang wurde diese Nacht mir und schwarz,
und ohne das Spiel mit dem Liebsten ich schlaflos blieb.
Wäre nicht Furcht vor Allāh, dem einzigen Gott,
erbebt hätte dies Lager von unserer Lieb.«

[126, 229]

Der Chalif, der dafür Verständnis aufbrachte, soll sich daraufhin erkundigt haben, wie lange der Mann dieser Frau schon im Krieg war, und ihn haben zurückkommen lassen.

Es war weder ungewöhnlich, daß Frauen in Gedichten die Vorzüge ihrer Scham priesen, noch daß Männer ihren Penis besangen.

Das galante Abenteuer einer verheirateten Frau allerdings galt als Unzucht und konnte für einen oder beide Teile ein schlimmes Ende nehmen. So soll der Dichter al-Waddāch die Frau des Umayyadenchalifen Walīd I. heimlich besucht haben. Von einem Diener hörte der Chalif, der Besucher habe sich kurz vor seinem Kommen in einer Truhe versteckt. Diese erbat er von seiner Frau als Geschenk und ließ im Boden seines Palastes eine tiefe Grube ausheben. Bevor er die Truhe dort versenken ließ, redete er sie so an: »Wir haben etwas vernommen. Wenn es wahr ist, so haben wir dich in ein Leichentuch gewickelt und begraben dich und die Erinnerung an dich und tilgen deine Spuren bis ans Ende der Zeiten. Wenn es aber nur Gerede ist, so beerdigen wir lediglich Holz, und das ist wertlos!« »Danach sah man bis in die Gegenwart keine Spur mehr von ihm«, heißt es im »Buch der Lieder« [10, VI, 225].

Später war es meist nur noch Sklavinnen gestattet, ihre Empfindungen für einen Mann offen auszusprechen. So soll ein Sklave eines Chalifen einer Sklavin ein Gedicht des Inhalts geschickt haben, er habe nachts geträumt, Hand in Hand mit ihr auf einem Lager zu liegen. Ihre Antwort soll gelautet haben:

»Gutes sahst du, und was du erblicktest,
dem Neider zum Trotz wirst du's erlangen.
Ich wünsche mir, daß du mich umarmst

und meine schwellenden Brüste unter dir prangen.
Zwischen meinen Arm- und Fußreifen seh ich dich
meine Brüste und meinen Leib umfangen.«

[121, 219]

Der Erzähler berichtet, daß der Chalif sie miteinander verheiratete, als er das hörte. Aus europäischen Reiseberichten wesentlich späterer Zeit, etwa aus der osmānischen Türkei, wissen wir, daß solche Affären oft ein trauriges Ende nahmen: Man warf die Liebenden in den Bosporus.

Die Singmädchen wurden direkt dazu erzogen, aus ihrer Schönheit und ihrem Talent eine Ware zu machen, mit der sie geschickt zu handeln wußten. Wenn sie einem Mann gegenüber Gefühle äußerten, waren sie selten aufrichtig. Der Dschāhis im 9. Jahrhundert beschreibt, wie eine Keina die Männer anlockte: »Wenn sie ein Bewunderer ansieht, wirft sie ihm verstohlene Blicke zu, betört ihn mit ihrem Lächeln, sagt ihm durch Gedichte, die sie vorsingt, Liebesworte, ist darauf erpicht, seinen Anträgen zu entsprechen, trinkt munter und zeigt ihr Verlangen nach seinem ausgedehnten Verweilen, ihre Sehnsucht nach seiner schnellen Rückkehr und ihre Trauer über seinen Weggang. Und merkt sie dann, daß ihr Zauber ihn verwandelt hat und er in das Netz getreten ist, so geht sie über das, womit sie begonnen hat, noch hinaus und macht ihn glauben, daß ihre Zuneigung zu ihm noch größer sei als die, die er für sie empfindet. Sie schreibt ihm Briefe, in denen sie ihm ihr Liebesleid klagt und ihm schwört, daß sie das Tintenfaß mit ihren Tränen angefüllt und das Papier mit ihrem Speichel befeuchtet habe, daß er bei Tag und Nacht ihre Sorge und ihr Kummer in ihrem Denken und in ihrem Herzen sei, daß sie keinen anderen wolle ..., daß sie nicht die Absicht habe, sich von ihm abzuwenden und daß sie ihn nicht wegen seines Geldes, sondern um seiner selbst willen wolle. Darauf legt sie den Brief in ein sechsfach zusammengefaltetes Pergamentblatt, siegelt es mit Safran und umschnürt es mit einem Stück von einer Saite« [79, 427]. Bisweilen tändele sie so mit mehreren Verehrern gleichzeitig.

Als Libertin sieht Dschāhis allerdings diese raffinierten Verführungskünste nicht negativ: »Dies soll aber kein Tadel gegen sie sein, sondern im Gegenteil ein hohes Lob. Heißt es doch in einer Überlieferung: ›Die besten von den Frauen sind die, die sich auf Zauber und Verführung verstehen«« [79, 429f.]. Und er erkennt auch durchaus die Ursachen für dieses Verhalten: »Wie soll die Sängersklavin vor der Versuchung sicher sein, oder wie soll es ihr möglich sein, keusch zu bleiben, da sie sich doch die Leidenschaft aneignet, wie sie die Sprache und Sitten von ihrer Umgebung lernt, und sie von ihrer Geburt bis zur Stunde ihres Hinscheidens in einem Milieu wohnt, das sie vom Denken an Gott abbringt, weil es nur aus ergötzlicher Unterhaltung und allen Arten von Lustbarkeiten und Gemeinheiten inmitten von Wüstlingen und schamlosen Leuten besteht, von denen man kein ernstes Wort hört, denen man kein Vertrauen entgegenbringen kann und die weder Religion noch Ehrenhaftigkeit besitzen« [79, 433].

Ibn al-Waschschās Buch über die guten Sitten im Bagdad zu Beginn des 10. Jahrhunderts dagegen enthält ein Kapitel mit der Überschrift: »Verdammung der Singmädchen«, das so beginnt: »Man muß wissen, daß kein tugendhafter und gebildeter Mann, kein Mensch von guten Sitten von einer schwereren Prüfung heimgesucht werden kann als von der Leidenschaft zu den Singmädchen, denn ihre Zuneigung ist trügerisch, ihre Liebe falsch, und ihre Leidenschaft erkaltet rasch« [131, 92]. Dann beschreibt er ähnlich wie Dschāhis, wie sie sich an Männer mit Geld und aus guter Familie »heranmachen«, um sie auszunutzen. Die Einsicht des Dschāhis in die eigentlichen Gründe für ein solches Verhalten fehlt ihm freilich.

Als Beispiel für die losen Sitten der Sängerinnen, selbst hochstehender, mag die berühmte Diva Arīb gelten, von der wir bereits hörten. Sie gab offen zu, acht Chalifen hätten sie beschlafen, aber sie hätte zu keinem Zuneigung empfunden, außer zu al-Mu'tas, der sie an einen Mann erinnerte, den sie geliebt habe. So ist es auch nicht verwunderlich, daß sie Mittel und Wege fand, nachts aus dem vermutlich streng bewachten Harem des Chalifen zu entweichen, um sich mit einem Liebhaber zu treffen und dann auch unbemerkt wieder zurückzukehren. Die Berichte über die Reaktion des Chalifen, dem ihr Verhalten offenkundig wurde, als sie in anderen Umständen war, gehen auseinander [10, XXI, 70].

Einmal hatte Arīb Besuch von mehreren Verehrern. Als die gehen wollten, bat sie sie, noch zu bleiben, sie wolle ihnen ein Dessert vorsetzen, das eine ihrer Schülerinnen, die Sängerin Bid'a, eigenhändig aus frischen Mandeln bereitet habe, und ihnen dazu vorsingen. Der Erzähler fährt fort: »Ich sagte: ›Unter einer Bedingung.‹ Sie fragte: ›Und welche, bei Allāh?‹ Ich erwiderte: ›Etwas, wonach ich dich schon lange fragen wollte, aber ich schäme mich vor dir.‹ Sie gab zurück: ›Das steht dir zu, ich gebe dir die Antwort, bevor du mich fragst, denn ich weiß Bescheid.‹ Da wunderte ich mich über sie und forderte sie auf: ›So sprich es aus!‹ Sie fuhr fort: ›Du willst mich nach meiner Bedingung fragen, die ich (an einen guten Liebhaber) stelle.‹ Ich entgegnete: ›Ja, das ist, wonach ich dich fragen wollte.‹ Da meinte sie: ›Ein harter Penis und ein angenehmer Duft, und wenn dazu ein bemerkenswert gutes Aussehen und große Schönheit kommen, dann wächst meine Lust, wenn aber nicht, so sind die beiden erstgenannten Dinge etwas, worauf ich nicht verzichten möchte.‹« [10, XXI, 73]

Von der Frivolität der Singmädchen zeugen zahlreiche Anekdoten in Adabwerken. So etwa eine, in der erzählt wird, wie ein offenbar weltfremder und nicht sehr wohlhabender junger Mann eine Keina mit exaltierten Briefen verfolgte, er liege nachts schlaflos, könne weder essen noch trinken und anderes »endloses, leeres Gefasel«, wie der Erzähler sagt. Eines Tages schickte er dem Mädchen einen Brief, wenn sie ihm nicht erlaube, sie zu besuchen, solle sie wenigstens im Traum zu ihm kommen. Da ließ sie ihm ausrichten, »und sie war eine Bagdaderin, sie wollte nur die Welt und ihr Geld«, berichtet der Erzähler, er solle ihr zwei Dinār schicken, dann komme sie persönlich und davon habe er mehr als von ihrem Traumbild. [37, 72f.]

Es wäre allerdings hier ebenfalls falsch zu verallgemeinern; denn es gab auch Sängerinnen, deren Treue gerühmt wurde, etwa die der Machbūba zum Chalifen al-Mutawakkil und die der Farīda zum Chalifen al-Wāßik. Die bereits genannte Bid'a, eine Schülerin der Arīb, soll sogar als Jungfrau gestorben sein. [254, 144]

Wollte sich eine Frau eines zudringlichen Liebhabers erwehren, so blieb der Sklavin nur ihre Schlagfertigkeit, von der viele Anekdoten zeugen, etwa die von dem wegen seiner frivolen Verse, vorwiegend auf Lustknaben, aber auch durch seine exzellenten Trink- und Jagdgedichte bekannten Bagdader Dichter Abū Nuwās (st. 813 oder 815). Als er einmal bei einem Freund zu Besuch war, trat ein hellhäutiges Mädchen zu ihm heraus, das grüne Gewänder trug. Abū Nuwās strich sich über die Augen und sagte: »Mir träumte, ich ritte auf einer weißen Stute mit grüner

»Sie läßt mit solcher Kunst die Laute erklingen, daß selbst die härtesten Felsen vor Freude zerspringen« [164/II, 600]. Singmädchen waren bekannt nicht nur für ihre Kunst, sondern auch für ihren losen Lebenswandel. (Foto: Bibl. Nat. Paris)

Decke, wobei sie sich recht munter unter mir bewegte.« Da entgegnete das Mädchen, auf seine Homosexualität anspielend: »Wenn du deinen Traum wahrmachen willst, bestell dir einen Rettich!« [298, 141]

Die freie Frau dagegen konnte sich gegenüber männlicher Dreistigkeit auf den Schutz ihrer Familie verlassen. Auch das soll eine Anekdote belegen, die die Auffassung des frühen Islams von einer tugendhaften freien Frau bezeugt. Ein Diener des Haddschādsch Ibn Yūssuf, Statthalter im Irak von 694 bis zu seinem Tod im Jahr 714, erzählte sie. Haddschādsch hatte einen Neffen, der Emir in der irakischen Stadt Wāsit war. Dort gab es damals eine Frau, so schön wie keine zu jener Zeit, der machte er Anträge und Geschenke, doch sie verweigerte sich ihm und forderte ihn auf, bei ihrer Familie um ihre Hand anzuhalten. Das aber wollte er nicht. Da kündigte er sich für eine Freitagnacht bei ihr an.

Sie berichtete davon ihrer Mutter, die das nicht glauben wollte, aber dann die vier Brüder des Mädchens informierte. Diese postierten sich im gegenüberliegenden Haus. Als nun der Neffe des Haddschādsch kam, übergab er sein Reittier seinem Diener und trug ihm auf, damit erst wieder zu erscheinen, wenn der Mu'esin im Morgengrauen zum Gebet rufe. Dann trat er zu dem Mädchen ein und fand sie, auf einem Bett liegend. Er legte sich neben sie und faßte sie mit den Worten an: »Wie lange soll diese Hinhalterei noch dauern?«

Sie herrschte ihn an, er solle von ihr lassen; da drangen auch schon ihre Brüder ins Haus, töteten ihn mit ihren Schwertern, wickelten den Leichnam in einen Lederteppich, wie man ihn für Hinrichtungen benutzt, und warfen ihn in eine Gasse der Stadt. Später fanden die Anwohner jener Gasse den Toten und brachten ihn zu al-Haddschādsch. Der ließ sich den Diener seines Neffen kommen und befahl ihm zu berichten, sonst würde er ihn einen Kopf kürzer machen. Dann bestellte er die Frau und ihre Familie zu sich, die bestätigten, was der Diener ausgesagt hatte, und gaben den Mord zu.

Al-Haddschādsch lobte die Frau für das, was sie getan hatte, und wünschte, es gebe mehr Frauen wie sie. Seinen Neffen ließ er den Hunden zum Fraß vorwerfen, den Diener seines Neffen zweiteilen [193, 182ff.]. Der Schluß läßt erkennen, daß diese Geschichte erzieherisch wirken sollte und daß man eine solche Einstellung bei einer Frau für vorbildlich, aber durchaus nicht für allgemein üblich hielt.

Der bereits zitierte Siyaridenfürst Kai Kā'ūs unterscheidet in seinem Kabūs-nāme aus dem Jahr 1082 streng zwischen Ehe und Erotik: »Wirb um ein Mädchen aus einer rechtschaffenen Familie!« rät er seinem Sohn. »Denn man nimmt sich eine Frau zur Führung des Haushalts und nicht um des Genusses willen. Zur Befriedigung des Gelüstes kann man sich ja ein Sklavenmädchen auf dem Basar kaufen, und dazu bedarf es nicht so vieler Ausgaben und Mühen. Eine Frau sollte volljährig, reif und vernünftig sein; sie soll die Hausfrauentätigkeit schon im Hause ihrer Eltern gesehen haben« [136, 153f.]. Ein Fürst legte sich schon aus Prestigegründen einen Harem zu, anders als das städtische Bürgertum, an das sich Ibn Kayyim al-Dschausiyya wandte. Auch in europäischen Königs- und Fürstenhäusern wurden Ehen jahrhundertelang aus dynastischen Gründen geschlossen.

Daß hier die Ehe auch eine Machtfrage ist, wird aus den weiteren Empfehlungen deutlich: Der junge Fürst solle keine Frau von großer Schönheit wählen, damit sie nicht über ihn herrsche, keine, die vornehmer sei als er, auch keine, die bereits andere Männer kennengelernt habe, damit sie keine Vergleiche ziehe und sich zu einem anderen mehr hingezogen fühle. Außerdem: »Wenn du nun eine Jungfrau geheiratet hast und sie gern magst, dann verkehre mit ihr, auch wenn du noch so verliebt bist, nicht jeden Abend, sondern nur von Zeit zu Zeit. Sie soll denken, daß alle Männer so sind wie du, und soll geduldig warten, wenn du einmal eine Entschuldigung hast oder wenn du eine Reise machen mußt. Aber wenn du sie jeden Abend an den Beischlaf gewöhnt hast, dann empfindet auch sie dieses Bedürfnis; und dann ist es schwierig für sie, Geduld zu bewahren« [136, 154].

Die aus früher Zeit stammende Überlieferung »Wer von euch die meisten Frauen hat, ist der beste Muslim«, soll sich späteren Kommentatoren zufolge auf Muhammed beziehen, denn der hatte mehr Ehefrauen, als der Koran allen anderen Muslims zugesteht. Aber auch von Muhammeds Enkel al-Hasan heißt es, er sei ein »Vielheirater« *(Minkāch)*, nämlich mit insgesamt 200 Frauen verheiratet gewesen. Theologen und Juristen bestätigen, daß eine Verstoßung ethisch verwerflich sei, aber erlaubt und daß es theoretisch legal sei, wenn ein Mann am selben Tag vier Frauen verstoße und vier neue heirate. De facto dürfte das selten vorgekommen sein. Aber sicher führte eine solche machistische Meinung von Frauen zu dem angeblichen Prophetenwort: »Frauen sind nur Spielzeug, und wer zu seinem Spielzeug greift, dem soll es gefallen« [207, 117].

Andererseits wird in der arabischen hohen wie der Volksliteratur Frauen öfter ein siebzigfach stärkeres sexuelles Verlangen zugeschrieben als Männern. Die Vorstellung stammt aus der Antike und gilt oft als Begründung für die soziale Gefahr, die Frauen angeblich darstellten, deretwegen »mann« sie kontrollieren und der Öffentlichkeit fernhalten müßte. Es könnte aber auch eine Ursache in der höfischen Haremswirtschaft haben.

Es ist anzunehmen, daß die meisten Frauen in polygynen Ehen ebenso wie Sklavinnen in großen Harems physisch unbefriedigt blieben. Aus dem Harem des Chalifen Hārūn ar-Raschīd – es könnte genauso gut aus jedem anderen großen Harem stammen – wird erzählt: Hārūn ar-Raschīd hatte 200 Sklavinnen und machte in 200 Nächten bei jeder die Runde. Eines Nachts stieg er zum Haremspalast hinauf, da hörte er eine Sklavin einen Vers singen des Inhalts, dieses Haus sei voller Frauen mit ihrer Begehrlichkeit. Ein einziger Penis könne genausowenig 200 Haremsdamen befriedigen wie ein schwacher Mörtelträger 200 Ritzen zustreichen könne.

Da ließ er sie rufen und ihre Verse wiederholen und sagte: »Dann werden wir dich eben öfter besuchen.« Doch sie entgegnete provozierend: »Das will ich nicht, wenn es dann so wird, wie Abū Hukeima in einem Vers gesagt hat: ›Sie kam mit ihrem Sack, ihn mit Getreide zu füllen, dann stand sie auf, und der Sack war leer.‹« Er erwiderte: »Nein, wir wollen den Sack nicht leerlassen«, stand auf und schlief mit ihr. Hinterher sagte er zu ihr: »Wehe dir, du hast mich zu einem schwachen Mörtelträger gemacht!« Sie gab zurück: »Ich hätte dieses Brot bei meinem Heißhunger nicht verzehren können, ohne dich dazu zu machen« [207, 157f.]. Freud hätte an der Metaphorik seine Freude gehabt.

Doch hatten die Haremsdamen nicht nur ihre Gefährtinnen zu Rivalen, sondern seit der Abbāsidenzeit setzten sich auch Bräuche durch, die aus dem byzantinisch-persischen Bereich in den Islam eindrangen. Übersättigt von der Vielzahl der Frauen, die ihnen zur Verfügung stand, wandten sich Männer aus der höfischen Aristokratie der Knabenliebe zu. Weniger Wohlhabende wurden wahrscheinlich auch durch den Ausschluß der Frau aus dem öffentlichen Leben getrieben. Manche empfanden Knabenliebe verführerischer als die zu Frauen. So sagte ein frommer Mann:

»Ich fürchte für einen Diener Gottes von einem bartlosen jungen Mann mehr als von siebzig Jungfrauen.« [193, 202]

Einige fanden Gefallen an beiden Geschlechtern. Der Siyāride Kai Kā'ūs empfiehlt seinem Sohn, sich beider Geschlechter zu erfreuen, damit er gegen keines Überdruß empfinde.

Auf eine besondere Pikanterie soll Subeida, die Gemahlin des Chalifen Hārūn ar-Raschīd, gekommen sein. Um ihren Sohn, den späteren Chalifen al-Amīn, von seiner Neigung zu den Verschnittenen abzubringen, wählte sie hübsche schlanke Mädchen, ließ sie frisieren und kleiden wie Knaben, mit hochgesteckten Haaren, in Jacke und enggebundenem Gürtel. So erschienen sie vor dem jungen al-Amīn. Knabenmädchen nannte man diese Sklavinnen, die nun für mindestens hundert Jahre bei der luxusliebenden und verwöhnten Bagdader Hofgesellschaft Mode wurden. Später traten auch Schankmädchen so auf.

In einer arabischen Quelle aus dem 11. Jahrhundert wird ein Brief zitiert, den der irakische Literat Abu l-Ainā (st. 896) einem Zeitgenossen schrieb: »Seltsam ist, daß ihr euch beschlafen laßt, anstatt zu beschlafen ... Warum zahlt ihr überhaupt die Brautgabe, wo ihr doch Männer braucht und keine Liebe zu Frauen äußert. Eure Frauen sind bei euren Nachbarn und eure Männer unter euren Jünglingen ... O Jammer um die Braut, deren Gewand nicht gelöst wird...« [207, 161]. Passive Päderastie wird also hier zum Vorwurf gemacht.

Daß manche Frauen unter diesen Umständen zu Ersatzbefriedigungen griffen, oder – in den Harems wurde das ja leicht gemacht – in lesbischen Beziehungen Erfüllung suchten, nimmt nicht wunder. Vom Abbāsidenchalifen Mūßā al-Hādi berichtet allerdings ein arabischer Historiker mit viel Sinn fürs Dramatische, wie er seinen Höflingen die abgeschlagenen, parfümierten und mit Diademen geschmückten Köpfe zweier schöner junger Haremsdamen präsentierte, die er beim lesbischen Verkehr ertappt hatte [262, VIII, 221]. Doch zeigt das weniger die hohe Moral des Fürsten der Gläubigen als sein Besitzdenken seinen Haremsdamen gegenüber. Umgekehrt wurden päderastische Beziehungen zwar von der Orthodoxie verurteilt, aber in der guten Gesellschaft galten sie nicht als ehrenrührig.

Es scheint allerdings später auch Frauen gegeben zu haben, die auf Grund ihrer Mentalität Lesbierinnen wurden. So heißt es in der sexualkundlichen Abhandlung eines zum Islam konvertierten jüdischen Autors aus dem 12. Jahrhundert: »Es gibt auch Frauen, die klüger sind als die übrigen. Sie haben viel von der Art der Männer an sich, so daß sie ihnen manchmal sogar in ihren Bewegungen, ihrer Art zu reden und ihrer Stimme gleichen. Solche Frauen möchten der aktive Teil sein, und sie möchten dem Mann, der es ihnen möglich macht, überlegen sein. Eine solche Frau schämt sich auch nicht vor ihm, ihn zu verführen, wenn ihr Begehren erwacht. Hat sie keine Lust, dann kann er sie zum Liebesspiel nicht zwingen. Das macht es ihr schwer, sich den Wünschen der Männer zu beugen, und bringt sie zur lesbischen Liebe. Die meisten Frauen mit diesen Eigenschaften sind unter den gebildeten und eleganten Frauen, den Schreiberinnen, Koranleserinnen und den weiblichen Gelehrten zu finden« [100, 16].

Es wird darüber disputiert, ob eine Jungfrau einer deflorierten Frau vorzuziehen sei, ob man sich besser für eine junge oder eine alte Frau entscheide. In beiden Fällen wird natürlich das erstere bejaht, doch finden sich Belege für das Gegenteil. Schließlich sind auch Kapitel über weibliche Treue oder Untreue nicht selten. Ibn al-Waschschā ist in seinem Bagdader Anstandsbuch generell der Ansicht, Treue gebe es bei Frauen nicht, doch weiß er auch, sicher aus didaktischen Gründen, Geschichten von treuen Frauen zu erzählen: Der dritte Chalif, Usmān Ibn Affān, hörte von einem Gefährten, daß er eine Frau aus dem Stamm der Kalb geheiratet hatte, und fragte ihn in einem Brief nach ihrer Genealogie und ihrem Aussehen. Sein Freund nannte ihm den Namen ihres Vaters, eines vornehmen Mannes, und schrieb ihm, sie sei weißhäutig und groß. Da ließ Usmān zum Vater dieser Frau schicken und ihn um eine seiner Töchter bitten. Das wurde ihm gewährt. »Als sie zu Usmān kam«, so wird hier eine Hochzeitsnacht geschildert, für die es aber kaum ein Schema gegeben haben wird, »da saß er auf einem Polster und warf ihr ein anderes dem seinen gegenüber hin, so daß sie darauf Platz nehmen konnte. Dann hob er den Turban vom Kopf, und es zeigte sich, daß er kahlköpfig war. Er sagte zu ihr: ›Tochter des Farāfißa, meine Kahlköpfigkeit soll dich nicht abschrecken, dahinter ist, was du gern magst.‹ Sie erwiderte: ›Ich bin eine Frau, der ein vornehmer Mann in reifem Alter und in herrschender Position der liebste Ehemann ist.‹ Er fragte sie dann: ›Kommst du zu mir, oder soll ich zu dir kommen?‹ Da entgegnete sie: ›Ich habe vom Widerwillen des Himmels nicht Schlimmeres zu ertragen als die Entfernung, die jetzt zwischen dir und mir ist.‹ Dann stand sie auf, ging zu ihm und setzte sich neben ihn. Er strich ihr sanft über den Kopf und betete um Gottes Segen. Darauf bat er sie: ›Leg deinen Schleier ab.‹ Sie tat das. Er bat weiter: ›Zieh dein Überhemd aus!‹ Auch das tat sie. Dann forderte er sie auf. ›Lös' dein Hüftgewand!‹ Doch sie entgegnete: ›Das mußt du tun.‹ Da löste er es, und sie wurde ihm die liebste Frau.«

Als später Usmāns Mörder zu ihm eindrangen, warf sie sich schützend vor ihren Mann, so daß ihr zwei Finger abgeschlagen wurden. Nach dem Tod Usmāns, den sie nicht verhindern konnte, schickte der Chalif Mu'āwiya zu ihr, sie um ihre Hand zu bitten. Da riß sie sich die Vorderzähne aus, damit kein Mann sie mehr begehren sollte. [131, 83f.]

Die Geschichte, die in verschiedenen späteren Anthologien steht, zeigt zunehmendes männliches Besitzdenken der Ehefrau gegenüber. Zu Lebzeiten Muhammeds war es noch selbstverständlich, daß eine Witwe wieder heiratete, zumal wenn ein sozial hochstehender Bewerber sie um ihre Hand bat.

Mystische Überhöhung erfahren die Worte irdischer Liebe meist in der persischen Lyrik, etwa des Hāfis. Bei ihm und schon bei seinen Vorgängern ist die irdische Liebe »ein Symbol der allumfassenden Sehnsucht nach der Gottheit« [46, 48]. Sie »bleibt damit etwas Vorläufiges; der Charakter unerfüllter, unerfüllbarer Sehnsucht haftet ihr notwendig an. Endgültige Erfüllung bringt erst der Tod beziehungsweise die völlige Aufgabe des Selbst« [46, 49]. Doch führt das über unser Thema hinaus.

Während die arabische schöne Literatur des Mittelalters in Anekdoten brillierte, gelangte in der neupersischen Literatur ein literarisches Genre zu hoher Blüte, das dem Arabischen fremd geblieben ist, das Epos. In der persischen Liebeslyrik, die meist mystisch durchdrungen ist, ist oft unklar, ob das geliebte Wesen, das in den Worten irdischer Liebe besungen wird, ein Mann oder eine Frau ist, denn das Persische kennt keinen grammatischen Genusunterschied. In einigen der romantischen Epen des Persischen aber wird Frauenliebe verherrlicht, und gerade diese Epen boten der islamischen Miniaturmalerei viele Motive. So wollen wir einen Blick auf sie werfen.

Die Liebesgeschichte von Chosrau und Schīrīn, beziehungsweise Ferhād und Schīrīn wurde zum Inhalt von mehr als zwei Dutzend Werken der persischen Literatur bis hin zu einem Filmlibretto. Auch zahlreiche türkische Schriftsteller nahmen sich des Stoffes an. Vorbild war ihnen allen das Epos des Nisāmi. Noch zu Beginn der dreißiger Jahre wurde in der Türkei das Volksbuch von Ferhād und Schīrīn immer wieder in relativ hohen Auflagen neu vertrieben, und ein Schattenspiel über diese romantische Liebesgeschichte unterhielt zu jener Zeit die Kaffeehausbesucher. Der aserbeidschanische Dichter Samed Burgin verfaßte 1942 ein romantisches Epos unter dem Titel »Chosrau und Schīrīn«, und der Türke Nazim Hikmet verarbeitete den Stoff 1948 zu seinem Stück »Legende über die Liebe«.

Spuren des Motivs von Chosrau und Schīrīn finden sich schon bei arabischen Geographen und Historikern. Es muß also eine aus vorislamischer Zeit lebendige Volkstradition über diesen Stoff gegeben haben, den zuerst Firdaußi, der Verfasser des persischen Nationalepos, des Schāchnāme, dichterisch formte. Die großartigste Gestaltung in einem romantischen Epos gelang Nisāmi, der 1141 in Qum geboren wurde und den größten Teil seines Lebens in Gandsche in Aserbeidschan verbrachte. Er verfaßte das Werk als zweites seiner fünf Epen, die unter dem Namen *Chamße* (»Fünfer«) zusammengefaßt werden, im Jahr 1180.

Nisāmi läßt deutlich erkennen, daß er in der Schīrīn, wohl der ergreifendsten Frauengestalt der neupersischen Literatur überhaupt, seiner geliebten, aber früh verstorbenen Frau Āfāk (»Horizonte«) ein Denkmal setzte, einer Sklavin türkischer Herkunft, die ihm der Herrscher von Darband zum Geschenk gemacht hatte. Wir können uns dem russischen Iranisten Bertel's in der Vermutung anschließen, alle die Passagen des Epos, in denen Schīrīn sich weigert, Chosraus Geliebte zu werden, weil sie ihm nur als rechtmäßige Ehefrau angehören will, hätten ihr Vorbild im Verhalten der Āfāk.

Der Inhalt – unter besonderer Berücksichtigung der Gestalt der Schīrīn – ist kurz folgender: Dem Chosrau Parvīs, dem schönen, jungen, aber leichtsinnigen Sohn des Königs Hormūs, schildert sein Freund und Zechkumpan, der Maler Schāpūr, die armenische (christliche) Prinzessin Schīrīn in so leuchtenden Farben, daß er sie zu lieben beginnt und weder Schlaf noch Ruhe mehr findet. Er bittet Schāpūr, ihm Schīrīn zu bringen. Der macht sich auf den Weg nach Armenien, und es gelingt ihm durch ein Bild von Chosrau, auch in Schīrīn Liebe zu wecken. Angeregt von

Chosrau und Schīrīn sind endlich vereint. In einem mit bunten Fliesen und Inschriften prachtvoll geschmückten Palast umarmt der König seine Braut und bietet ihr einen Becher Wein. (Foto: Metropolitam Museum of Art, New York)

Schāpūr reitet sie am nächsten Tag auf dem märchenhaft schnellen Pferd ihrer Tante, der Königin Mihīn Bānū, nach al-Madā'in (Ktesiphon), Chosraus Residenz. Als sie unterwegs in einer kühlen Quelle ein Bad nehmen will, erblickt sie Chosrau, der nun selbst nach Armenien reitet. Beide erglühen in Liebe zueinander, ohne sich zu erkennen. Sie verfehlen sich zweimal und begegnen sich erst, nachdem Chosrau, inzwischen Nachfolger seines Vaters auf dem Thron, aber von seinem Volk vertrieben, in Armenien Zuflucht sucht. Doch Mihīn Bānū warnt Schīrīn vor den Ränken der Männer. So setzt Schīrīn Chosraus Versuch, sie zu freiem Lebensgenuß zu überreden, die Ermahnung zur Selbstbeherrschung entgegen, die die Grundlage jeder Macht sei. Er solle zunächst versuchen, die Krone wiederzuerlangen. Verärgert reitet Chosrau von dannen. Der Kaiser von Byzanz gibt ihm seine Tochter Merjam zur Frau und hilft ihm, sein Reich zurückzuerobern. Schīrīn besteigt nach dem Tod ihrer Tante den Thron Armeniens, und das Land erfreut sich ihrer gerechten Herrschaft. Doch als sie von Chosraus Ehe erfährt, fürchtet sie, unter dem Ansturm ihrer Gefühle keine gute Regentin mehr sein zu können, übergibt die Regierungsgeschäfte einem Minister und reitet zu ihrem Schloß im Gebirge in der Nähe von Ktesiphon. Chosrau bittet sie durch Schāpūr, wenigstens für eine Nacht in sein Schloß zu kommen, doch sie weist das empört zurück. Durch Schāpūr lernt sie den Baumeister Ferhād kennen, der ihr durchs Gebirge von der fernen Weide der Kühe eine Milchleitung zu ihrem Schloß legen soll. Ferhād wird von tiefer Liebe zu Schīrīn überwältigt, kaum daß er sie erblickt. Chosrau, der ihn beseitigen will, betraut ihn mit der unlösbar scheinenden Aufgabe, einen Weg durch ein bisher unüberwindliches Gebirge zu schlagen. Er verspricht ihm, sich von Schīrīn loszusagen, wenn Ferhād der Weg gelingt. Da der Baumeister, bewegt von der Kraft seiner Liebe, gut vorankommt, greift Chosrau zu einer List: Er läßt Ferhād ausrichten, Schīrīn sei gestorben, und der stürzt sich in tiefer Trauer vom Felsen.

Chosrau tröstet sich nach dem Tod seiner Frau Merjam mit einer anderen Schönen, doch nach kurzem Glück erwachen seine Gefühle für Schīrīn wieder. Da er aber endlich begreift, daß er sie nur als rechtmäßige Gemahlin heimführen kann, läßt er sie als Braut in sein Schloß holen, und die Trauungszeremonie wird vollzogen. Als Chosrau sich ihr in dieser Nacht weintrunken nähert, weist sie ihn zurück und gibt sich ihm erst am nächsten Morgen. Später mahnt sie ihn zur Gerechtigkeit in den Regierungsgeschäften.

Jahre danach läßt Chosraus Sohn aus der Ehe mit Merjam ihn nachts auf seinem Lager ermorden. Der König verspürt großen Durst, als der Tod naht. Doch um Schīrīn, die so manche Nacht seinetwegen schlaflos gelegen hat, nicht zu stören, stirbt er, ohne sie zu wecken. Schīrīns Liebe hat also den Egoisten gewandelt. Lange klagt Schīrīn um Chosrau. Nur scheinbar geht sie auf das Werben seines Sohnes ein und läßt alle Erinnerungen an ihren geliebten Mann zerstören. In der Gruft, in der man Chosrau aufgebahrt hat, stößt sie sich den Dolch in die Brust.

Ein anderes Epos aus der *Chamße* des Nisāmi ist »Leilī und Madschnūn«, die arabische Geschichte von der unerfüllten Liebe des Beduinen Keis zu Leilī (arabisch Leila), deren Hand ihm verweigert wurde. So wurde Keis zu Madschnūn, dem (aus Liebe) »Wahnsinnigen«, suchte Zuflucht bei den Tieren der Wüste und starb. Noch in unserem Jahrhundert erzählten sich Beduinen in der syrischen Wüste diese Geschichte, aber schon im 10. Jahrhundert waren einige arabische Redaktionen des Stoffes bekannt, die im »Buch der Lieder« zusammengestellt wurden. Doch im Arabischen bleibt Leila fast ganz die Passive, die geliebt wird und auch selbst liebt, aber ohne sich darüber äußern zu dürfen. So wird ihr im Arabischen das folgende Gedichtchen zugeschrieben:

»Wie immer es Madschnūn erging,
ich fühlte dasselbe wie er,
doch für ihn war die Liebe ein offen Ding,
während ich mich in Schweigen verzehr.«

[221, 24]

Nisāmis Liebe zu Āfāk hat sich offenbar auch auf die Gestalt der Leilī ausgewirkt. Aber Madschnūn ist die Hauptperson, der es von Geburt an gegeben ist, dereinst ein Liebender zu sein: »Eine Liebe, die nicht immerwährend Liebe bleibt, bleibt der Sinnenlust Spielzeug und vergeht wie die Jugend.« [192, 48] Viel ergreifender kommt hier zum Ausdruck, wie Leilī als Frau gesellschaftlichen Zwängen unterworfen ist. Sie muß Rücksicht nehmen erst auf ihren Vater, dann auf den Mann, mit dem dieser sie verheiratet hat und dem sie sich verweigert, um Madschnūn treu zu bleiben.

Sie sagt von Madschnūn: »Er braucht niemanden zu fürchten, er kann gehen, wohin immer er will, kann schreien und sagen und dichten, was immer er fühlt. Aber ich? Ich bin hier gefangen. Ich habe keinen Menschen, zu dem mein Herz reden und dem es vertrauen kann. Nur Schande wäre mein Schicksal ... Eine Frau mag wohl einen Helden besiegen und zu ihrem Sklaven machen, so daß er hingestreckt zu ihren Füßen liegt, aber darum bleibt sie doch eine Frau und kann nicht handeln wie er ... « [192, 226f.]. Um aber zu wissen, wie es dem Geliebten in seiner Einsamkeit in der Wüste ergeht, gibt sie einem Reiter einen Brief mit, der ganz von ihrer Liebe spricht: »Ich bin mit all meiner Liebe bei Dir, und Du bist, sag's mir – mit wem? Ich bin, wie Dein Glück, getrennt von Dir; aber ich bin Deine Gefährtin, auch fern von Dir ... Ob Du mich auch verstehst, mein Lieber? Ich habe alles gegeben, um Dein Leid zu teilen mit Dir, alles, außer dem Einen: Ich bin nicht selber zu Dir gekommen, weil mir dieses Eine nicht möglich ist. Doch was tut es. Zwar sind unsere Körper getrennt, aber meine Seele bleibt der Deinen keinen Augenblick fern. Ich weiß, wie Du leidest und wie sich Dein Herz zermartert« [192, 232ff.]. Sie versucht, ihn über den Tod seines Vaters zu trösten: »Laß Dir das Herz nicht so schwer werden und denk nicht, daß Du niemanden hast. Bin ich denn niemand? Hilft Dir das nicht, daß ich da bin? und Dir gehöre – nur Dir?« [192, 236] Madschnūn antwortet ihr und bezeichnet sie als seine unerreichbare Herrin, seinen himmlischen Hain. Er klagt, er habe sich selbst verloren ihretwegen. So erscheint uns Leilīs Liebe viel einfühlsamer, viel du-bezogener als die seine. Leilī stirbt – schon vorher ist ihr Mann seiner unerfüllten Liebe erlegen. Im Tod offenbart sie ihrer Mutter ihre Gefühle für Madschnūn und bittet sie, ihm auszurichten, sie habe ihm bis zuletzt ihre Liebe und ihre Treue bewahrt. Madschnūn trauert so sehr um Leilī, daß er schließlich an ihrem Grab den Tod findet.

Auch Nisāmis Epos »Leilī und Madschnūn« fand Nachahmer unter persischen und türkischen Dichtern. Ebenso erging es dem Epos »Yūssuf und Suleichā« des Persers Dschāmi (1414–1492).

Es ist die dichterische Gestaltung der »schönsten der Geschichten«, wie es zu Beginn der 12. Sure, der Josefssure, heißt, einer Erzählung, die uns aus dem Alten Testament bekannt ist. Muhammed übernahm sie aus jüdischer Überlieferung. Bei Dschāmi wird sie zur Geschichte der Hingabe einer Frau, Suleichā, zu Yūssuf, von dem der Dichter sagt, daß »der

Leilī ist gestorben. Von tiefem Schmerz überwältigt, hat sich Madschnūn an ihrem Grab zum Sterben niedergelegt. Die Tiere der Wüste, die den einsamen Liebenden einst getröstet haben, sammeln sich um ihn. Im Hintergrund ein Beduinenlager mit Hirten und ihrer Herde, mit einer melkenden und einer spinnenden Frau. (Foto: The British Library)

Schönsten Schönheit schwand vor ihm in Nichts, wie Sterne schwinden vor der Sonne Glanz« [82, 21]. Suleichā, die Königstochter, erblickt eines Nachts im Traum Yūssuf, und seine Schönheit erfüllt sie mit tiefer, verzehrender Liebe. In weiteren Träumen gibt er sich ihr als Mensch von Fleisch und Blut zu erkennen, dem sie ihre Reinheit bewahren solle, und offenbart sich ihr als Wesir von Ägypten. Ihr königlicher Vater, den sie einweiht, bittet den Großwesir von Ägypten, sie zur Frau zu nehmen, doch als sie mit prächtigem Gefolge und kostbarem Brautschatz in Ägypten ankommt, erkennt sie, daß ihr künftiger Gemahl nicht der ist, den sie im Traum erblickte, und stürzt aus den Höhen des Glücks in tiefe Verzweiflung. Ein Traum kündigt ihr an, daß sie nur auf dem Weg über den Wesir ihr eigentliches Ziel erreichen würde, und: »Sei seines Umgangs wegen ganz getrost, denn unberührt läßt er dein Silberschloß« [82, 53]. So liegen ihr als Frau des Wesirs Ägyptens Schätze zu Füßen, doch ihre Sehnsucht bleibt ungestillt. Dann erzählt der Dichter die Geschichte Yūssufs, des Kanaaniters, etwa so, wie wir sie kennen, von der Liebe seines Vaters, dem Neid seiner Brüder, die ihn in einen alten Brunnen werfen, aus dem er schließlich befreit und mit einer Karawane nach Ägypten gebracht wird. Er ist so schön, daß selbst der König ihn kaufen will, doch Suleichā bittet ihren Mann, ihn als Ersatz für einen leiblichen Sohn zu erstehen, und so geschieht es. Sie kleidet Yūssuf in Seide und Gold, und sucht seine Liebe zu gewinnen. Ihre schmerzliche Leidenschaft wächst, je mehr er sich ihr verweigert, fühlt er sich doch als treuer und dankbarer Sklave und Freund des Wesirs. So greift sie zu Listen, in deren Folge Yūssuf in den Kerker geworfen wird. Suleichā quält sich in Reue, denn nun ist ihr der Geliebte ferner als zuvor. Erst als Yūssuf des Königs Träume von den sieben fetten und den sieben mageren Kühen zu deuten versteht, wird er freigelassen. Der König macht ihn zu seinem Großwesir. Suleichās Mann stirbt, und sie wird im Schmerz um den verlorenen Geliebten, Yūssuf, rasch zur alten Frau. Arm und vereinsamt verbringt sie ihre Tage in einer Rohrhütte. Auch jetzt noch von Liebe zu Yūssuf erfüllt, stellt sie sich ihm eines Tages in den Weg, findet aber kein Gehör. Da zerstört sie ihr heidnisches Götzenbild und bekehrt sich zum Glauben an den einen Gott. Als sie Yūssuf ein zweites Mal erwartet, läßt er sie zu sich führen, und sie gibt sich ihm zu erkennen. Er weint aus Mitleid über ihr Schicksal, und auf ihre Bitte hin betet er zu Gott, er möge ihr Jugend und

17 (oben) Gegen einen blühenden Baum gelehnt, hält diese vornehme Dame – sie trägt die typische Kopfbedeckung des frühen 15. Jahrhunderts im Iran – eine Handschrift in der Linken, während ihr ein Diener kniend eine Schale Wein reicht. (Herat, frühes 15. Jahrhundert, Metropolitan Museum of Art, New York)

18 (rechts) Im 14. Jahrhundert nahmen im Iran Prinzessinnen auf die Politik Einfluß. Hier eine gekrönte Dame, vor der ein Höfling kniet, während zwei Diener im Hintergrund warten. Die Regentin trägt ein buntgemustertes Gewand mit den damals im Iran üblichen weiten Ärmeln. (Iran, Inğū-Stil, 1330–1340, Bodleian Library, Oxford)

19 Aus dem Schāch-nāme: Der Fürst Kai Chosrau hat seinen Gegner Afrāsiyāb besiegt, der durch einen unterirdischen Gang – hier offensichtlich rechts unten im Bild – entkommen ist. Kai Chosrau hat sich auf dem Thron niedergelassen und Afrāsiyābs Frauen zu sich bestellt. Diese sind, zitternd vor Furcht, mit goldenen Gefäßen in den Händen und Räucherwerk vor ihm erschienen. Der Fürstin der Frauen gelingt es, durch den Appell an Kai Chosraus Großmut und die Verdammung der Taten seines Gegners, ihres geflohenen Mannes, Kai Chosrau zum Verzicht auf Rache zu bewegen. (Iran, Schule von Isfahan, datiert, 1605, Deutsche Staatsbibliothek, Berlin)

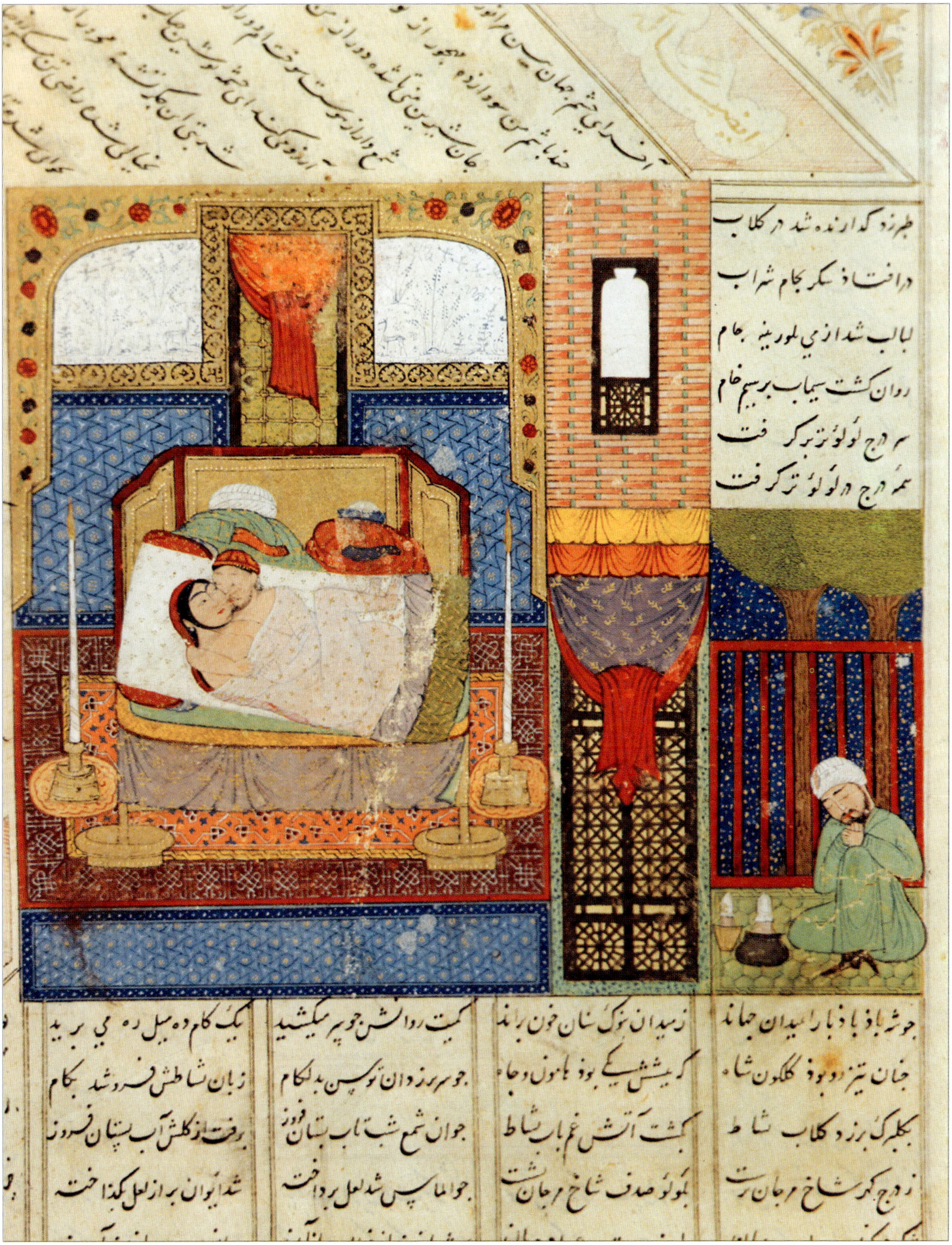

20 Ein königliches Paar auf dem Liebeslager. Ihre Gewänder haben sie neben sich gelegt, nur die Kopfbedeckungen hat ihnen der Maler, zum Zeichen ihrer Würde, belassen. Lange, schlanke Kerzen brennen zu beiden Seiten der Lagerstatt. Der Raum ist mit farbigen Fliesen, Wandmalereien und einem Teppich geschmückt. Die Vorhänge vor dem holzvergitterten Fenster und der kunstvoll geschnitzten Tür sind hochgerafft, damit die kühle Nachtluft eindringen kann. Auf dem Boden vor der Tür schläft ein Diener. (Iran, Herat, datiert, 1420, Staatliche Museen Berlin, Islamisches Museum)

21 Die Präliminarien zur Hochzeitsnacht eines königlichen Paares. Wie es scheint, verhält sich die Braut ein wenig furchtsam. Musiker spielen, ein Diener bringt Erfrischungen, Mädchen unterhalten sich, während ein schwarzer Eunuch Wache hält. (Buchara, Schule von Bihzād, datiert, 1523, Smithsonian Institution, Freer Gallery of Art, Washington)

22 Die schöne Prinzessin Schīrīn sitzt in einem blütenreichen Garten, inmitten ihrer Gespielinnen, und betrachtet das Bild Chosraus, in das sie sich verliebt. Im Hintergrund rechts schleicht sich der Maler Schāpūr davon, der das Bild für sie hingelegt hatte. (Iran, datiert, 1561, Bibliothèque Nationale, Paris)

23 *In einer phantastischen Landschaft erblickt Chosrau zum ersten Mal seine spätere Frau Schīrīn, ohne sie zu erkennen. Vor Bewunderung legt er den Finger in den Mund. Die knabenhaft schlanke Schīrīn hat ihre Obergewänder, Krone, Köcher und Bogen an einem Baum abgelegt und richtet sich nach einem Bad in einer kühlen Quelle das Haar. Ihr Pferd steht gesattelt vor ihr, denn als sie den jungen Prinzen bemerkt, erzittert sie vor Scham, kleidet sich an und reitet schnell von dannen. (Iran, Schiras, Baifonqūr-Handschrift, 1420, Museum für Islamische Kunst, Staatliche Museen Preußischer Kulturbesitz, Berlin)*

24 *Madschnūn versucht alles, um zu Leilī zu gelangen. Er überredet eine alte Bettlerin, ihn anstelle des Mannes an die Leine zu nehmen, den sie unter dem Vorwand, er sei wahnsinnig geworden, herumführte, und kommt so zu Leilīs Stamm. Ein Hund blafft ihn an, Jungen werfen mit Steinen nach ihm. Im Hintergrund das Beduinenlager mit seinen farbenprächtigen Zelten. Frauen bereiten eine Mahlzeit vor, eine Alte melkt. Hirten hüten die Herde, einer spielt Flöte. (Iran, Täbris, datiert, 1539–1543, British Library, London)*

25 Um Yūssuf für sich zu gewinnen, hat Suleichā einen prächtigen Pavillon errichten und mit Bildern ihrer Liebe schmücken lassen, wie sie sie sich erträumt. Doch Yūssuf, geschmückt mit dem Flammennimbus, entflieht. (Iran, etwa 1570, National Library, Kairo)

26 Auch im Bagdad der ersten Hälfte des 13. Jahrhunderts trugen Frauen, wenn sie das Haus verließen, Umhänge, die sie vom Kopf bis zu den Füßen einhüllten. Doch waren diese nicht schwarz, wie heute, sondern leuchteten in bunten Farben und großen Mustern. Die Szene zeigt Männer und Frauen während einer Predigt in der Moschee, die Frauen auf einer Galerie. Drei höfische Würdenträger sitzen erhöht. (Bagdad, datiert, 1237, Bibliothèque Nationale, Paris)

27 Eine Szene aus Nisāmis Epos Chosrau und Schīrīn – Schāpūr führt den Baumeister Ferhād bei Schīrīn ein – gibt dem Maler Gelegenheit zu einem Bild vom persischen Hof zu Beginn des 15. Jahrhunderts in Täbris. Die Prinzessin Schīrīn trägt ein Obergewand mit den typischen überlangen, engen Ärmeln jener Zeit, darunter ein tief über die Taille geknöpftes ungegürtetes Kleid, das den oberen Rand des Hemdes freigibt. Das zu beiden Seiten der Stirn über die Ohren gezogene und nach hinten gekämmte Haar läßt das Gesicht oval erscheinen. Ein senkrechter Strich betont die Linie zwischen den Augenbrauen. Als Kopfbedeckung tragen die Prinzessin und ihre Hofdamen lang über den Rücken fallende Tücher. (Iran, Schule von Täbris, frühes 15. Jahrhundert, Smithsonian Institution, Freer Gallery of Art, Washington)

28 (oben) Mit Blütenranken und Schriftbändern hat der Miniaturmaler diesen Halbakt umgeben. Mit ihren kleinen Brüsten und den runden Hüften entspricht die Dame dem Schönheitsideal nicht nur der persischen und türkischen, sondern auch der arabischen Dichter des Mittelalters. (Miniatur aus einem Album des Sultans von Buchara, 16. Jahrhundert, Pierpoint Morgan Library, New York)

29 (rechts) Ihren Schleier aus zartem Gewebe hat diese persische Dame des 17. Jahrhunderts über den Hinterkopf geschlagen. Sie trägt über roten spitzen Pantoffeln mit kleinen Absätzen Hosen aus buntem Stoff, darüber ein langes rostfarbenes Gewand. Die Zipfel des unterhalb der Taille mit einem Tuch gegürteten langärmligen Überkleides hat sie zurückgeschlagen. Eng um den Hals schmiegt sich eine zweireihige Perlenkette, ein Diadem ziert die Stirn, als Knöpfe dienen kleine Perlenbündel. Das kokett durch den Gürtel gezogene Tuch ist mit einer großen Agraffe geschmückt. (Iran, 17. Jahrhundert, Museum des Kunsthandwerks, Leipzig)

30 *Kostbaren Perlenschmuck um Hals, Handgelenk und Oberarm, aber auch an den Ohren, über der Stirn und unterhalb der Nase trägt die Moguldame aus der ersten Hälfte des 18. Jahrhunderts. Ihre Fingerspitzen sind mit Henna gefärbt. Auch ihr fürstlicher Liebhaber ist reich geschmückt. (Indien, 1. Hälfte 18. Jahrhundert, Staatliche Museen Berlin, Islamisches Museum)*

31 *Eine Elfenbeinminiatur zeigt die Kaiserin Sīnat Mahall aus Delhi um 1860. Überreicher Schmuck aus Perlen und Edelsteinen ziert ihr Haar, ihre Ohren, den Hals, Arme und Hände. (Indien, um 1860, Museum für Völkerkunde, Leipzig)*

32 »Das Land der traurigen Orangen«: Malerinnen sind heute in vielen islamischen Ländern keine Seltenheit mehr. Die Irakerin Battul El-Fukaiki wurde zu diesem Bild durch die gleichnamige Erzählung des Palästinensers Ghassan Kanafani inspiriert. (Museum für Moderne Kunst, Bagdad)

33 (oben) »Auf dem Sūq«: Im bunten Treiben des Sūks, des Markts, in den Gäßchen der Kairoer Innenstadt bilden auf diesem Gemälde des Ägypters Joussif Kamel die Frauen in der schwarzen Milāya den Kontrapunkt. (Museum für Moderne Kunst, Kairo)

34 (unten) »Im Rīf«, Gemälde von Salah Taher, Ägypten. Im Leben der ägyptischen Bäuerinnen sind Veränderungen eingetreten. Allerdings hat es der Fortschritt in der traditionellen Struktur der Dörfer meist schwerer als in der städtischen Gesellschaft. (Museum für Moderne Kunst, Kairo)

35 »Zwei Frauen auf dem Balkon«, Gemälde von Zeinab El-Siginy (Ägypten). Moderne Großstädterinnen haben in vielen islamischen Ländern den Schleier abgelegt. (Museum für Moderne Kunst, Kairo)

Schönheit zurückgeben. Als schöne Jungfrau steht sie dann vor ihm und erklärt ihm noch einmal ihre Liebe. Ihm wird vom Engel Gabriel befohlen, sie zu heiraten. In leidenschaftlicher Vereinigung erfüllt sich ihre Liebe in der Hochzeitsnacht:

»Und er versank, sich zärtlich zu ihr niederneigend,
mit ihr im Kuß, verzückt, berauscht vor Liebesglut.
Das währte lang, als hätten sie die Welt vergessen ...
Doch kann der Kuß nur Vorgeschmack der Liebe sein,
dem Salz gleich, das die Zunge reizt uns vor dem Essen,
damit die Lust zum Schlemmen sich stellt schneller ein.
So stachelten die Küsse auch Yūssufs Begierde,
bis er den Leib der Schönen in die Arme schloß
und unterhalb des Nabels fand der Jungfrau Zierde,
so unberührt, wie sie gebar der Mutter Schoß.
Da eilte er und machte frei den Pfeil der Liebe,
den Perlenschatz zu suchen im verborgnen Schrein.«
[258, 206f.]

Nun folgen Jahre des glücklichen Miteinanders, in denen ihnen auch Kinder und Enkel geboren werden, bis Yūssuf, dieser Welt überdrüssig, Gott bittet, ihn zu sich zu nehmen. Sein Gebet wird erhört. Suleichā verzehrt sich in bitterem Leid, bis sie an seinem Grab den Tod findet. Neben Yūssuf wird sie zur Ruhe gebettet.

Die traurige Romanze von Leilī und Madschnūn wurde der islamischen Mystik zum Symbol für die auf Erden unerfüllbare Liebe des Menschen zu Gott. Suleichā, die Frau, die in völliger Hingabe an die Liebe sich selbst verliert, wie Madschnūn in der Liebe »entwird«, wurde zum Bild der Seele in ihrem unaufhörlichen Verlangen nach Gott. Und der Dichter Dschāmi, ein Angehöriger des Nakschbendi-Ordens, betrachtet in seinem einleitenden Kapitel die sinnliche nur als einen Schritt auf dem Weg zur wahren Liebe:

»Bist du in hundert Küssen auch bewährt –
die Liebe nur macht von dir selbst dich frei.
O fühle Liebe, selbst die sinnliche:
Sie bahnt den Weg zur wahren Liebe dir.« [82, 18]

»Mein Auge soll immer nur auf deine Schönheit schaun«

Schönheitsideale und materielle Kultur im weiblichen Bereich: Kleidung, Schmuck, Kosmetik, Düfte

»So rank und schlank wie du ist die Zypresse in den Auen nicht.
So glanzvoll wie dein Antlitz sind selbst am Himmel die Plejaden nicht«
[74, 159]

So wird Rudābe im persischen Nationalepos, dem Schāch-nāme des Firdaußi, gepriesen. Die arabische, persische und türkische Dichtung bis zur Neuzeit brilliert in kunstvollen, übersteigernden Vergleichen, wenn sie schöne Menschen besingt.

»Volle Monde, die in Schleiern und Halsketten aufstiegen«, nennt der syrische Dichter al-Mutanabbi (915–965) die Gesichter schöner Frauen. [30, 18f.] Wer den Orient kennt, weiß, wie angenehm dort kühle Mondnächte nach heißen Sonnentagen sind. Doch ist hier sicher auch an den Glanz des Mondes gedacht, denn andererseits gilt, allerdings seltener, die Sonne ebenfalls als Vergleich für ein schönes menschliches Antlitz. Aber es wird nicht nur verglichen, sondern Begriffe aus der Natur, wie Blumen, Bäume, Edelsteine, Düfte, Himmelskörper, werden zu Metaphern. Der schöne Mensch *gleicht* nicht nur der Zypresse oder diese ihm, sondern er *ist* »eine schwankende Zypresse«, seine Lippen sind Korallen oder Rubinen, seine Augen Narzissen, sein Haar Ambra oder Moschus, sein von dunklem Haar eingerahmtes Gesicht der Mond oder die Sonne zwischen dunklen Wolken, seine Worte sind flüssiger Honig. Auch aus der Sprache des Kampfes werden Bilder und Metaphern gewählt. Mondgleiche Gesichter »verschießen Pfeile, deren Federn die Augenwimpern sind und die die Herzen schneller durchdringen als Fleisch« [30, 18f.]. Der kunstvollen Sprache dieser Dichtung zu folgen, an ihr in Übersetzungen Geschmack zu finden, mag unserem nüchternen Denken manchmal schwerfallen. Doch auch im Arabischen, Persischen und Türkischen erstarrten diese Bilder und wurden klischeehaft. Sie wirkten erst, besonders in der persischen Kunstpoesie, etwa des Dschāmi Čāmi, durch die subtile Verknüpfung mit anderen Metaphern, durch kunstvolle Wortspiele und Gegenüberstellungen.

Schwarzäugig sind die Jungfrauen, die nach koranischer Vorstellung den Aufenthalt im Paradies angenehm machen. Ihr Name, Hūris, hat nichts mit dem deutschen Wort zu tun, das hier assoziiert werden könnte. Es ist abgeleitet von einem arabischen Wort, das Augen mit intensivem Schwarz-Weiß-Gegensatz bezeichnet. Blaue Augen galten in islamischen Ländern jahrhundertelang als von übler Vorbedeutung, vermutlich weil die Feinde aus dem Norden – wie die Kreuzfahrer – häufig blauäugig waren. »Blauäugiger Teufel« war noch zu Beginn dieses Jahrhunderts ein Schimpfwort im Iran. Blonden Sklavinnen färbte man Haare, Augenbrauen und Wimpern schwarz, um sie dem herrschenden Schönheitsideal anzugleichen.

Schwarz und mandelförmig sollten die Augen sein, dem arabischen Buchstaben sād gleichen, unter dichten, bogenförmigen schwarzen Brauen, die sich über der Nasenwurzel treffen. Besonders schätzte man, wenn ein Schönheitsmal die Wange des jungen Mädchens oder des Jünglings zierte. Perlenartige weiße Zähne, einen kleinen Mund unter einer gerade geschnittenen Nase empfand man ebenso als reizvoll wie den Gegensatz zwischen kleinen Brüsten, schlanker Taille und schweren Hüften über vollen Schenkeln. In einem arabischen Text aus dem 14. Jahrhundert wird der schöne Leib eines Singmädchens so beschrieben: »Dann hob sie ihre Gewänder bis an den Hals, da war sie anzusehen wie eine Silbergerte, von Goldwasser aufgehellt, die über etwas gleich einem Sandhügel erzittert, sie hatte eine Brust wie Rosen, auf denen sich zwei Granatäpfel oder zwei Elfenbeinbüchschen erheben, die die Hand des sie Berührenden füllen, und eine schlanke Taille, unter der ein schwankendes Hinterteil erbebte, ... einen runden Nabel, so schön, daß meine Phantasie ihn nicht beschreiben kann, darunter ein hockendes Häschen oder die Stirn eines verräterischen Löwen, üppige Schenkel und pralle Waden, die die Fußringe bewachten, sowie schmale Füße« [127, 134].

Männer schätzten nicht nur die leibliche Schönheit einer Frau, man mochte auch, wenn sie ihre Worte zu wählen verstand. »Wenn sie spricht, ist das so angenehm, wie wenn ein Schäfer einen Regentropfen fallen hört nach langen trockenen Jahren«, heißt es von einer Sängersklavin aus Bagdad im 11. Jahrhundert. »Sie ziert sich mit Worten, angenehm wie ein

Rausch oder Blumen der Paradiesgärten, süßer noch als kühles Wasser.« [37, 54]

Während die Dichter in ihrer bilderreichen Sprache menschliche Schönheit besangen, scheuten sich andere nicht, das weibliche Schönheitsideal »wissenschaftlich« zu klassifizieren, etwa: »Die Experten stimmen darin überein, daß an Gesicht und Körper einer Frau folgendes zu preisen ist: vier schwarze Dinge: Haupthaar, Wimpern, Augenbrauen und das Schwarze in den Augen; vier weiße Dinge: die Haut, das Weiße in den Augen, die Zähne und die Augäpfel; vier rote Dinge: die Zunge, die Lippen, die Wangen und das Gesäß; vier runde Dinge: das Gesicht, der Kopf, die Fußknöchel, die nicht hervorstehen dürfen, und das Gesäß; vier lange Dinge: der Hals, die Gestalt, die Augenbrauen und das Haar; vier wohlriechende Stellen: die Nase, der Mund, die Achselhöhlen und die Vulva; vier weite Stellen: eine hohe Stirn, große Augen, voller Oberkörper, flächiges Gesicht; eine einzige enge Stelle: die Vulva; vier kleine Stellen: der Mund, die Hände, die Füße und die Brüste« [23, 4f.]. Doch selbst in diesem arabischen Text, dem Ehebuch eines Aleppiner Arztes aus dem 11. Jahrhundert, der die Frau vorwiegend als Sexualobjekt des Mannes sieht, werden nicht nur die körperlichen Vorzüge beschrieben, die man damals an einer Frau schätzte. Es ist vielmehr auch davon die Rede, daß sie »liebenswürdig« sein, »ein hübsches Gesicht und ein angenehmes Lachen« haben solle, »denn das ist das Erste, wodurch die Frau die Liebe ihres Mannes weckt«. »Ihre Redeweise soll sanft und ihre Stimme klangvoll sein« [23, 6f.].

Die Lebensumstände in Innerarabien zur Zeit Muhammeds waren auch in den Städten Mekka und Medina, den frühen arabischen Quellen zufolge, noch schlicht. Doch mit den Eroberungen der umliegenden Kulturländer und ihrer Reichtümer wuchsen bald Wohlstand und Ansprüche. Schließlich hatten schon in den Kultur- und Machtzentren des Alten Orients und später im sassanidischen Iran wie in Byzanz an den Höfen und bei den herrschenden Schichten Pracht und Luxus geherrscht.

Die islamische Traditionsliteratur vom 8. Jahrhundert an spiegelt die Auseinandersetzungen wider, die es zwischen frommen Asketen und Luxusliebenden gegeben haben muß. Hier finden sich Überlieferungen, denen zufolge Muhammed Männern Gewänder aus Seide oder Brokat verbot, auch die – auffälligen – Farben gelb und rot, Männern und Frauen zu lange Schleppen und zu weite Ärmel, Frauen bestimmte, besonders extravagante Kopfbedeckungen.

Doch konnten sich solche Tendenzen auf die Dauer nicht durchsetzen. Arabische und persische Historiker und Geographen ebenso wie später europäische Reisende berichten oft von einem Pomp der führenden Schichten in den Ländern des Islams, der märchenhaft erscheint. Hierbei spielte Kleidung eine Hauptrolle. Nicht nur das »schöne Geschlecht«, auch Männer in führenden Positionen legten Wert auf luxuriöse Gewänder, meist in leuchtenden Farben, sie kreierten Moden. So berichtet ein arabischer Historiker vom Abbāsidenchalifen al-Mutawakkil in Bagdad (regierte 847–861), daß er Gewänder aus einem Seidenmischgewebe bevorzugte, das nach ihm die Bezeichnung *Mutawakkili* erhielt. Alle, die zu seinem Haushalt gehörten, hätten diese Mode nachgeahmt, die sich dann auch unter der übrigen Bevölkerung ausbreitete. Bald wurde dieser Stoff teuer verkauft. Man baute die Manufakturen, die ihn herstellten, aus, um den Modewünschen nachkommen zu können [238, 75].

Der Mogulkaiser Akbar nahm nicht nur ein besonderes Interesse an der Entwicklung der Textilindustrie in seinem Lande, er änderte auch die Namen bestimmter Gewänder und schuf dafür »neue und gefällige Begriffe«. Wie sein Minister und Freund Abu l-Fasl über den kaiserlichen Haushalt schreibt, hatte Akbar auch ein besonderes System in der Registrierung seiner persönlichen Garderobe, dem man entnehmen kann, wie umfangreich sie war. Seine Gewänder wurden nach dem Tag, dem Monat und dem Jahr ihres Eingangs geordnet, außerdem nach Preis, Gewicht und Farbe. Die Farben, die hier genannt werden, sind nicht etwa schlicht rot, blau, grün oder gelb, sondern dürften auch heutigen Designern gefallen. Es finden sich Bezeichnungen wie Rubinrot, Gold, Orange, messing-, baumwollblüten-, sandelholz-, honig-, mandelfarben, lilabraun usw. [11, 91f.].

Auch die Sitte, Ehrengewänder zu verleihen, zeigt, welcher Wert kostbaren Kleidungsstücken beigemessen wurde. Sie war bereits im Alten Orient verbreitet und wurde auch unter den Umayyaden geübt. Wie bei Ordensverleihungen im europäischen Mittelalter gab es Abstufungen nach Rang und Ansehen und Zeremonien der Vergabe.

Unterschiedliche Kleidung für bestimmte Berufsstände, etwa für die Gelehrten oder die Gesetzeskundigen, kam in der frühen Abbāsidenzeit auf. Bestimmte Farben wurden zu Kennzeichen, etwa Schwarz als Farbe der Abbāsiden und Grün in der zweiten Hälfte des 14. Jahrhunderts als die der Aliden. Juden und Christen hatten sich meist durch ihre Kleidung von den Muslims zu unterscheiden. So schrieb ein Edikt des Chalifen im Jahr 849 den Andersgläubigen honigfarbene Kopfschleier und Gürtel vor. Schon zu Beginn der zweiten Hälfte des 8. Jahrhunderts hatte ein Rat von Weisen angeordnet, daß Christinnen blaue, Jüdinnen gelbe und Samaritanerinnen rote Mäntel tragen müßten.

Dies war allerdings wohl so zu sehen wie unterschiedliche Bekleidung für einzelne Berufsstände oder verschiedenfarbige Kopftücher für Frauen je nach ihrem Familienstand, wie man sie heute noch in anatolischen Dörfern oder auch ostsyrischen Kleinstädten kennt. Es sollte zunächst sozial differenzieren und war schon deswegen nicht so diskriminierend wie der Judenstern der Hitlerzeit, weil das Verhältnis der Muslims zu den Anhängern der »Schutzreligionen« bis zum Aufkommen des Nationalismus ein wesentlich toleranteres war als das der Nationalsozialisten und ihrer Satelliten zu den Juden. Die Tatsache, daß die Andersgläubigen sich über solche Vorschriften gern hinwegsetzten, läßt aber darauf schließen, daß sie sich nicht auf diese Weise vom Gros der Bevölkerung unterscheiden wollten. Das »Judenzeichen« wurde übrigens im christlichen Europa erst vom vierten Lateranischen Konzil 1215 verlangt, in Nachahmung orientalischer Vorschriften [173, 34]. Für Muslims galten allerdings die Juden nie als die Mörder des Messias.

Die Hose, ein Kleidungsstück, das in Europa jahrhundertelang Privileg der Männer war, gehörte in den islamischen Ländern lange Zeit zur Grundausstattung weiblicher Garderobe. Die Araber haben sie wahrscheinlich von den Persern übernommen, und sie wurde von Frauen vermutlich eher getragen als von Männern. In der islamischen Traditionsliteratur wird jedenfalls Frauen dieses Utensil ausdrücklich empfohlen mit der Begründung, es sei das am besten bedeckende Kleidungsstück. Allerdings waren die Damenhosen in den Ländern des Islams im Mittelalter nie hauteng und figurbetonend. In einem Hadīß heißt es: »Allāh erbarmt sich der Frauen, die Hosen tragen.« Als geziemende Länge schreiben die Traditionen meist die bis zu den Fußknöcheln vor. Material, Weite und Farbe waren durch die Jahrhunderte von der Mode, auch von sozialen und lokalen Gegebenheiten abhängig. So waren seidene Hosen eine Spezialität in Persien, in Ägypten bevorzugte man eine Zeitlang weißes Leinen. Die Prostituierten in Kairo sollen zu bestimmten Zeiten rote Lederhosen getragen haben. Vermutlich, weil die Hosenbeine unter dem Umhang oder auch langen Hemd hervorschauten, waren und sind sie oft, etwa heute noch bei der traditionellen omanischen Frauenkleidung, bunt bestickt.

Die Hosen wurden durch einen Gürtel in der Taille zusammengehalten, die *Tikka*, mit der viel Aufwand getrieben wurde, obwohl sie meist durch die übrige Kleidung verdeckt war. Sie wurde gern mit Inschriften, meist erotischer Poesie, verziert und diente – wie zu gewissen Zeiten das Strumpfband der Damen in Europa – auch als Liebesbote. Von der Tochter des Tūlūnidenherrschers Chumāraweih Ibn Achmed Ibn Tūlūn im Ägypten des 9. Jahrhunderts wird überliefert, sie habe bei ihrer Hochzeit tausend mit Edelsteinen besetzte Tikkas erhalten, allerdings sicher nicht aus letztgenanntem Grunde.

Über der Hose trug man ein Hemd – vermutlich haben die Römer schon in vorislamischer Zeit das Hemd, das sie bei den Germanen und Galliern kennengelernt hatten, auf die arabische Halbinsel gebracht. Ursprünglich war es wohl aus Baumwolle, später bevorzugten die Damen durchsichtige Stoffe. So heißt es von der schönen Sklavin eines Umayyaden: »Sie trug ein Hemd aus staubzartem Stoff, unter dem die Weiße ihres Leibes, die Rundung ihres Nabels und die Zeichnung ihres Hosenbandes zu sehen war« [117, 69]. Erst seit dem Niedergang der Textilindustrie wurde der Stoff für solche Hemden auch aus Europa importiert. So trägt eine Königstochter in »Tausendundeiner Nacht« zur Nacht »ein feines venezianisches Hemd mit zwei goldenen Säumen und bestickt mit den feinsten Stickereien« [265, II, 373].

Generell war es so, daß sich die Damenkleidung im Lauf der Jahrhunderte weniger von der der Herren unterschied als etwa im europäischen Mittelalter. Jedenfalls berichten das europäische Reisende, etwa Chardin, Olearius und Tavernier, und die islamische figürliche Malerei läßt es bereits für eine frühere Zeit erkennen.

In einer der ersten arabischen Quellen, der wir Angaben zur Kostümgeschichte entnehmen können, dem bereits zitierten Anstandsbuch des Ibn al-Waschschā aus der Zeit um 900, zählt der Autor im Kapitel über die Kleidung der eleganten Dame nur das auf, wodurch sie sich von einem männlichen Elegant unterschied. Er nennt rauchfarbene Umhänge und verschiedene Arten von Mänteln, die meist nach ihrer Herkunft oder dem Stoff, aus dem sie gefertigt sind, bezeichnet werden, ferner weite Ärmel, weiße Schlepphosen, Gesichtsschleier aus Nischapur, schwarze, mit Narde gefärbte Kopftücher und Kragen mit Nelkenhalsbändern. Da Ibn al-Waschschā diese Kleidungsstücke als bekannt voraussetzt, beschreibt er sie nicht. Er will nur darüber belehren, was sich zu seiner Zeit für die Dame oder den Herrn, die etwas auf sich hielten, schickte.

Die Farbe der Garderobe war damals kennzeichnend für Anstand und Sitte und konnte auch Aufschluß über den Familienstand oder soziale Merkmale geben. So trug die Dame von Welt zu dieser Zeit keine eingefärbten Stoffe, sondern nur solche in Naturfarben. Weiß (mit Ausnahme der Hosen) trugen außer den Herrn, denen es schon von der Traditionsliteratur empfohlen wird, nur geschiedene Frauen, blau und schwarz Witwen und Klageweiber. Bei den Hosenbändern, den *Tikkas*, durften Damen wie Herren auf Halbseide zurückgreifen, Brokat aber und geflochtene Seidenquasten waren nur den letzteren vorbehalten.

Die Mode der weiten Hemdsärmel gab es auch im Ägypten der Mamlūkenzeit, doch erregte sie des öfteren Anstoß bei den Herrschenden. So verbot der Emir Kumuschbughā, Vizekönig des Landes während der Abwesenheit des Sultans, im Jahr 1390 Hemdsärmel, die breiter als zwölf Ellen waren, eine allerdings erhebliche Weite. Da die Frauen diesem Edikt nicht Folge leisteten, schickte er wenig später seine Sklaven durch die Märkte und Straßen mit dem Auftrag, die überweiten und langen Ärmel mit dem Messer zu kürzen. Als der Sultan zurückkam, nahmen die Damen die von ihnen bevorzugte Mode wieder auf. Die Hemden, die dem Religionsgesetz zufolge lang sein sollten, waren, wenigstens im 14. Jahrhundert, oft nur kniekurz. Über dem Hemd wurde ein Umhang getragen, der *Mi'sār*.

Daß die Ägypterinnen auch in dieser Zeit Hosen trugen, geht etwa daraus hervor, daß die von den Mädchen ihres Harems umgebrachte und in eine Grube geworfene Sklavensultanin Schadscharat ad-Durr, als man sie fand, nur mit Hemd und Hose bekleidet war. Über Hemd und Hosen trugen die muslimischen Frauen damals ein kleidähnliches Gewand mit kurzen weiten Ärmeln und einen weiten weißen Mantel, der von einem Gürtel zusammengehalten wurde. Ein Teil des Mantels verdeckte das Haar, darüber legte man ein zu einem Turban gewundenes Tuch, das manchmal reich bestickt und mit Edelsteinen besetzt war.

Daß Frauen einen Turban trugen, wurde von Religionsgelehrten oft mißbilligt, denn er galt als Männerprivileg und Machtsymbol. Doch zeigen solche Äußerungen, daß Frauen, sicher der Oberschichten, sich seiner gern bedienten. Als kürzlich eine Tochter des türkischen Staatsprädidenten Erbakan, Vorsitzender der islamischen Wohlfahrtspartei, bei ihrer Hochzeit einen weißen Turban zum weißen Brautkleid trug, wurde sie in der fundamentalistischen türkischen Presse heftig kritisiert. Wie auch türkischen Ärztinnen, die im weißen Turban ihren Dienst in Krankenhäusern verrichten wollen, Hindernisse in den Weg gelegt werden.

Den Miniaturen nach zu urteilen, scheinen weibliche Kopfbedeckungen generell mehr der Mode unterworfen gewesen zu sein als die übrige Kleidung. Sie kennzeichneten oft soziale Rangabstufungen. Mit ihnen wurde auch ein besonderer Luxus getrieben. Ulayya, die Schwester des Abbāsidenchalifen Hārūn ar-Raschīd, soll die Mode kreiert haben, Stirnbänder zu tragen, denn sie wollte damit ein Mal verdecken. Diese Stirnbänder waren oft mit Juwelen verziert, auch mit Versen oder Koranabschnitten, die mit Gold- oder Silberfäden eingestickt wurden. So soll auf dem Stirnband einer Sklavin des Hārūn ar-Raschīd gestanden haben:

»Tyrann, du warst grausam zu mir in der Lieb',
Allāh richte in dem, was zwischen uns blieb!«

[103, 22f.]

Solche Schriftbänder dienten jahrhundertelang auch zur Verzierung von Gürteln und Hemden. Sie schmückten die Halsausschnitte und die Ärmel, am Oberarm wie in Höhe des Handgelenks, der Obergewänder der Reichen. Bei Herrschern enthielt dieses Schriftband, *Tirās* genannt, natürlich nicht erotische Verse, sondern meist den Namen, den Titel und oft auch Glück- oder Segenswünsche.

Weibliche Kopfbedeckungen scheinen wegen ihrer gelegentlichen Extravaganz häufiger als andere Kleidungsstücke Anstoß bei offiziellen Stellen erregt zu haben. So wird berichtet, daß der Mamlūkensultan Kayitbey im Jahr 1471 den Kairoerinnen verbot, Kappen zu tragen, die mit einer Art Hahnenkamm versehen waren, auch bestimmte seidene

Kopfbedeckungen. Er ordnete an, daß die papiernen Unterlagen für diese Kappen eine Drittel Elle lang sein und auf beiden Seiten das Siegel des Sultans tragen mußten. Sein Polizeiinspektor hatte daraufhin die Märkte zu durchstreifen und sollte Frauen, die er mit unvorschriftsmäßiger Kopfbedeckung antraf, schlagen und an den Pranger stellen. Das machte die Frauen begreiflicherweise nervös, so daß sie das Haus lieber barhäuptig verließen.

Selbstverständlich gingen die Frauen nicht ohne den sie verhüllenden Schleier aus dem Haus. Hier gab es verschiedene Formen: einen schwarzen aus einer Art Netzstoff, der das ganze Gesicht bedeckte oder mit Löchern für die Augen versehen war, und den *Burku'*, einen weißen oder schwarzen Schleier, der das Gesicht bis zu den Augen verbarg.

Daß Frauen der Oberschicht zu dieser Zeit, sicher schon aus Prestigegründen, sehr viel Geld für ihre Garderobe ausgaben, berichtet der ägyptische Historiker al-Makrīsī (st. 1442), der als Polizeiinspektor Bescheid wissen mußte. So sollen die Frau eines Emīrs 10 000 Golddinār für eine elegante Hose und eine Frau des Sultans Beibars 30 000 Dinār für ein Kleid ausgegeben haben, das sie sich anläßlich der Beschneidung ihres Sohnes anfertigen ließ. Um eine Vorstellung von den krassen sozialen Gegensätzen zu geben, die damals in Ägypten, wie im mittelalterlichen Islam überhaupt, herrschten, sei erwähnt, daß ein Wasserträger in der frühen Mamlūkenzeit 1 bis 1,5 Dinār monatlich erhielt, ein kleiner Beamter 2 bis 3 Dinār, ein königlicher Mamlūk kam durch sein Lehen auf etwa 83 bis 125 Dinār [32, 297, 284].

Auch im Osten des islamischen Reichs, der von 1258 an unter mongolischer, später unter persischer Herrschaft stand, gehörten Hosen, ein langes Hemd, ein kleidartiger Überwurf und außerhalb des Hauses der Gesichtsschleier zur Grundausstattung der weiblichen Garderobe. In der Mongolenzeit kam für Prinzessinnen und Hofdamen ein extravaganter Kopfputz auf, der Boktāk. Vermutlich konnten die Damen sich mit diesem Federbusch auf dem Kopf nur sehr gemessen bewegen.

In der ersten Hälfte des 15. Jahrhunderts trugen die Damen in Täbris und Herat ein bodenlanges Obergewand, das vorn gern offengelassen wurde und dessen enge Ärmel lang über die Hände fielen. Schon vorher hatte man von der Herrenmode den Gürtel übernommen, der unterhalb der Taille locker gebunden wurde. Als Kopfbedeckung bevorzugte man

Tücher, die den Vorderkopf freiließen und über die Schultern auf den Rücken herabhingen.

Nachdem die Safawiden sich 1501 in Persien etabliert und ein geeintes persisches Reich unter ihrer Zentralgewalt geschaffen hatten, erlebte das Land einen wirtschaftlichen und kulturellen Aufschwung. Eine reiche materielle Kultur entstand. Die Residenzen der Herrscher, Kaswīn und später Isfahān, wurden tonangebend für die Kleidung im gesamten islamischen Osten.

Die Moden der weiblichen Kopfbedeckungen wechselten so schnell, daß es schwerfällt, sie im einzelnen zu verfolgen. Da gibt es bunt gemusterte Tücher mit über der Stirn befestigtem Federbusch um 1530. Besonders prachtvoll war der *Tādsch-kulāh*, wörtlich übersetzt der »Kronenhut«, den persische Prinzessinnen um 1550 trugen. Seine Frühform bestand aus einem Krönchen, das über eine flache Kappe gesetzt wurde. Im Lauf der Zeit war er mehreren Veränderungen ausgesetzt. Auf Miniaturen aus der Mitte des 17. Jahrhunderts sehen wir eine kleidsame pelzverbrämte Kappe. Auf anderen finden sich Tücher als Kopfbedeckungen, die an einem dreieckigen Stirnband befestigt sind.

Im Vergleich zum raschen Wandel in der Mode der Kopfbedeckungen scheinen die Frisuren ziemlich unverändert geblieben zu sein. Schon bildliche Darstellungen aus dem 13. Jahrhundert zeigen bei Frauen und Männern Zöpfe. Der französische Juwelier Chardin, der in den sechziger und siebziger Jahren des 17. Jahrhunderts mehrfach in Persien war und eine der umfangreichsten und detailliertesten Reisebeschreibungen hinterlassen hat, sagt, die Frisuren der Frauen in dieser Zeit seien schlicht. Die Haare würden nach hinten gekämmt und in mehrere Zöpfe geflochten: »Die Schönheit der Frisur besteht darin, daß die Zöpfe dick sind und bis auf die Fersen reichen. Man befestigt auch Seidenzöpfe an ihnen, um sie zu verlängern. Die Enden der Zöpfe verziert man mit Perlen und einem Bouquet aus Edelsteinen oder mit Gold- und Silberschmuck. Unter dem Schleier ist der Kopf nur bedeckt vom Zipfel eines dreieckig geschnittenen Stirnbandes, das über der Stirn von einem zollgroßen Bändchen gehalten wird. Dieses Stirnband ist farbig, schmal und leicht. Das Bändchen ist bestickt oder mit Edelsteinen besetzt, je nach Stand der Trägerin. Nur verheiratete Frauen tragen es. Mädchen tragen kleine Kappen anstatt des Kopftuchs oder der Tiara« [51, IV, 12]. Daß die Frisuren der Frauen aus 11 bis 25 Zöpfen bestanden, die auf den Rücken herabfielen, mit eingeflochtenen schwarzen Seidenbändern verlängert und mit Goldschmuck verziert wurden, berichtet E. W. Lane auch aus Ägypten um 1830 [146, III, 211f.].

Die Kopfbedeckungen der Damen unterschieden sich nicht nur nach dem Familienstand der Trägerinnen, sondern auch nach der beruflichen Position ihrer Ehemänner. Das berichtet der Niederländer Cornelius Le Brun, der von 1702 bis 1704 in Persien war. Er sagt, daß sich etwa die Militärs ganz anders kleideten als die Juristen, und das treffe auch auf ihre Frauen zu. Zudem bestehe ein großer Unterschied nicht nur zwischen der Kleidung verheirateter Frauen und junger Mädchen, sondern auch zwischen der alter und junger Frauen. Da Le Brun die Kleidung der persischen Damen in dieser Zeit sehr gut gefiel, wollen wir hören, was er noch von ihr sagt: »Sie haben auch einen weißen, goldgestickten Schleier, der ihnen über die Schulter hinabfällt, Colliers aus Edelsteinen und Perlen und goldene Ketten, die bis zum Gürtel hinabhängen, mit einem Parfümbüchschen. Ihr Obergewand ist aus Brokat mit Blumen aus Gold oder Silber. Sie tragen aber auch manchmal welche, die ganz einfarbig sind. Unter dieser Stola tragen sie eine Jacke, die bis unter den Gürtel reicht. Ihre Hemden sind aus Taft, andere aus feiner, goldgestickter Seide. Sie tragen auch Hosen und Röcke, vom Handwerker angefertigt, und Stiefel, die vier Finger über den Knöchel hochreichen, die aus Stickerei, Samt oder sehr reichem Stoff hergestellt sind. Ihre Pantoffeln sind aus grünem oder rotem Leder, daran ist ein hoher Absatz in derselben Farbe befestigt. Sie sind doubliert und mit kleinen Blumen verziert. Ihr Gürtel, der zwei oder drei Zoll breit ist, ist mit Edelsteinen und Perlen geschmückt. In Höhe des Magens tragen sie einige Bänder, die über den Gürtel hinaufreichen. Im Winter ziehen sie über diese Kleidung eine gefütterte Jacke aus Baumwolltuch, die einen Fußbreit unter den Gürtel reicht, und wenn es ganz kalt ist, eine Robe aus Gold- oder Silberbrokat, gefüttert mit Zobel oder anderen Pelzen. Wenn sie das Haus verlassen, sind sie von Kopf bis Fuß in einen großen weißen Schleier gehüllt, der nichts sehen läßt außer den Augen. Dieser Schleier ist gewöhnlich aus einem Stück. Sie tragen auch Armreifen aus Edelsteinen und haben die Finger mit Ringen geschmückt. Die Frauen, die nicht gut gestellt sind, kleiden sich, so gut sie können. Die der Edlen oder der Militärs tragen über ihrer Kleidung ein Netz aus Seide oder etwas ähnliches, das hat eine sehr hübsche Wirkung« [147, 217]. Kaum einer der übrigen Reiseberichte macht auf diese sozial bedingten Differenzen in der Kleidung aufmerksam.

Von der First Lady des damaligen Schahs von Persien berichtet der Engländer James Morier, der das Land zwischen 1810 und 1816 besuchte, daß ihre Kleidung so mit aufgestickten Juwelen überladen war, daß sie sich unter diesem Gewicht kaum bewegen konnte. Besonders die Hosen waren mit so vielen Perlen besetzt, daß sie wie ein Mosaik und die Beine der Dame darin wie Säulen gewirkt hätten. Der Gattin des damaligen englischen Botschafters, die ihm das erzählte, wurden am Tag nach diesem Besuch Kleider als Geschenk vom Hof übersandt. Das Bemerkenswerteste daran waren Brokathosen, so steif, daß man sie frei in den Raum stellen konnte [181, 61f.].

Etwa seit der Mitte des vorigen Jahrhunderts zeigte sich der seit Beginn der Kādschārenherrschaft in Persien wirksame europäische Einfluß auf Politik und Wirtschaft auch in der Mode. Die Damen trugen krinolinenähnliche Röcke mit hüftkurzen Jacken, Wenn sie das Haus verließen, bevorzugten sie Hosen. Ein dunkler Überwurf verhüllte sie bis zu den Knien, ein weißer Schleier bedeckte das Gesicht.

In der Zeit der Aufklärung, die eine Öffnung zu anderen Religionen und Kulturen mit sich brachte, wuchs das Interesse gebildeter, säkularisierter Schichten in Westeuropa am Islam und den von ihm geprägten Ländern. Es wurde, besonders nach der Adaption der Sammlung »Tausendundeine Nacht« durch den französischen Orientalisten Antoine Galland 1704–1717, die die europäische Lesewelt faszinierte, zu einer regelrechten Schwärmerei. Europäer, die in den Orient reisten, legten nun gern orientalische Kleidung an, um sich rein äußerlich anzupassen. Lady Mary Wortley Montagu (1689–1762), die ihren Gatten Edward Wortley Montagu, als er zum englischen Botschafter in der Türkei ernannt wurde, 1716/18 dorthin begleitete, berichtete in enthusiastischen, erst nach ihrem Tod veröffentlichten Briefen von ihrem Aufenthalt. Im Gegensatz zu männlichen Reisenden, die sie größerenteils wegen ihrer fingierten Erlebnisberichterstattung ironisiert, konnte sie als Frau Kontakt zu Türkinnen der Oberschicht aufnehmen und das Leben in deren Harems beobachten. Sie beschreibt sich in türkischen Gewändern der Zeit so: »Mein erstes Kleidungsstück ist ein Paar sehr weiter Hosen, die bis auf meine Schuhe reichen und die Beine sittsamer verhüllen als Ihre Unterröcke. Sie sind aus zartem, rosafarbenem Damastbrokat mit silbernen Blumen, meine Schuhe aus weißem Ziegenleder, mit Gold bestickt. Darüber hängt meine Bluse aus schöner weißer Seidengaze, mit Stickerei eingefaßt. Diese Bluse hat weite Ärmel, die halb über den Arm herabhängen, und wird am Hals mit einem Diamantknopf geschlossen, aber Form und Farbe des Busens sind dadurch sehr gut wahrzunehmen. Darüber trägt man eine Jacke, die eng auf Figur gearbeitet ist, aus weiß-goldenem Damast, mit sehr langen Ärmeln, die zurückfallen, mit breiten goldenen Rändern. Sie muß Knöpfe aus Diamanten oder Perlen haben. Mein Kaftan aus demselben Stoff wie meine Hosen ist meiner Figur exakt angepaßt und reicht mir bis auf die Füße, er hat sehr lange, enganliegende Ärmel. Darüber ist ein etwa vier Finger breiter Gürtel, den alle, die sich das leisten können, ganz aus Diamanten oder anderen Edelsteinen tragen. Diejenigen, die diese Kosten nicht erschwingen können, tragen ihn aus erstklassiger Stickerei auf Satin, aber er muß vorn mit einer Diamantenspange geschlossen werden. Der Kurdī ist ein loses Gewand, das sie, je nachdem wie das Wetter ist, anlegen oder nicht, aus kostbarem Brokat (meiner ist grün-golden), entweder mit Hermelin oder Zobel eingefaßt. Die Ärmel bedecken gerade die Schultern. Die Kopfbedeckung besteht aus einer Kappe, Talpock genannt, die im Winter aus feinem, mit Perlen oder Diamanten besticktem Samt besteht und im Sommer aus leichtem, durchscheinendem Silberstoff. Sie sitzt etwas schräg auf dem Kopf mit einer goldenen Quaste und wird rundum mit einer Diamantenspange (wie ich es oft gesehen habe) oder einem reichbestickten Tuch befestigt. An der anderen Seite des Kopfes liegt das Haar flach an. Hier haben die Damen die Freiheit, ihre Phantasie zu zeigen, einige nehmen Blumen, andere eine Reiherfeder, kurz, was ihnen gefällt. Am meisten verbreitet ist aber ein großes Bouquet aus Juwelen, die angeordnet sind wie ein Blumenstrauß, zum Beispiel die Knospen aus Perlen, Rosen aus verschiedenfarbenen Rubinen, Jasmin aus Diamanten, Narzissen aus Topasen usw. Das wird so hübsch arrangiert, daß man sich kaum etwas Schöneres vorstellen kann. Das Haar hängt in voller Länge nach hinten, in Zöpfe geteilt, die reich mit Perlen oder Bändern geschmückt sind« [180, 326f.].

Lady Mary berichtet auch, welches Mitleid sie im türkischen Bad mit ihrer englischen Garderobe hervorrief. Besonders das Schnürkorsett, aus dem sie sich mühsam schälte, hielten die erstaunten Türkinnen für eine grausame Zwangsmaßnahme ihres Gatten. Wie sie generell schwärmerisch nicht nur die Schönheit und den feinfühligem Takt der türkischen Damen, sondern auch die Freiheit und fröhliche Unbekümmertheit preist, derer sie sich trotz ihrer Verhüllung erfreuten. Ihre enthusiastische Beschreibung eines türkischen Bads regte erotische Gemälde wie die von Ingres an.

Die Länder der arabischen Halbinsel, die zwischen 1516 und 1551 zu Provinzen des Osmānenreichs wurden, richteten sich in der Kleidung vermutlich nach dem Vorbild der Hauptstadt. Allerdings berichtet schon der italienische Edelmann Pietro della Valle, der hundert Jahre vor Lady Wortley Montagu den Nahen Osten bereiste, daß die Frauen in Bagdad – einst die glanzvolle Metropole des Chalifats – sich den Türken ähnlich kleiden, aber »noch auf die alte Weise«, »weil die neuen Trachten, so man am Tuerckischen Hof aufbringt/ ihnen gar zu spät zu kommen« [275, I, 210a/b].

Alles, was bisher über die Kleidung und Mode in den islamischen Ländern gesagt wurde, betraf die Eliten, die es für ihr Privileg hielten, im Luxus zu schwelgen. Die große Masse des Volkes hat die dafür erforderlichen finanziellen Mittel nie besessen. In »Tausendundeiner Nacht« wird erzählt, wie die listige Dalīla sich als Hökerin verkleidet: Sie zieht ein geflicktes Gewand an, wirft sich einen honiggelben Schleier über den Kopf – womit sie dem Eingeweihten als Nichtmuslimin erkennbar ist – nimmt einen Stock in die Hand und lädt sich einen Korb mit Ware auf [265, III, 226].

Pietro della Valle beschreibt die Kleidung der Beduinenfrauen als ein »violbraun oder Tuerckischblau gemahltes Hembd, welches bis auf die Fuesse herabgeht«. Es habe so weite Ärmel, daß Säuglinge durch den Ärmel an die Brust gelegt werden. Wenn es kalt ist, ziehen sie darüber »ein grobes Uberkleid ohne Ermeln an, Aba genannt/ welches nicht so schoen/ noch weit/ als dasjenige ist/ wann sie darinnen prangen wollen/ sondern enge/ wie es die Weiber zu tragen pflegen«. Sie wickelten den Kopf in schwarze Leinwand und verhüllten das Gesicht mit einem schwarzen oder blauen Schleier [275, I, 207a]. Von den Bauersfrauen berichtet della Valle, daß sie unverschleiert gingen.

Wir wollen noch einen kurzen Blick auf die Mode im Indien der

Mogulzeit werfen. Unter den ersten Mogulherrschern im 16. Jahrhundert, die als fremde Eroberer ins Land gekommen waren und die kaum etwas mit den unterworfenen Hindus verband, war die Kleidung – wie die gesamte Kultur und Zivilisation dieser Herrenschicht – von dem geprägt, was zur selben Zeit in Persien und Turkestan vorherrschte. Die Miniatur Abb. Seite 181 zeigt sie.

Seit etwa 1600 wird der immer stärker werdende Einfluß der indischen Umgebung auf die Mogulkultur auch in der Kleidung deutlich. An den erotisch reizvollen durchscheinenden Gewändern nahm Kaiser Aurangsēb (1659–1707) Anstoß. So kam, wenigstens für die Wintermonate, eine längere Jacke aus Goldbrokat mit Blumenstickerei in Mode, die man darüberzog. Der bereits zitierte Venezianer Nicolao Manucci, der als Arzt von Schāh Ālam, dem ältesten Sohn von Aurangsēb, mehrere Jahre am Mogulhof tätig war, berichtet, daß die Kleider der Damen gewöhnlich nicht mehr als eine Unze (28,349 Gramm) wögen, daß sie darin schliefen und sie nach einmaligem Tragen nie wieder anzögen, sondern ihren Dienerinnen schenkten. »Während der kühleren Jahreszeit tragen sie dieselben Kleider und darüber wollene Kabas aus feinem Kaschmirstoff. Über ihre anderen Kleider legen sie zarte Schals, so dünn, daß sie durch einen Fingerring passen« [160, II, 341].

Auch hier und zu dieser Zeit waren Kopfbedeckungen der Damen Standesmerkmale: »Einige der Prinzessinnen tragen mit Erlaubnis des Königs Turbane. Auf dem Turban ist eine kostbare Aigrette, umgeben von Perlen und Edelsteinen. Das steht ihnen außerordentlich und verleiht ihnen sehr viel Anmut. Während der Festivitäten, wie den Bällen und dergleichen, gibt es Tänzerinnen mit demselben Privileg« [ibid.]. Das spricht für das Ansehen, das die Tänzerinnen bei Hof genossen.

Liebe zu luxuriöser Kleidung war wohl von jeher und nicht nur beim »schönen Geschlecht« mit dem Bestreben verbunden, die Pracht der Gewänder durch Schmuck zu vervollkommnen. Reiche Damen – aber auch männliche Elegants – in den islamischen Ländern steigerten dies zuweilen zum Exzeß. Von Subeida, der Gemahlin Hārūn ar-Raschīds, heißt es in »Tausendundeiner Nacht«, daß sie »kaum gehen konnte von dem Gewicht des Schmuckes und der Kleider« [265, I, 325].

Im Anstandsbuch des Ibn al-Waschschā' aus der Zeit um 900 ist davon die Rede, daß modebewußte Damen über dem Kragen gern enganliegende Ketten aus fermentierten Gewürznelken oder auch langherunterhängende Schnüre aus kostbaren Kampfer- oder Ambraperlen trugen – von der Vorliebe für Wohlgerüche wird noch zu sprechen sein. Lange Ketten aus duftenden Gewürznelken wurden auf dem Sūk der kurdischen Stadt Suleimaniyya im Nordirak noch 1978 verkauft, und in Kairo finden kurze Halsketten aus kleinen weiß-gelben Blüten – *Ful*, arabischer Jasmin – ihre Käufer. Sie strömen einen aufreizend süßen Duft aus, der sich lange auf der Haut und auf Stoffen hält. Ibn al-Waschschā zählt weiteren Schmuck auf, den die Damen von Bagdad zu seiner Zeit bevorzugten: Gliederketten, durchlöcherte Amulette, an denen Quasten aus geflochtenen Gold- oder Seidenfäden hängen, an Edel- oder Halbedelsteinen den schwarzen Obsidian, das reine Bergkristall, echte Perlen, außerdem Korallen, Bernstein und alle Arten des Korund. Mit Perlen und Juwelen zierten sie ihre Kopfbedeckung, über dessen Form er nichts sagt; mit Seide und Gold bestickten sie ihre Stirnbänder. Sie trugen Siegelringe mit Edelsteinen in meist leuchtenden Farben: mit Rubinen, Smaragden und Saphiren. Dagegen verbot es damals einer Dame die Etikette, Ringe aus Silber, Emaille oder Eisen mit Steinen aus Karneol, Türkisen oder Granaten zu tragen. Solche Ringe waren Männern und Sklavinnen vorbehalten.

Von einer begehrenswerten und reichen Bagdader Sängerin sagt ein Text aus dem 11. Jahrhundert, der vorher ihre kostbaren, juwelenbesetzten Gewänder aus farbigen Seiden und Brokaten überschwenglich preist, sie trage um den Hals einen Rosenkranz aus großen Perlen, jede tausend Dinār wert. Die Perlen seien aus wertvollstem grauen Ambra und aus Sandelholz, das für die kunstvoll geschnitzten Herrscherlogen in Moscheen verwendet wird, also Schmuck als Symbol für die Verschmelzung religiös-weltlichen Machtanspruchs und weiblichen Prunkbedürfnisses. Derselbe Text übrigens, in dem es um einen Rangstreit zwischen den Städten Bagdad und Isfahān geht, schmäht anschließend gereimt und aufs Obszönste die Isfahāner Sängerinnen. In Reimprosa preist der Autor den Schmuck der Bagdader Schönen: »Der Schmuck an ihrer Brust glänzt wie ein Blitz in der Wolken Dunkel, wie in der Nacht der Lampen Gefunkel, wie voll erblühte Blumen in der Frühlingsau oder das Plejadengestirn an des Junihimmels nächtlichem Blau. Ihre Armreifen erstrahlen wie der Halbmond so schön, wie kreisende Flammen sind ihre Fußringe anzusehn« [37, 53].

Der Juwelenhandel spielte im Vorderen Orient während des Mittelalters eine erhebliche Rolle: Aus Indien und dem Jemen kamen Rubine, aus dem südlichen Iran und von der Küste von Oman Perlen, von den Küsten des Roten Meeres Korallen, Saphire aus Ceylon, Smaragde von Ägypten, aus Abessinien und Ostafrika Elfenbein und Goldstaub. Dabei waren auch Edelsteine, wie schon das »Anstandsbuch« des Ibn al-Waschschā erkennen läßt, Modeströmungen unterworfen. Der Diamant, der uns heute als der kostbarste Edelstein gilt, diente um das Jahr 1000 in Chorasan und im Zweistromland nur zum Bohren und als Gift. Reiche Leute benutzten ihn, wenn sie Selbstmord begehen wollten: Sie verschluckten ihn. Am meisten geschätzt waren um diese Zeit der Saphir, der Smaragd und die Perle, auch der Rubin. Dieser war aber im 12. Jahrhundert bei den unteren Bevölkerungschichten schon so verbreitet, daß die Bessergestellten nur die großen Stücke zu Salbenbüchsen, Bechern und ähnlichem verwandten [172, 417 ff.].

Der Juwelier Chardin erzählt, daß die Perserinnen in der Mitte des 17. Jahrhunderts Aigretten aus Edelsteinen auf dem Kopf oder am Stirnband befestigten und daß sie eine Perlenschnur trügen, die unter dem Kinn an den Ohren vorbeigeführt würde, oft auch einen Ring am linken Nasenflügel, der hinabhinge wie ein Ohrring und unten mit zwei Perlen und einem Rubin versehen sei. Besonders Sklavinnen und Kinder trügen diese Ringe; die Perserinnen von Isfahān dagegen durchbohrten ihre Nase nicht. Die Damen schmückten sich ferner mit Armbändern aus Edelsteinen, die locker am Arm säßen. Junge Mädchen trügen meist nur schmale goldene Armreifen mit einem Edelstein als Verschluß. Am Hals trügen die Schönen Gold- oder Perlenketten, die bis auf die Brust hinabhingen und dort von goldenen, juwelenbesetzten Parfümdöschen gehalten würden [51, IV, 44ff.].

Als das Mogulreich auf dem Höhepunkt seiner Macht und seines äußeren Glanzes stand, trieben die Damen einen besonderen Aufwand mit Schmuck. Vorher hatte man sich mit zwei Perlen und einem Anhänger im Ohr begnügt, nun wurden die Ohren mit mehr Perlen und einigen kleinen Ringen geschmückt. Neben Reifen am Oberarm trug man nun breite, an den Rändern mit Perlen besetzte Goldarmbänder um das Handgelenk sowie Fußreifen.

Manucci berichtet vom Mogulhof aus der Zeit um 1700, daß die Juweliere nahezu ständig Schmuck anfertigten. »Ihre besten und kostbarsten

Produkte sind für den König, die Königinnen und die Prinzessinnen. Bei den letzteren gehört es zum Zeitvertreib, ihre Juwelen zu überprüfen und sie anderen zu zeigen.« Da er als Arzt Zutritt zum kaiserlichen Harem hatte, beobachtete er, daß die Damen, wenn sie ihn zu sich beordert hatten, oft ihren Schmuck und ihre Juwelen holen ließen, »lediglich zur Eröffnung der Konversation«. Die Prinzessinnen trügen, so sagt er, nicht nur Perlenschnüre um den Hals und über der Brust, sondern auch mit Juwelen verzierte Perlenbüschel über der Stirn, Diademe als Ohrgehänge, Armbänder um Oberarm und Handgelenk, Ringe an den Fingern, Gürtel aus Gold mit Edelsteinen besetzt, Hosenbänder, die in Perlenbüschel ausliefen, Reifen und Perlenbänder um das Fußgelenk. »Alle diese Prinzessinnen haben sechs bis acht Garnituren von Juwelen und zusätzlich andere, von denen ich nicht spreche, die sie je nach Phantasie tragen« [160, II, 339f.].

Etwa seit 1750 begannen die Moguldamen Nasenringe zu tragen. Später wurden die über der Brust gekreuzten Perlenketten von den Radschputenfrauen übernommen. Daß reicher Schmuck in der späten Mogulzeit nicht Privileg der Damen war, sondern auch von ranghohen Männern getragen wurde, ist aus vielen zeitgenössischen Abbildungen ersichtlich. Schon Ibn al-Waschschā beschreibt die Ringe, die die Herren um 900 in Bagdad trugen – solche aus Gold galten als unfein. Die islamische Traditionsliteratur überliefert, Muhammed habe sie dem männlichen Geschlecht untersagt.

Natürlich konnten sich solchen Aufwand nur die wirklich Reichen leisten. Schon aus dem 10. Jahrhundert wird überliefert, daß weniger wohlhabende Frauen sich Juwelen und Schmuck von den Juwelieren liehen, um den Reicheren nicht nachzustehen.

Verschiedentlich versuchten Herrscher, ihre Untertanen zu sozialer Disziplin zu zwingen oder sie in ihre gesellschaftlichen Schranken zu verweisen. Der französische Juwelier Tavernier, der zur Zeit Schāh Abbās II. zwischen 1631 und 1665 mehrfach in Persien war, erzählt, es komme häufig vor, daß ein Höfling, der im Jahr sieben bis acht Tomān Einkommen habe, davon vier bis fünf Tomān für Kleidung ausgebe. Der jetzige Schāh tue nichts dagegen, anders als sein Vorfahr Schāh Abbās I. (1587–1629), der einmal befohlen habe, einem Höfling »so viel Streiche auf die Fußsohlen zu geben/ daß er wenig Tag hernach aufgegeistet« [266, I, 275], weil er goldene Strümpfe trug, die er sich von seinem Lohn eigentlich gar nicht hätte leisten können.

Leider ist von diesem Reichtum an Schmuck relativ wenig erhalten. Bei dem, was geblieben ist, fällt auf, daß bestimmte Motive, etwa Vögel, Lebensbäume und die Gestalt des Halbmonds, öfter wiederkehren. Das Vogelmotiv findet sich bereits auf vorislamischem persischem Schmuck aus der Sassanidenzeit. Man versah Schmuck auch gern an auffälligen wie an verborgenen Stellen mit Inschriften, die Segenswünsche für den Träger oder die Trägerin enthielten.

Wohl von jeher und überall auf der Welt haben Frauen – nicht nur sie allein, aber sie doch vorwiegend – versucht, durch Kosmetika ihrer natürlichen Schönheit entsprechend dem jeweiligen Schönheitsideal einen besonderen Reiz zu verleihen oder der Natur nachzuhelfen. Voraussetzung dafür war in den islamischen Ländern eine gründliche Körperreinigung, die nicht nur jeder rituellen Verunreinigung folgen mußte. Auch nach Reisen, längeren Krankheiten und ganz allgemein aus Vergnügen an der Geselligkeit besuchte man öffentliche Badehäuser. Nur die sehr Wohlhabenden waren imstande, in ihren Häusern eigene Bäder zu installieren. Unter welchem Aspekt man das häufige Baden in Europa im 17. Jahrhundert sah, geht aus dem Kommentar des französischen Juweliers Tavernier hervor: »Sie haben eine andere Abwaschung durch das Gesätz befohlen, nemlich in das Bad zu gehen/ nachdeme sie sich jhren Weibern genahet/ und seynd deren einige so abergläubisch/ vast alle Tage in das Bad zu gehen« [266, I, 273b].

Zu den kosmetischen Prozeduren, die im Bad vorgenommen wurden, gehörten gründliche Abspülungen mit kaltem Wasser, das Schwitzen in einem mit heißem Wasserdampf erfüllten Raum, das Abseifen und Abfrottieren oder eine Massage. Das Haupthaar wurde gelöst, gewaschen, mit Rosen oder Orangenblütenwasser eingerieben und neu zu Zöpfen geflochten. Frauen und Männer ließen sich in den Bädern Körper- und Schamhaar entfernen. Dazu wurde die Haut mit *Nūra*, einer Art Creme oder Salbe aus ungelöschtem Kalk und Arsentrisulfat, eingerieben. Sie mußte nach kurzer Einwirkung – mit den ausgefallenen Haaren – abgewaschen werden, weil sie der Haut bei häufigem Gebrauch die Zartheit nahm. Zur anschließenden Hautpflege benutzte man eine Creme aus Reis-, Gersten-, Saubohnen- oder Kichererbsenmehl, die mit Rosen-

Vornehme Dame des 16. Jahrhunderts, gekleidet nach der Mode des Mogulreiches. Zu einem hemdartigen, fußlangen Gewand trägt sie einen henninartigen, federgeschmückten Hut und um die Schultern einen gemusterten Schal. (Foto: Documentation photographique de Réunion des musées nationaux, Paris)

oder Myrtenwasser angerührt wurde. Frauen unterzogen sich außerdem einer schmerzhaften Behandlung, um Flaumhärchen im Gesicht und die Behaarung an den Beinen zu entfernen: Eine Mischung aus dickem Sirup und Terpentin wurde auf die Haut aufgetragen, mußte antrocknen und wurde dann mit den Haaren abgerissen. Körperhaar nicht zu entfernen, galt als ungepflegt. Ein arabischer Autor lästert über ein Singmädchen mit Versen, die beginnen: »Sie hat eine Scham, stachlig wie das Gesicht eines Chasarenlümmels« [96, 77]. Lesbierinnen rasierten im Bagdad des 8. Jahrhunderts ihre Scham nicht.

Da das Schönheitsideal bis in dieses Jahrhundert von ausdrucksvollen dunklen Augen bestimmt ist und bei verschleierten Frauen die Augen das einzige im Gesicht sind, was der Betrachter sieht, spielte Augenkosmetik eine erhebliche Rolle. Die Augenränder schwarz zu färben, war schon im pharaonischen Ägypten Brauch. Hier, wie später in den islamischen Ländern, benutzte man dafür Grauspießglanz (Schwefelantimon) oder auch Bleiglanz. Die arabische Bezeichnung dafür ist *al-Kuchl*, ein Wort, das der Arzt Paracelsus im 16. Jahrhundert willkürlich auf den Weingeist anwandte und das daher heute als Alkohol bekannt ist. In Persien nannte man es *Surma*, nach dem Ort, wo es gefunden wurde, oder *Isfahānī*. Der Arzt Russel informiert darüber, wie es aufgetragen wurde: Der pulverförmige *Kuchl* wird auf eine kurze glatte Sonde aus Elfenbein, Holz oder Silber gegeben. »Die Sonde wird zuerst in Wasser getaucht und dann ein wenig von dem Pulver daraufgestreut; nun bringt man die Mitte davon waagerecht an das Auge, läßt die Auglider darüber zuschließen und zieht nun die Sonde zwischen ihnen durch; so ist das Innere derselben gefärbt und ein schwarzer Rand rund um die Augenwinkel« [220, I, 136ff.]. Noch heute schminken Irakerinnen auf diese Weise ihre Augen. Russel berichtet auch, daß die Frauen sich die Augenbrauen mit *Chatat*, einem Absud aus gleichen Mengen Öl und gestoßenen Galläpfeln, dem später Salmiak, gebranntes Kupfer und Hennablätter zugesetzt wurden, schwarz färbten, doch sei das nicht mehr so Mode.

Den *Kuchl* verwendeten auch Männer, und man behandelte die Augen Neugeborener damit, weil man ihm Heilwirkung zuschrieb.

Daß Männer sich Haupt- und Barthaar färbten – weißes Haar mochte man nicht –, wird öfter überliefert. Schon vom ersten Chalifen Abū Bakr heißt es, er habe sich das Haar mit Henna rot gefärbt. Doch generell schätzte man schwarzes Haar am meisten und benutzte schwarzfärbende Mittel für das Haupthaar, etwa Waidblätter und Granatapfelschalen.

Henna verwendeten Frauen und Männer in den arabischen Ländern, Persien, der Türkei und Mogulindien jahrhundertelang, um sich damit die Handinnenflächen oder auch nur die Fingerspitzen, die Hand- und Fußnägel rötlich zu färben. Dazu wurde Henna getrocknet, pulverisiert und mit Granatapfel- oder Zitronensaft, manchmal auch nur mit Wasser, zu einem Brei verrührt. Die zu färbenden Teile wurden abends damit eingerieben und ein Tuch darübergebunden. Morgens wurde das Tuch abgenommen, und das Henna fiel als Staub ab [275, II, 89f.]. In manchen Gegenden werden bis heute mit Henna blumenförmige Muster auf Hände und Füße gezeichnet. Im vorigen Jahrhundert war Henna als Färbemittel für Hände und Füße in der Türkei nur noch in den unteren Volksschichten gebräuchlich.

Der Autor des arabischen Ehebuchs aus dem 11. Jahrhundert, aus dem wir zitierten, überliefert eine ganze Anzahl kosmetischer Rezepte mit der Begründung, daß ihre Anwendung die sexuelle Anziehungskraft der Frau erhöhe. In einer Gesellschaft, in der polygyne Ehen möglich waren, lebten in den Harems der Wohlhabenden oft relativ viele Frauen in einer Abgeschlossenheit, die sie zwar aufeinander anwies, die aber andererseits Rivalitäten um so stärker entfachen konnte. Der syrische Arzt überliefert Rezepte nicht nur zum Schwarz- und Rotfärben des Haars, sondern auch solche, deren Anwendung glattes Haar lockig oder krauses Haar glattmachen soll. Er nennt Reinigungsmittel für die Haut, wie sie vermutlich auch unsere Kosmetikindustrie nutzt, etwa Reis-, Gersten- und Mandelmehl, Borax und Fischöl. Er kennt aber auch Mixturen, bei denen natürliche Substanzen und solche, die an die mittelalterliche europäische »Dreckapotheke« erinnern, miteinander vermengt werden sollen, um verblüffende Wirkungen zu erzielen. So erwähnt er ein Rezept, »das die Gesichtsfarbe leuchtend und strahlend rosa macht und die Spuren der Sommersprossen und alle Flechten verschwinden läßt, auch die Spuren von Lepra, Pocken und Narbenreste beseitigt und alle Schwärze, so daß ein Bruder den anderen nicht mehr wiedererkennt, wenn er es sieben Tage lang angewendet hat«. Dann führt er eine ausgeklügelte Mischung aus geschälten Weichselkirschen, Weinstockwurzeln, Safran, Kandiszucker, Gummi arabicum, Fledermausurin, abgekochtem Kleiewasser,

Muttermilch, Eiweiß, Mandelöl, Feigensaft, getrockneter, pulverisierter Meerzwiebel, Schöllkraut, Pfefferminze, Kichererbsenmehl, Traganten, Reismehl, Pistazien, römischem Senf, armenischem Borax sowie Wasser, Öl und Eiweiß als Bindemittel auf [23, 27f.].

Hier findet man auch Rezepte für Zahnputzmittel und Pastillen gegen Mundgeruch, und es heißt: »Da der Mann es gern hat, wenn eine Frau dick und üppig ist, denn er empfindet dann, wenn er ihr beiwohnt, ein Vergnügen, das er bei einer dünnen Frau, ich meine, einer zarten, nicht hat, führen wir hier Nahrungsmittel auf, die eine zarte Frau dickmachen, ihr Fleisch festigen, ihre Hautfarbe reinmachen und ihr die Gunst ihres Mannes zuteil werden lassen, wenn sie sie ständig zu sich nimmt« [23, 60f.]. Als Dickmacher werden etwa Mischungen aus verschiedenen Nußsorten mit Honig genannt. Kalorienreiche Nahrungsmittel wurden von den Frauen auch gern ins Bad mitgenommen, wohl aus demselben Grund.

Schließlich folgen noch Rezepte für Desodoranzien und Duftmittel mit der Begründung: »Die Kosmetika, die wir bis jetzt genannt haben, nützen nichts, wenn Wohlgerüche fehlen« [23, 76].

Die Vorliebe, die man im Vorderen Orient seit alters her für Wohlgerüche hat, ist sprichwörtlich. Die islamische Traditionsliteratur überliefert von Muhammed, er habe sich von Ā'ischa den Bart mit duftender Ghāliya-Salbe einreiben lassen. Aber bereits Herodot nennt Arabien das an Wohlgerüchen gesegnetste Land. Im Koran, Sure 56:89, ist vom Paradies nicht nur als Garten der Wonne und Stätte der Erfrischung, sondern auch der duftender Kräuter die Rede. Das religiöse Gesetz empfiehlt dem männlichen Gläubigen, sich am Freitag, dem Feiertag der Muslims, zu parfümieren. Frauen sollten es unterlassen, wenn sie sich in die Moschee begaben, auch während der gesetzlich vorgeschriebenen Trauerzeit nach dem Tod ihres Mannes. In den Moscheen wurde an Feiertagen Räucherwerk verbrannt, sie wurden aber auch parfümiert. So wird überliefert, die Mutter des Abbāsidenchalifen al-Muktadir (908–932) habe jeden Freitag die Ka'ba in Mekka und den heiligen Fels im Felsendom in Jerusalem mit *Nadd*, einer Mischung aus Moschus und Ambra, parfümieren lassen [303, 424].

Bei den Empfängen der Chalifen und der Großen des Reiches dufteten die Räume nach Aloe, Kampfer, Safran und Rosenwasser. Räucherwerk wurde verbrannt. Vom Mogulkaiser Akbar berichtet sein Freund und Minister Abu l-Fasl, daß »seine Majestät Parfüms sehr schätzt und dieses Gebiet aus religiösen Motiven fördert« [11, 73]. Aus Persien im 17. Jahrhundert erzählt Tavernier, daß man Gästen, die zu Besuch kamen, Pfeifen mit Aloeholz offerierte. Vorher werde in goldenen oder silbernen Gefäßen, je nach dem Rang der Besucher, Rosenwasser gereicht, mit dem man sich Gesicht und Hände wasche. Danach beuge man sich über Aloerauch, der das Wasser trocknet und dessen Duft an Haaren und Bart haftet. Lady Mary Wortley Montagus schwärmt von einem Besuch bei der wunderschönen jungen Frau eines Wesirs: Nach zärtlicher Musik mit anmutigen Tänzen verbreiteten vier schöne Sklavinnen mit silbernen Räuchergefäßen Ambra-, Sandelholz- und andere Düfte, bevor in hauchdünnem japanischen Porzellan Kaffee gereicht wurde und sie und ihre Begleiterinnen sich zum Abschied bestickte Tücher aus einem silbernen Korb als Geschenk wählen konnten [180, 352].

Hauptbestandteile der Parfüms waren Moschus – Muhammed soll es als den besten Duftstoff bezeichnet haben –, Kampfer, Aloe, Ambra und Safran. Außerdem verwendete man Narde, Gewürznelke, Sandelholz, Muskatnuß, Rose, Zimt, Kardamom und eine Reihe anderer pflanzlicher Stoffe sowie die Ausscheidung der Zibetkatze.

Aber es gibt schon aus dem 9. Jahrhundert ein parfümchemisches Traktat eines bekannten arabischen Naturwissenschaftlers, das Rezepte zur Fälschung dieser kostbaren Essenzen enthält, die man »für gutes Geld« verkaufen könne, »ohne daß jemand die Täuschung bemerkt« [307, 2f.].

Besonders beliebt waren die Duftsalben *Ghāliya* und *Nadd*, Mischungen aus Moschus und Ambra, beziehungsweise Ambra, Moschus und Aloe, von denen für berühmte historische Persönlichkeiten, den Rezeptbüchern zufolge, besondere Varianten gefertigt wurden, die im Lauf der Geschichte immer ausgeklügelter erscheinen.

Ghāliya-Salbe wurde wie Halsbänder aus Kampfer und Gewürznelken und mit Ambra parfümierte Hemden den Bagdader Singmädchen um 900 von ihren Verehrern auch gern als Geschenk überreicht. Sie war dunkelfarbig, und man benutzte sie, ebenso wie Moschus und Ambra, für ein galantes Spiel, nämlich den Singmädchen und Sklavinnen Verse auf die Stirn oder die Wangen zu schreiben, wie sie damals unter Verliebten üblich waren. Mit ihr versiegelten Sängersklavinnen auch ihre Liebesbriefe, und die Knabenmädchen malten sich mit *Ghāliya* Schnurrbärte auf die Oberlippen. Doch galt sie damals schon, im Gegensatz zu früheren Zeiten, sozusagen als Charakteristikum der »Halbwelt«, denn Ibn al-Waschschā nennt sie das Parfüm der Singmädchen und der Lustknaben.

So wie einige meist besonders kostspielige Parfüms als Spezialrezepturen von Chalifen und hochgestellten Persönlichkeiten überliefert sind, gab es auch Duftkompositionen, als deren Erfinderinnen die Quellen Frauen nennen. Sie fertigten sie entweder für sich selbst oder im Auftrag an. Nūr Dschahān, die kluge und attraktive Gemahlin des Mogulkaisers Dschahāngīr, soll eine Art Rosenessenz erfunden haben, mit der sie die Bewunderung ihres kaiserlichen Gatten erregte [160, I, 163f.].

Seit etwa 150 Jahren ist die Entwicklung in der islamischen Welt durch einen Prozeß gekennzeichnet, der nicht ohne Widersprüche verläuft: den Prozeß der Verdrängung alter Traditionen durch von außen eingeführte Neuerungen. Seit etwa drei Generationen macht sich dies, freilich in einzelnen Ländern in unterschiedlichem Maß, auch in der weiblichen Garderobe bemerkbar. In der männlichen zeigte es sich schon eher. Doch auch hier wieder verdeutlicht Kleidung soziale Unterschiede: Nur die Oberschicht in den meisten islamischen Ländern hat sich den Trends der internationalen Mode angepaßt. Im Irak war sogar der Versuch zur Schaffung einer Haute Couture zu beobachten, die sich stark an vorislamischer Kleidung des Zweistromlands orientierte. Frauen aus dem Kleinbürgertum, dem städtischen Proletariat und auf dem Land hüllen sich immer noch in den schwarzen Umhang, der in Ägypten Milāya heißt, im Irak Abāya, im Iran Tschādor und in der Türkei Tscharschaf. In Nordafrika sind weiße Umhänge verbreitet. Gar nicht selten aber trifft man in Bagdad junge Mädchen, die unter der Abāya einen Jeansrock tragen. Im orthodox islamischen Libyen verrichten Fernsehansagerinnen ihren Dienst in der Milāya, aber es gibt hier keinen offiziellen Schleierzwang. Von saudiarabischen jungen Frauen, die sich in ihrem Heimatland ganz verhüllen müssen, hört man, daß sie bei Reisen ins Ausland schon im Flugzeug die traditionelle Kleidung gegen Jeans und Pullovern tauschen.

Im Iran wurde mit der Machtübernahme der Mollahs 1979 der schwarze Tschador mit Stirnband allen Frauen im Land, einschließlich ausländischen Besucherinnen, zur Pflicht gemacht. Doch soll inzwischen Ausländerinnen auch ein langer Regenmantel mit Kopftuch gestattet sein.

Eine Wandfliese zeigt das Schönheitsideal im Iran des 17. Jahrhunderts: Über der Nase zusammengewachsene Augenbrauen wölben sich hoch über mandelförmigen, schwarzen Augen. Zu beiden Seiten des Gesichts ringeln sich Korkenzieherlocken. (Foto: Museum für Islamische Kunst, Staatliche Museen Preußischer Kulturbesitz)

In der seit Jahrzehnten säkularisierten Türkei sieht man in letzter Zeit, jedenfalls in Istanbul, junge Frauen, immer in Gruppen, die sich ganz in den langen schwarzen Tscharschaf gehüllt haben.

Doch sind dies lediglich äußere Erscheinungsformen eines Prozesses, auf den abschließend eingegangen werden soll. Dabei können nur Einblicke in die Entwicklung gegeben werden, in Probleme der Frauenemanzipation, die vor dem jeweiligen historischen Hintergrund auftauchten und teilweise bis heute nicht zufriedenstellend gelöst werden konnten.

»Wer ich bin, fragt das Selbst«

Historischer Wandel – Positionenwechsel

Aus dem Gedicht »Ich« (1948) der irakischen Dichterin Nāsik al-Malā'ika (geb. 1923) stammt unsere Titelzeile. Nāsik al-Malā'ika war eine der ersten Absolventinnen des Bagdader Lehrerbildungsinstituts – die Universität Bagdad wurde erst 1956 gegründet. Fast gleichzeitig mit Badr Schākir as-Sayyāb (1926–1964) – auch er ein Absolvent dieses Instituts – löste Nāsik al-Malā'ika eine Revolution in der arabischen Poesie aus: Sie verwendete freie Reime und Rhythmen anstatt der seit vorislamischer Zeit üblichen Formzwänge *eines* durchgehenden Reims und Metrums für jedes Gedicht, wie lang es auch war. In ihrem Buch »Die Probleme der heutigen Dichtung« (1962) begründete sie dies mit dem sozialen Wandel, den die arabischen Gesellschaften seit einigen Generationen durchlebten. Kunstvolle bis artifizielle Dichtung galt durch die Jahrhunderte als der Höhepunkt arabischer Sprachkultur, als Basis kultureller Eigenidentifikation.

Eine poetische Selbstbefragung, wie sie Nāsik al-Malā'ika hier in der Krisensituation nach dem Zweiten Weltkrieg vornahm, war für Araberinnen, für muslimische Frauen generell, neu. Sie mußten nach Jahrhunderten sozialer Degradierung wieder lernen, »ich« zu sagen. Sie mußten auch den Mut finden, im Interesse ihres Ich »nein« zu den Zwängen zu sagen, die ihnen eine extrem patriarchalische Gesellschaft wie selbstverständlich auferlegte.

Gegen Ende des 18. Jahrhunderts befand sich der Vordere Orient auf einem ökonomischen, politischen und kulturellen Tiefstand, der ihn für die Kolonialmächte England und Frankreich attraktiv machte. Das zaristische Rußland realisierte seine kolonialen Interessen an seiner Südgrenze, also im Kaukasus, im Iran und in den mittelasiatischen Emiraten. Die kaiserlich-russische Palästina-Mission öffnete kulturelle Beziehungen zum Raum Syrien/Libanon. Das wilhelminische Deutschland pflegte später seine Beziehungen zum »kranken Mann am Bosporus«, der Türkei, und durch die geplante Bagdadbahn zum Irak und nach Innerarabien.

Erste eigene Eindrücke, etwa der Besuch einiger türkischer Politiker in Frankreich 1720, später vor allem die Napoleonische Expedition nach Ägypten 1798–1801, aus französisch-britischen kolonialen Machtrivalitäten entstanden, machten einer kleinen einheimischen Elite die erschreckende technisch-zivilisatorische Rückständigkeit ihrer Länder bewußt. Politiker wie Intellektuelle erkannten, daß sie von dieser westeuropäischen Zivilisation lernen mußten. Im Stolz auf die kulturelle Blütezeit der ersten Jahrhunderte des Islams besann man sich auf die damalige Aufgeschlossenheit gegenüber anderen Kulturen, ihren wissenschaftlichen Erkenntnissen, auch Lebensformen. Ein Hadīß wie »Sucht das Wissen, und sei es auch in China!« rechtfertigte kulturelle Offenheit und den Standpunkt, die wesentlichen Elemente dieser westlichen Zivilisation seien mit dem Islam vereinbar. Motto des Reformdenkens wurde *»al-'Akl kabla n-Nakl«* »Verstand vor Überlieferung«, etwas, was man mit dem Kantschen »Ausbruch des Menschen aus seiner selbstverschuldeten Unmündigkeit« vergleichen könnte. Meist suchte man die Wurzeln des gegenwärtig Notwendigen im frühen Islam – mit Erfolg. Seit etwa dem Jahr 1000 hatte das arabische Wort *Bid'a*, »Neuerung«, als Gegensatz zur *Sunna*, »Tradition des Propheten«, die Bedeutungen »unzulässig, Ketzerei« angenommen. In dieser Wertkonstante ging es auch ins Persische und Türkische über.

Zur Umstellung auf die Moderne bedurfte es dringend einer Reformierung des traditionellen islamischen Lehrbetriebs und des staatlichen »Informationswesens«. In der Türkei hatte der aus Ungarn stammende Konvertit Ibrahīm Mütteferrika 1727 die erste Druckerpresse eingerichtet, der er eine Schrift über den soziokulturellen und staatspolitischen Nutzen gedruckter Bücher voranschickte und für die er sich die Zustimmung des Scheich al-Islām als höchstem religiösen Würdenträger sicherte. Bis zu ihrer Schließung 1794 druckte sie 24 Bücher, wohl bewußt rein weltlichen Inhalts. 1795/96 gründete die Ingenieurs- und Artillerieschule in Hazköy eine Druckerei für ihre Lehrbücher.

Napoleon hatte eine Druckerpresse mitgebracht, auch um (demagogische) Aufrufe in (miserablem) Arabisch an die Ägypter zu verteilen und eine eigene kleine Zeitung drucken lassen. 1822 wurde in Bulak, damals bei, heute in Kairo, die erste arabische Druckerpresse aufgestellt und seit 1828 die erste offizielle ägyptische Zeitung in Türkisch mit schlechter arabischer Parallelübersetzung gedruckt.

Die Mehrheit der arabischen Länder unterstanden seit den osmanischen Eroberungen zwischen 1516 und 1551 der Türkei. Ägypten erlangte nach dem Machtantritt des albanischen Offiziers Muhammed Ali 1805 und spätestens seit dessen Einsetzung zum Vizekönig und Begründer der Khedivendynastie 1841 erhebliche Autonomie. Die Bulaker Druckerpresse lief den 1802 neugegründeten türkischen Druckereien schnell den Rang ab.

Erst 1869 gab es die erste offizielle Presse und türkisch/arabische Zeitung im Irak, 1877 im Nordjemen, 1882 in Saudi-Arabien, 1938 in Bahrein, die beiden letzteren nur in Arabisch. In Täbris existierten 1825 zwei lithographische Pressen, wie sie sie übrigens auch die irakisch-schiitische Stadt Kerbela vor der ersten staatlichen Druckerei in Bagdad besaß. Eine typographische Presse wurde 1825 in Teheran, seit 1786 Hauptstadt der Kadscharendynastie, eingerichtet. Die erste typographisch gedruckte Zeitung kam in Teheran 1837 heraus. Dem persischen Duktus der arabischen Schrift kam die Lithographie eher entgegen. Erstmalig konnten nun Bücher in größerem Maße verbreitet werden. Bildung durfte nicht mehr Privileg einer kleinen Elite sein. Die Landessprachen mußten sich zunächst vor allem in ihrer Lexik der Modernisierung anpassen.

Reformen nach westeuropäischen Vorbildern in der Türkei wie in Ägypten, im Iran zögerlicher, waren rein machtpolitisch bedingt. Sie konzentrierten sich auf das Militär, die Verwaltung und das Steuerwesen. Dazu brauchte man allerdings Fachleute. Europäische Berater und Ausbilder wurden ins Land geholt, die wiederum Dolmetscher als Mittler brauchten. Diese verstanden aber vom Lehrstoff nichts. So wurden seit etwa 1820 Studiendelegationen nach Europa, zuerst eher zufällig an italienische, dann an französische Universitäten geschickt. Frankreich übte über Jahrzehnte einen starken soziokulturellen Einfluß aus. Die Ideen der französischen Aufklärung und den Muslims bis dahin unbekannte Begriffe wie Konstitutionalismus und Demokratie drangen in den Vorderen Orient ein.

Der As'har-Absolvent Rifā'a at-Tachtāwi, der als Imām die erste Studienmission von 46 Angehörigen der türkisch-griechisch-ägyptischen Oberschicht aus Kairo 1826-31 nach Paris begleitete, war für die Entwicklung Ägyptens im 19. Jahrhundert der wichtigste Teilnehmer. Er publizierte nach seiner Rückkehr einen Bericht über diesen Aufenthalt, der Pflichtlektüre für mehrere Generationen ägyptischer Staatsbediensteter und auch ins Türkische übersetzt wurde. Hinter einem Ziertitel in klassischem Stil »Die Läuterung des Goldes für einen Kurzbericht über Paris« und der äußeren Form älterer arabischer Reisebeschreibungen verbirgt sich eine Darstellung aus Reimprosa, Prosa und akkulturierenden Versen, die die Unterschiede zwischen zwei Welten erkennen läßt. Die eine, Ägypten als Teil des Vorderen Orients, wußte bis dahin von der anderen, dem »Land der Franken«, sichtlich nahezu nichts. At-Tachtāwi beschreibt nicht nur minutiös und zur Nachahmung französische Bibliotheken, Museen, Bildungsinstitutionen und die Methodik französischer Lehrbücher. Er legt seine Eindrücke von der Julirevolution dar und übersetzt die französische Verfassung von 1830 als mit dem Wesen des Islams kompatibel. Die Lebensweise »dieser Franken«, das heißt, von Angehörigen des Bürgertums, mit denen er (kontrollierten) Kontakt hatte, vom Sitzen auf Stühlen, Essen mit Besteck vom eigenen Teller, Trinken aus dem eigenen Glas über Bilder an Zimmerwänden bis hin zu den Öfen, angesichts derer er gereimt Allāhs Schutz gegen das Höllenfeuer erfleht, schildert er minutiös.

Von der sozialen Situation der Französinnen (der Bourgeoisie) sagt er sachlich: »Sie sind den Männern in allen Dingen gleich« [21, 59]. Auf dieses Land treffe das Wort, die Schönheit des Mannes liege in seinem Verstand, die der Frau in ihrer Sprache, nicht zu, denn hier würde auch von Frauen Verstand, Begabung, Einsicht und Wissen verlangt. Frauen verreisten allein und pflegten wissenschaftliche Interessen. Französische Höflichkeitsformen führten zu dem Urteil: »Die Männer sind in manchen Dingen die Sklaven der Frauen« [21, 59]. Dem frommem Muslim fiel die mangelnde Religiosität vieler Franzosen auf, die ihren Priestern schon lange nicht mehr glaubten und sich an religiöse Pflichten nicht gebunden fühlten. Er spricht auch von der geringen Sittsamkeit vieler Französinnen, meint aber, die Tugendhaftigkeit einer Frau hänge von ihrer Erziehung und einigen anderen Faktoren ab, nicht davon, daß sie verschleiert sei. Ihm, wie den anderen Missionsmitgliedern – von denen wenige als erfolglos zurückgeschickt, viele später völlig ausbildungsfremd eingesetzt wurden –, dürfte vieles durch französische Betreuer, vorwiegend Orientalisten, in geschicktem Kulturvergleich nahegebracht worden sein.

Rifā'a at-Tachtāwi wurde 1837 Direktor der ersten ägyptischen Übersetzerschule und 1842 Redakteur der 1828 gegründeten ersten ägyptischen Zeitung. Durch seine Übersetzungen aus dem Französischen und eigene Bücher wurde er zu einem der großen arabischen Reformdenker des 19. Jahrhunderts. Er begründete 1870 die erste arabische Schulzeitschrift und publizierte im Auftrag des ägyptischen Vizekönigs vor der Eröffnung der ersten staatlichen ägyptischen Mädchenschule 1873 in Kairo ein umfangreiches Buch »Der zuverlässige Führer für Mädchen und Knaben«. Hier belegt er mit zahlreichen Beispielen aus der klassischen arabischen Literatur die Notwendigkeit von Mädchenbildung für Ehe, Familie, Kindererziehung und damit das gesamte Gemeinwesen. Die ersten Schülerinnen waren weiße Sklavinnen der höfischen Elite, später auch Töchter staatlicher Beamter, die damit vermutlich staatlichem Druck folgten, denn sie sollten Vorbild sein.

Daß die Mädchenbildung, der Rifā'a den Weg bereiten wollte, an der französischen vor 1830 orientiert war, sich also neben Lesen, Schreiben und Rechnen auf Handarbeiten und Hauswirtschaft konzentrierte, ist verständlich. Die ersten staatlichen arabischen Mädchen- (und Knaben-) schulen orientierten sich ebenfalls am französischen Modell. Unterrichtssprache war meist Französisch oder Englisch. Geradezu revolutionär für islamische Länder dieser Zeit ist, daß sich Rifā'a für Koedukation als sozial förderlich und für weibliche Berufstätigkeit einsetzt. Koedukation war seit dem frühen 19. Jahrhundert in amerikanischen Schulen Regelerziehung, in Europa wurde sie zuerst 1876 in Skandinavien praktiziert.

In der Türkei soll die erste säkulare Mädchenschule mit Zweijahreskursen bereits 1858/59, zehn Jahre vor dem Gesetz über die Säkularisierung der Schulbildung 1869, gegründet worden sein. Im Irak erschien noch 1898, als Handschrift, eine Kampfschrift mit dem Reimprosatitel »Über die Notwendigkeit, Mädchen am Schreiben zu hindern«. Verfasser war ein Bagdader Theologe aus der bekannten sunnitischen Gelehrtenfamilie al-Alūßi. Trotzdem wurde die erste staatliche Mädchenschule in Bagdad im selben Jahr eröffnet, mit Türkisch (im ostarabischen Raum bis 1917/18 Verwaltungssprache) als Unterrichtssprache und viel Handarbeitsunterricht. 1918 wurde die erste staatliche Mädchenschule in Teheran, 1928 in Bahrain, 1955 in Shardja in den Emiraten, 1956 in Riād eröffnet, erst nach 1970 in Oman. Allerdings gab es die erste staatliche Knabenschule in Saudi-Arabien auch erst 1942, in Shardja 1953, in Oman noch später.

Christliche Missionen hatten bereits vorher Schulen für Mädchen eingerichtet, etwa 1834 in Kairo, 1835 im heutigen Urumiye, dem Sitz der nestorianischen (christlichen) Minderheit im Iran, 1875 in Teheran, 1860 in Bagdad und für die relativ große christliche Gemeinde in Mossul. Die Alliance Israélite Universelle eröffnete 1864/65 die erste Knabenschule, 1893 die erste Mädchenschule für die Bagdader jüdische Gemeinde, beide nach französischem Vorbild. Generell bildeten Missionsschulen nach dem Lehrsystem und in dem Wissensstoff aus, den die dort tätigen europäischen Lehrkräfte mitbrachten, das heißt, die Schüler wurden, und das gilt für Schulen dieser Art bis heute, westeuropäisch akkulturiert. Allenfalls hatten sie gesonderten Arabisch-Unterricht. Muslimische Kinder besuchten diese Schulen zunächst nicht.

Orthodoxe Muslims forderten als wichtigste Voraussetzung für die Gründung der ersten Mädchenschule in Kairo Blickschutz für die Schülerinnen, also hohe Mauern um die Schulen und die Entfernung aller Bäume in ihrer Nähe, von denen aus Neugierige hätten hineinschauen können. Selbstverständlich durften Mädchen nur von Lehrerinnen ausgebildet werden. Im Iran, wo generell die Modernisierung später und gegen stärkere Widerstände einsetzte als in Ägypten oder der Türkei, belästigte religiös aufgewiegelter Mob Schülerinnen und Lehrerinnen der ersten Mädchenschulen. Die Bedrohung nahm teilweise lebensgefährliche Ausmaße an [173, 55f.]. Private Mädchenschulen wurden hier seit 1898 von Damen der Oberschicht betrieben und finanziert. Die Namen dieser Schulen sollten sichtlich verbalen Schutz gegen den Vorwurf der Unmoral bieten. Die erste wurde »Ehre« genannt, die nächsten hießen »Haus der Reinheit«, »Haus der Keuschheit«, »Haus der Geschlechtertrennung« [173, 57].

Inzwischen waren in Ägypten erste moderne Militär-, Verwaltungs- und Medizinfachschulen gegründet worden. Für die 1832 von Muhammed Alī eröffnete Hebammenschule mußte er 1836 acht Schülerinnen unter äthiopischen Sklavinnen und Waisenmädchen rekrutieren, denn ein muslimischer Familienvater hätte es mit seinem Ehrbegriff nicht vereinbaren können, eine Tochter außer Hauses auf eine solche Schule zu geben. Die Lehrerinnen waren Ausländerinnen. Die Fächer Arabisch und Religion wurden von Scheichen unterrichtet. Die Schülerinnen erhielten ein Stipendium und freie Kleidung. Nach Abschluß ihrer Ausbildung wurden sie, konservativen Traditionen gemäß, verheiratet, und zwar vom Vizekönig Muhammed Alī mit männlichen Absolventen der Medizinfachschule, unter der Bedingung, daß beide Partner weiter ihren Beruf ausübten. Sie erhielten kostenlos lebenslang eine Wohnung, zudem jeder ein Maultier zur Beförderung und einen Gehilfen bzw. eine Gehilfin.

Die junge arabische Frauenbewegung empfing ihre Anregungen aus Europa und den USA. Wohl die erste Araberin, die sich in der arabischen Presse zu Frauenfragen äußerte, war die aleppinische Christin Maryāna Marrāsch (1848–1919), Schwester eines Schriftstellers. Sie forderte ihre Landsmänninnen 1870 in der vom libanesischen Christen Salīm al-Bustāni (1848–1884) herausgegebenen Zeitschrift *al-Dschinān* (»Die Gärten«) auf, sich mit Bildung und Wissen, statt mit Gold, Juwelen und Prachtgewändern zu schmücken. Den ersten Vortrag zum Thema Frauenbildung hielt Salīm al-Bustānis Vater Butrus 1848 in Beirut in einer von einem amerikanischen Missionar gegründeten syrischen Bildungsgesellschaft, in der Syrolibanesen, Franzosen, Amerikaner und Deutsche zusammenarbeiteten.

Seit den 80er Jahren des 19. Jahrhunderts kämpften arabische Christinnen, Jüdinnen und Musliminnen aus Bildungsfamilien gemeinsam für die Verbesserung der Lage der Frauen in ihren Ländern. So publizierte die Libanesin Seinab Fawwās (?1860–1914) 1893/94 in Kairo ein biographisches Lexikon berühmter Frauen der Weltgeschichte. Sie wollte augenscheinlich auch beweisen, daß Orientalinnen schon in vorislamischer Zeit für die Geschichte und Kulturgeschichte ihrer Länder wichtig wurden. Daß die Zahl der Orientalinnen unter den 456 Viten die der Europäerinnen übersteigt, zeigt den wachsenden Willen zu nationaler Selbstbehauptung. Für das 19. Jahrhundert fällt die relativ große Zahl arabischer Christinnen auf. Seinab Fawwās klagt im Vorwort darüber, wie schwer es für sie als an Segregation gewöhnte Muslimin war, das Material – größerenteils aus Handschriften – zusammenzutragen. Sie druckt längere Ausschnitte aus Artikeln einer jüdischen Autorin, Esther As'huri

Moyal, die einige französische Romane ins Arabische übersetzte [70, 20f.], und zweier arabischer Christinnen ab. Die eine, Hanna Kurāni (1870–1898), Absolventin englischer und amerikanischer Missionsschulen im Libanon, legte dieses Werk (oder einen Vorabdruck?) im Frauenflügel der Weltausstellung von Chicago 1893 vor. Danach reiste sie drei Jahre durch die USA, schrieb Artikel für Zeitungen und Zeitschriften, hielt Vorträge und bestritt so, als berufstätige Frau, ihren Unterhalt. Die andere, Sāra Naufal, wirkte mit ihrer Schwester Hind 1892-94 in Alexandria an der ersten arabischen Frauenzeitschrift »Das junge Mädchen« mit. Seinab Fawwās, über deren Leben wir wenig wissen, veröffentlichte neben Zeitungsartikeln 1893 ein Lesedrama und später zwei Romane in einem sehr prätentiösen Stil. Sie wollte angesichts des sich unter europäischen Einflüssen verändernden Familienlebens und ethisch-moralischer Haltungen offenkundig für die Wahrung ererbter Werte wirken.

Hind Naufal war die Tochter des syrolibanesischen Journalisten Naßīm Naufal, der um 1870, wie viele Intellektuelle, wegen des liberaleren geistigen Klimas nach Ägypten gegangen war. Ihre Mutter, Maryam Nahhās (1856–1888), hatte eine englische Schule besucht und war 16jährig mit dem zehn Jahre älteren Naßīm Naufal verheiratet worden. Sie begann 1873 mit einem biographischen Lexikon berühmter Frauen, das sie in den Zeitungen ankündigte und für das sie ihren Schmuck verkaufte, um den Druck finanzieren zu können. Den ersten Teil publizierte sie unter einem Ziertitel 1879, unterstützt von der dritten Frau des ägyptischen Vizekönigs Isma'īl, deren Leben sie ausführlich darstellt. Der zweite Band ist nie erschienen, denn das Material ging verloren, als Isma'īl mit seiner Familie nach seiner Absetzung 1879 ins Ausland floh [70, 515f.].

Hind Naufals Zeitschrift vermied, sicher aus Zensurgründen, wie andere aufklärerische Blätter dieser Zeit, Fragen von Politik und Religion. Sie widmete sich den Leistungen von Frauen in Literatur und Wissenschaft und, wie damalige amerikanische und europäische Frauenzeitschriften, den Themen Haushaltsführung, Kindererziehung, Handarbeiten, Malen und Zeichnen. Hinds Vater verwaltete das Büro, also die Außenbeziehungen, ihre Schwester Sāra assistierte ihr. Hinds Heirat mit einem hohen Finanzbeamten bedeutete zwei Jahre später das Ende der Zeitschrift. Doch erschienen in den folgenden Jahren weitere Frauenzeitschriften. Die erste von einer muslimischen Journalistin war 1908 »Die Zeitschrift für den Fortschritt der Frau« von Fātima Rāschid. Auch im Iran und in der Türkei kamen damals die ersten Frauenzeitschriften mit ähnlichen Zielen heraus. Schon vorher hatten sich Frauen, zum Teil sehr kritisch, in Artikeln zur Frauenfrage geäußert. Die erste iranische Frauenzeitschrift 1910 hatte den programmatischen Titel »Wissen« [289, 614]. In Deutschland entstanden übrigens die ersten Frauenzeitschriften im Zuge der Aufklärung im 18. Jahrhundert, politisch orientierte Frauenzeitschriften gab es seit der Mitte des 19. Jahrhunderts.

Es war ein Mann, der zum leidenschaftlichen Kämpfer für Frauenemanzipation in Ägypten wurde: Kāssim Amīn (?1863–1908). Er entstammte einer Oberschichtfamilie kurdisch-türkischer Herkunft und studierte in Kairo, dann in Montpellier Jura. Nach seiner Rückkehr in seine Heimat 1885 war er als Jurist an ägyptischen Gerichten tätig. In seinem ersten Buch »Die Ägypter« (1894) verteidigte er prononciert die ägyptische Gesellschaft, auch die damalige Situation der Ägypterinnen, gegen eine oberflächliche Kritik des französischen Reiseschriftstellers Duc D'Harcourt. Durch seine richterlichen Ämter kam er offensichtlich der sozialen Realität näher. Sein sehr kritisches Buch »Die Emanzipation der Frau« (1899) rief bei konservativ-islamischen Kreisen einen Proteststurm hervor, zumal er hier auch die islamische As'har-Universität wegen ihrer überlebten Lehrinhalte angriff. Die Muslims müßten endlich lernen, zwischen den realen Forderungen ihrer Religion und ererbten Bräuchen zu unterscheiden, und sich der Gegenwart stellen. Zur Theologie gehörten heute Psychologie ebenso wie historische und naturwissenschaftliche Kenntnisse. Die schlechte Allgemeinbildung der As'har-Gelehrten sei ein Grund für den Niedergang der Religion. Zwei Jahre später trat er seinen Gegnern mit einer noch kritischeren Fassung seiner Ansichten entgegen: mit seinem Buch »Die neue Frau«.

Amīn betont, die Gleichheit der Geschlechter und die Verehrung der Frau gehörten zu den Grundprinzipien des Islams. Die mit den Jahrhunderten gewachsene Degradierung der Frau sei nicht im Islam begründet, sondern ihm durch andere, später islamisierte, Völker eingepflanzt worden. Ursache des niedrigen Sozialstatus der Frau sei der politische Despotismus, der Machtmißbrauch und die Korrumpierung des Individuums einschließe. Jeder so Korrumpierte versuche, von ihm Abhängige zu tyrannisieren. So sei die Frau als die sozial Schwächere zum Opfer männlicher Unterdrückung geworden. Nichts rechtfertige den Fortbestand dieser Situation.

Seine beiden Bücher sind auch als sozialhistorische Zeugnisse interessant. Die damaligen Geschlechterbeziehungen, die strikte Verschleierung der Frauen und die Geschlechtersegregation greift er heftig an, gibt aber zu, daß sich in den letzten 40 Jahren einiges verändert habe. Er fragt, wie ein Mann sich selbst respektieren könne, der seine Frau, die ihm Lebenspartnerin und die Erzieherin seiner Kinder sein solle, als intellektuell und religiös mangelhaft bezeichne oder eher: sie so werden ließe. Wenn eine Frau zu Listen Zuflucht nehmen müsse, um ihre Ziele durchzusetzen, so sei das ein Indiz für eine ihr von der Gesellschaft aufgezwungene Sklavenmentalität und beschämend für diese Gesellschaft. Was nütze es, einem Mädchen bis zum 14. Lebensjahr Bildung zu vermitteln, es dann aber von der Öffentlichkeit, vom Umgang mit dem anderen Geschlecht, abgesehen vielleicht von einem Ehemann, auszuschließen. Das bis dahin erworbene Wissen verkümmere unweigerlich. Ein physisch und psychisch derart eingegrenztes Mädchen könne kein vollwertiger Mensch werden. Die starke Kindersterblichkeit in Ägypten führt er ebenso auf die fehlende Bildung und Bewegungsfreiheit der Frauen zurück wie die hohe Scheidungsrate (25 %), das frühe Verblühen ägyptischer Frauen und die Ehegegnerschaft vieler gebildeter, moderner junger Männer. Diese wollten ihre künftige Partnerin wenigstens kennenlernen, das aber würde ihnen verwehrt. Glückliche Ehen und Familien als Basis eines gesunden Gemeinwesens seien nur bei geistig gleichwertiger Partnerschaft möglich. Frauen hätten ein Recht auf Bildung, auf Teilnahme am sozialen Leben und auf Berufstätigkeit, denn sie seien genauso menschliche Wesen wie Männer und diesen, wie die moderne Naturwissenschaft nachweise, intellektuell gleichwertig. Eine freie Gesellschaft könne nur errichtet werden, wenn alle ihr Zugehörigen frei seien.

Kāssim Amīn wandte sich gegen die Polygynie als frauenverachtend. Er wollte eine neues Scheidungsrecht einführen, das Scheidungen nur vor Gericht möglich machte. In seinem Buch »Die neue Frau« stellt er fest, daß alle Frauen in Ägypten behandelt würden wie Sklavinnen. Ein Mann würde nie ein Schaf oder eine Kuh kaufen, ohne beide vorher gründlich anzusehen und zu prüfen. Aber er solle sich auf eine Ehe mit einer Frau einlassen, die er nur durch die Beschreibung weiblicher Verwandter kenne. Noch schlimmer ginge es den Frauen, die zudem kaum Rechte besäßen, eine solche Ehe zu beenden.

Kāssim Amīns Frau entstammte einer türkischen Oberschichtfamilie und war von einer englischen Hauslehrerin erzogen worden. Seine eine Tochter hatte eine englische, die andere eine französische Gouvernante. Seine Frau und seine Töchter wurden nach dem Erscheinen seiner Bücher belästigt, weil Zeitgenossen seine Forderung nach einem freieren Umgang der Geschlechter bewußt mißinterpretierten. Für ihn war England Vorbild (das nach dem ägyptischen Staatsbankrott und dem gescheiterten Aufstand des Orābi Pascha 1882 das Land besetzt hatte). Herbert Spencers (1820–1903) entwicklungs- und erziehungsphilosophische Ideen beeindruckten ihn sehr.

Kāssim Amīn, der in Paris sehr zurückhaltend gelebt haben soll, idealisierte die freieren Geschlechterbeziehungen in Westeuropa und die aus ihnen resultierenden bürgerlichen oder großbürgerlichen Ehen, deren Glück er der besseren Erziehung der Frauen zuschreibt. Die Sozialsatiren Strindbergs, Schnitzlers, Hofmannsthals oder Sternheims zeichnen ein völlig anderes Bild von der damaligen europäischen bürgerlichen Gesellschaft und ihrer Verlogenheit.

Die Verschleierung befürwortete Amīn im koranischen Sinn, das heißt, einer züchtigen Verhüllung, die Hände und Gesicht freiließ. Er lehnte die Geschlechtersegregation und die Einsperrung der Frau ins Haus als eines freien Menschen und einer modernen Gesellschaft unwürdig ab. Polygynie wollte er bei Unfruchtbarkeit, auch bei einer schweren Krankheit der Frau zulassen, doch sollten solche Widrigkeiten eigentlich vom Ehepartner mitgetragen werden. Unfruchtbarkeit des Mannes scheint dabei nicht im Bereich des Denkbaren gelegen zu haben. Nur für die Primärstufe forderte er eine identische Ausbildung für Jungen und Mädchen. An eine höhere Schulbildung für Mädchen dachte weder Rifā'a at-Tachtāwi, noch Kāssim Amīn, der sich in seinen letzten Lebensjahren für die Gründung einer nationalen ägyptischen Universität als säkularer Bildungsinstitution im Gegensatz zur islamischen As'har-Universität einsetzte. Die heutige Kairo-Universität wurde kurz nach seinem Tod, 1908, gegründet.

Wenn Kāssim Amīn die As'har-Gelehrten als unzeitgemäß kritisiert und sagt, die Verse des Korans, mit denen seit Jahrhunderten Polygynie, Verschleierung und Segregation der Frau gerechtfertigt würden, seien aus historischen Gründen mißverstanden worden, beruft er sich auch auf seinen Freund Muhammed Abduh (1848–1905), den er in Paris kennengelernt hatte. Der Theologe Muhammed Abduh wurde nach einigen Jahren Exils in Paris – er hatte sich am nationalistischen Aufstand des Orābi Pascha 1880/81 beteiligt – 1899 bis 1905 Großmufti in Ägypten. Er war also die höchste Instanz für das religiöse Recht, zu dem das Familienrecht gehörte. Abduh hatte seit 1880 in Zeitungs- und Zeitschriftenartikeln betont, daß es keine Konflikte zwischen Wissenschaft und richtig verstandenem Islam geben könne. Die Überlegenheit des Islams über alle anderen Religionen liege in seiner Rationalität und seiner Realitätsnähe. Er vertrat die völlige Willensfreiheit des Menschen im Interesse einer Neugestaltung der Gesellschaft, die jedermanns Aktivität und, im Sinn der Mystik, zwischenmenschliche Solidarität verlange.

Seinen Korankommentar konnte er nicht fertigstellen, aber er interpretierte Koranverse neu, die Grundlage der Geschlechterbeziehungen und des Familienlebens im Islam sind. Die Polygynie behandelte er als historische und soziale Frage und betonte, daß sie im frühen Islam für die Versorgung von Witwen und Waisen notwendig war, daß der Islam sie aber nur gestatte, wenn der Mann seinen Frauen gegenüber gleichmäßig gerecht sei. Das aber sei, wie der Koran ebenfalls feststellt, unmöglich.

Bezeichnend für die geistige Entwicklung dieser Zeit ist der unterschiedliche Stil der Autoren: At-Tachtāwi bezeichnet sich im Vorwort seines Reiseberichts als »den armen Knecht Gottes«. In (zeitbedingt notwendiger) feudaler Unterwürfigkeit appelliert er an Muhammed Alī, er solle in Ägypten kulturelle Bedingungen schaffen, wie sie in Frankreich herrschten. Er preist ihn überschwenglich für das, was bereits erreicht sei. Muhammed Abduh spricht in seinen religiös-politischen Artikeln von sich als »wir«. Kāssim Amīn dagegen verzichtet in den Vorworten seiner Bücher auf religiöse Floskeln und formuliert seine Kritik wie seine Forderungen selbstbewußt in der ersten Person Singular.

Angeregt von Kāssim Amīn und Muhammed Abduh wurde Malak Hifni Nāßif (1886–1918). Als Tochter eines Philologen, der als Beamter bei Hof Karriere machte, erhielt sie 1900 eines der ersten Abschlußzeugnisse einer staatlichen Kairoer Mädchenschule und 1903 gemeinsam mit einer Christin und einer Jüdin das Lehrerinnendiplom. Als Hauslehrerin propagierte sie in den Familien die staatliche Mädchenschulbildung.

Nachdem sie 1907 mit einem reichen Beduinenscheich im Fayyūm verheiratet wurde, publizierte sie Artikel zur Situation der Ägypterinnen in der Zeitung der 1908 gegründeten Liberal-Konstitutionellen Partei. Sie rief die ersten privaten ägyptischen Frauenvereinigungen ins Leben und hielt vor Hunderten von Frauen in Kairo lange Vorträge, um ihnen ihre Situation und deren notwendige Änderung bewußt zu machen. Sie ermutigte sie, sich prominente Araberinnen aus der Frühzeit des Islams und die Aktivität von Europäerinnen zum Vorbild zu nehmen. Zu einigen Vertreterinnen der europäischen und amerikanischen Frauenbewegung hatte sie gute Kontakte. Sie forderte die gleiche Ausbildung für Frau und Mann, Primärschulpflicht und guten Religionsunterricht für Mädchen, ihre Zulassung zu Sekundärschulen, Zulassung der Frauen zum Moscheebesuch und zum Gottesdienst und aus ihrer eigenen sehr unglücklichen Ehe heraus Gleichberechtigung in der Ehe und im Familienrecht, die Abschaffung der Polygynie und die Reform des Scheidungsrechts. Sie fand dafür sogar gelegentlich humorvolle Worte, zum Beispiel, daß es doch keinen *Fermān* (»Sultansdekret«) Gottes für die derzeitige Situation der Musliminnen gebe. Für die erste ägyptische Parlamentssitzung vom 29. April bis 4. Mai 1911, auf der nur Männer berieten, reichte sie einen Zehnpunkteplan mit ihren Forderungen für die Ägypterinnen ein. Zur Verschleierung meinte sie, man solle Frauen zuerst eine bessere Bildung zuteil werden und sie dann selbst darüber entscheiden lassen.

Als der irakische Dichter Dschamīl Sidki as-Sahāwi 1910 in einer ägyptischen Tageszeitung einen sehr kritischen Artikel zur Situation der Frau in den islamischen Ländern publizierte, in dem er die muslimischen Männer aufforderte, sich vorzustellen, die Satzungen der Scharī'a für Frauen sollten für sie, die Männer, gelten, wurde er in Bagdad von den Kanzeln verflucht und wagte sich eine Woche lang nicht aus dem Haus [288]. Erst in den 20er Jahren fand in der irakischen Presse ein heftiger, in Gedichten ausgetragener, Kampf von Befürwortern und Gegnern der Verschleierung und Segregation statt. An ihm beteiligten sich auf beiden Seiten Autoren sunnitischer wie schī'itischer Herkunft. Befürworter von Schleier und Segregation meinten, beides hindere Frauen nicht, Bildung zu erwerben, wahre aber die islamische Moral [291].

1910 begannen junge Frauen der Oberschicht in Istanbul, das Haus ohne Gesichtsschleier zu verlassen. Um dieselbe Zeit erregte es noch Aufmerksamkeit, daß eine junge Türkin sich fotografieren ließ, denn es war ungewöhnlich, daß eine junge Frau Nichtverwandten ihr Gesicht zeigte. In Ägypten legte Huda Schaarāwi (1879–1946), die Vorsitzende der jungen Frauenunion der Wafd-Partei, bei der Rückkehr von einer Frauenkonferenz in Rom 1923 im Hafen von Alexandria und ein zweites Mal im Kairoer Hauptbahnhof ihren Schleier ab, um ein Beispiel zu geben. Sie war damals allerdings schon in einem Alter, für das der Koran größere Freiheiten gestattet. Doch hatten Frauen diese bisher schon aus Eitelkeit selten wahrgenommen. Für 1926 stellte ein ausländischer Beobachter fest, die Situation der Frauen in Teheran, selbst der höchsten Schichten, unterscheide sich erschreckend von der in Kairo oder Konstantinopel [138, 92]. Im Sommer 1928 war es eine Sensation, daß der Polizeichef von Teheran mit seiner verschleierten Frau ein Caféhaus aufsuchte – bis heute sind die traditionellen arabischen Caféhäuser Männern vorbehalten. Um diese Zeit gab es in Teheran, dem Bericht einer europäischen Beobachterin zufolge, zwei oder drei Frauen und ein halbes Dutzend größere Schulmädchen, die auf den Gesichtsschleier verzichteten. Als Schah Resa Pachlavi 1936 das Schleiertragen gesetzlich verbot und Verstöße gegen das Gesetz hart geahndet wurden, verließen viele Frauen das Haus nicht mehr. Auch Männer, die vermeiden wollten, unverschleierten Frauen zu begegnen, taten das. 1941, mit dem Machtantritt seines Sohnes, wurde das Gesetz aufgehoben. Jahrhundertelang eingebürgerte Sitten lassen sich nicht plötzlich durch ein Gesetz abschaffen. Nach 1941 kehrten die meisten Frauen der unteren sozialen Schichten zum Schleier zurück. Westliche Kleidung wurde kennzeichnend für Frauen der Oberschicht. Zudem hatte dieses Gesetz an der sozialen Ungleichheit von Mann und Frau nichts geändert.

Der marokkanische Sultan Muhammed V. setzte 1943 sein Volk in Erstaunen, als er seine Tochter Ā'ischa, sicher ebenfalls, um ein Beispiel zu geben, unverschleiert in der Öffentlichkeit präsentierte. Auf der Eröffnungssitzung der All India Womens' Conference in Lahore 1931, an der Inderinnen verschiedener Konfessionen teilnahmen, begrüßte die Vorsitzende die Anwesenden über Mikrophon, aber hinter einem Wandschirm sitzend, also den Blicken verborgen.

Seit den zwanziger Jahren machten Reisen von Familien der Oberschicht nach Westeuropa auch Frauen aus vorderorientalischen Ländern die andere Situation der Europäerinnen deutlich und veranlaßten sie, dort ihren Schleier abzulegen. Seit drei bis vier Jahrzehnten trägt auch in sehr traditionellen Ländern und Familien das Fernsehen zur visuellen Information über andere Lebensformen bei. Doch noch um 1980 konnte ein junges Mädchen in den Emiraten zwar dem ihr von der Familie vermittelten Bräutigam ein Foto von sich schicken und auch mit ihm telefonieren, aber sie durfte ihn nicht persönlich sehen [246]. Daß nordjemenitische Araberinnen um eben diese Zeit ihr Gesicht verhüllten, wenn ein männlicher Fernsehsprecher auf dem Bildschirm erschien, berichtet eine europäische Beobachterin [159].

Daß Schleier, Milāya, Abāya, Tschador und Tscharschaf den Frauen den Schutz der Anonymität geben, war in Zeiten politischer Kämpfe in diesem Jahrhundert willkommen, konnten Frauen doch so ungehindert Flugblätter und Waffen transportieren. Daß die Anonymität zu Unmoral herausfordere, stellten sozialkritisische Erzähler im Irak in den 30er Jahren dar, und es wurde mir in Tunesien angesichts der zunehmenden Verhüllung 1983 von einer sozialkritischen Schriftstellerin gesagt. Damit solle nur Konventions- und Moralkonformität vorgetäuscht werden. Es handle sich um reine Heuchelei. Andererseits liest man bei progressiven arabischen Feministinnen [z. B. 110], daß berufstätige Frauen in männerdominierten Bereichen sich heute freiwillig wieder der Verhüllung, die ja nicht den Gesichtsschleier einbegreifen muß, bedienen, weil sie ihre soziokulturelle Identität betonen und auch, weil sie nicht zu männlichen Sexualobjekten degradiert werden wollten. Sie fühlten sich so freier.

Daß die Verhüllung des Haars auch zum modischen Accessoire »gestylt« werden kann, spitzen- und/oder paillettenbesetzt, farblich passend zur sonstigen Kleidung und Kosmetik, bewiesen Läden und junge Frauen im modernen Kairoer Stadtteil Heliopolis im Frühjahr 1989. Im Iran gehört zur Tschadorpflicht auch der Verzicht auf alle Kosmetika. Der Tschador soll enterotisieren.

Der Roman »Gazellenmoschus« (1988, deutsch reißerisch: »Im Banne des Hightech-Harems«) der Libanesin Hanān el-Scheich (geb. 1945), der in einem ungenannten Ölland am Golf spielt, macht deutlich, wie rigider Zwang zur Verhüllung und Anonymisierung durch den Gesichtsschleier und zu strikter Geschlechtertrennung Doppelmoral fördert.

Heute sind die weiblichen Einschulungsquoten, Unesco-Statistiken zufolge, bei allgemeiner Schulpflicht für Jungen und Mädchen, wie sie nach der Erringung der nationalen Unabhängigkeit seit den 50er Jahren Gesetz wurde, natürlich erheblich gestiegen. Die Analphabetenraten sinken stetig. Trotzdem lagen sie in Ägypten 1986 für Männer bei 41,6 %, 1995 bei 36,4 %, für Frauen 1986 bei 67,2 %, 1995 bei 61,2 %, in Marokko 1986 für Männer bei 56,3 %, 1995 bei 43,4 %, für Frauen 1986 bei 82,5 %, 1995 bei 69 %, im Iran 1981 für Männer bei 33,8 %, 1995 bei 21,6 %, für Frauen 1981 bei 57,3 %, 1995 bei 34,2 % – der letzte Schah hatte bereits umfangreiche Alphabetisierungskampagnen, vor allem auf dem Land, durchgeführt. In Saudi-Arabien sank die Analphabetenrate von 97,5 % im Jahr 1962 auf 37,2 % 1995, davon 28,5 % Männer, 49,8 % Frauen. Die Türkei gibt für 1980 eine männliche Analphabetenrate von 18,7 %, eine weibliche von 50,2 % an und differenziert für 1990 zwischen Stadt- und Landbevölkerung: bei Männern 6,5 % in Städten, 16,2 % auf Dörfern, bei Frauen 23,9 % in Städten, 42,3 % auf Dörfern. Für 1995 wird eine geschätzte Gesamtzahl von 8,3 % männlichen und 27,6 % weiblichen Analphabeten angegeben. Generell gibt es also immer noch viel mehr weibliche Analphabeten als männliche und auf den Dörfern erheblich mehr als in den Städten. Für Oman und die Emirate wird die Zahl männlicher und weiblicher Analphabeten als nahezu gleich und relativ niedrig angegeben. Vermutlich sind die wesentlich spätere Gründung von säkularen Schulen mit allgemeiner Schulpflicht und die Förderung der Erwachsenenbildung die Ursachen. Daß Statistiken vom richtigen Zensus abhängen, muß ebenso bedacht werden, wie ihre gelegentlich geschönten Zahlen. Die Fähigkeit, den eigenen Namen lesen und schreiben zu können, bedeutet noch nicht Lesefähigkeit. Man sollte heute allerdings die Bedeutung der elektronischen Medien nicht unterschätzen. Daß Menschen, die Analphabeten sind, weil ihnen die Bildungsmöglichkeiten fehlten, durchaus intelligent und interessiert sein können, habe ich öfter feststellen können.

Nabawiyya Mūßā (1890–1951), Tochter eines früh verstorbenen Offiziers, war 1907 die erste Ägypterin, die das Bakkalaureat ablegte. Sie hatte sich darauf eigenständig vorbereitet und mußte einige bürokratische Hürden überwinden. In ihrem kleinen Buch »Die Frau und die Arbeit« (1920) rief sie, damals Direktorin des Staatlichen Lehrerinnenseminars in Alexandria, zu einer Reform der mädchentypischen Bildung in Ägypten auf. Statt nach dem Besuch der Primärschule in demütigender Situation zu Hause auf einen Ehemann zu warten, sollten Mädchen den Zugang zu höheren Schulen, zur Studienreife und damit zu Berufen wie Ärztin, Rechtsanwältin, Lehrerin haben. Das würde auch zu einer moralisch-ethischen Reformierung der ägyptischen Gesellschaft beitragen. Wenig ehrenhafte Tätigkeiten, bei denen Geschlechtertrennung keine Rolle spielt, wie Straßenhandel und Prostitution, dürften Frauen ja durchaus mit männlicher Billigung übernehmen. Selbst die Schneiderinnen in Ägypten kamen damals aus Europa, und Frau Mūßā rief dazu auf, daß Ägypterinnen dieses Handwerk lernen sollten, damit ägyptisches Geld im Land bliebe.

Nabawiyya Mūßā war wohl auch die erste, die auf den Bildungswert guter Kinderbücher für die Lesefähigkeit von Kindern, ihre Welterkenntnis und ihr Interesse am Leben hinwies. Wahrscheinlich hatte sie, als sie dieses Büchlein schrieb, einen Aufenthalt in England hinter sich. Sie wurde bald die erste Inspektorin im ägyptischen Erziehungsministerium, gab aber diese Position auf, als es zu Meinungsverschiedenheiten mit männlichen Vorgesetzten kam, und gründete eine eigene Mädchenschule in Alexandria [185; 38].

Eine höhere Schulbildung wurde Musliminnen meist erst nach dem Ersten Weltkrieg möglich. In Europa wurden Frauen vor 1900 zum Studium offiziell nur in Österreich und der Schweiz, in Deutschland seit 1900 zugelassen, oft gegen erhebliche Widerstände männlicher Professoren. Im Vorderen Orient konnten Frauen, abhängig von der späten Gründung säkularer Universitäten, erst nach 1920 ein Studium beginnen. In Istanbul gab es aber seit 1893, also früher als in Deutschland, Hörerinnen an der Medizinischen Fakultät und seit 1899 Studentinnen der Medizin. Türkische Ehemänner hätten ihre Frauen keinem männlichen Arzt überlassen. 1913 wurde in Istanbul eine »Frauenuniversität« gegründet, und ab Februar 1914 gab es Frauenkurse an der Universität Istanbul. 1921 wurde an der Universität Istanbul Koedukation eingeführt.

1925 übernahm Schah Resa Pachlavi, ein ehemaliger Offizier, nach dem Sturz der Kadschärendynastie im Iran die Macht und begann mit vorsichtigen Reformen. 1928 wurde einigen jungen Frauen aus der Oberschicht ein Stipendium für ein Auslandsstudium gewährt. Der Erlaß des Schahs 1938, der Frauen das Studium an der 1935 gegründeten Universität Teheran ermöglichte, schloß die Zulassung zur Berufstätigkeit, auch zu Regierungspositionen ein.

Daß die Überwindung der seit Jahrhunderten gewohnten Geschlechtertrennung an Universitäten islamischer Länder zunächst nicht leicht war, erzählt Nagīb Machfūs aus männlicher Sicht in seinem Buch »Spiegelbilder« am Beispiel Kairos 1930. Die persische Schriftstellerin Badr al-Mulūk Bāmdād schildert dies aus weiblicher Erfahrung für 1938, als an der Universität Teheran die ersten zwölf Mädchen immatrikuliert wurden: »Während die Mädchen sich bewußt und stolz auf das Betreten des Hörsaals eingestellt hatten, waren die Jungen ganz verwirrt. Für die meisten war das Zusammensein mit Mädchen etwas völlig Unvorhergesehenes. Deswegen vermieden sie es, zu den Mädchen zu sprechen, und sogar, ihnen zu antworten, und wenn sie dem nicht entgehen konnten, erröteten sie über das ganze Gesicht und stotterten. Während der Vorlesungen blieben die Plätze links und rechts von den Mädchen leer.

Manche älteren Professoren waren genauso ängstlich wie die Studenten, wenn sie zu den Mädchen sprechen oder ihnen ins Gesicht sehen sollten. Eine Studentin, die damals im zweiten Jahr studierte, fragte einen Professor, der die Augen schloß, als er ihre Frage beantwortete: ›Trauen sie Ihren Augen nicht, Herr Professor?‹ Er war verlegen und fragte: ›Was meinen Sie damit?‹ ›Ich meine, warum wollen Sie Mädchen nicht ansehen?‹ – Den Bibliothekar störte der Anblick der Mädchen Seite an Seite mit den Jungen so sehr, daß er eine Ecke für sie kennzeichnete wie einen Harem, wo sie sicher sitzen konnten« [173, 25f.].

An der Universität von Masqat in Oman, an der der Studienbetrieb am 1. April 1986 begann, betreten die Studentinnen in traditioneller omanischer Tracht, mit bedecktem Haar, die Hörsäle über einen gesonderten Gang durch eine Tür hinten im Raum und sitzen hinter den männlichen Studenten, die den vorderen Eingang benutzen. Der Hörsaalcampus ist auf zwei Ebenen errichtet, der unteren für Frauen, der oberen für Männer. In den jungen Universitäten der Golfstaaten studieren erheblich mehr Studentinnen als Studenten, denn die männlichen Studenten können ein Studium auch an traditionsreicheren Universitäten im Ausland aufnehmen. Studentinnen sollen konventionellen Vorstellungen zufolge ihrem Elternhaus so nahe wie möglich bleiben.

An den heute sieben Universitäten Saudi-Arabiens – 1959 öffnete in Riād die erste saudiarabische Universität – gibt es jetzt auch Professorinnen. Aber die Geschlechtertrennung gilt auch für den Lehrkörper. Studentinnen hören die Vorlesungen männlicher Professoren über Video-Geräte, stellen Fragen per Telefon und benutzen die Universitätsbibliotheken, wie auch die Professorinnen, nur an Tagen, an denen sie für männliche Studenten und Professoren gesperrt sind.

An der Fakultät für Religiöses Recht der islamischen As'har-Universität in Kairo wurden Mitte der dreißiger Jahre Frauenkurse eingeführt. Eine der ersten Teilnehmerinnen war Seinab al-Ghasāli (geb. 1917), die 1937 in Gegenwart des damaligen Scheichs der As'har, der diese Kurse leitete, die Organisation Muslimischer Frauen, den Frauenflügel der 1928 gegründeten Organisation der (fundamentalistischen) Muslimbrüder, gründete. Als in der Nasser-Zeit die As'har zur »As'har der Revolution« umgestaltet werden sollte, erhielt sie 1962/63 eine Mädchenfakultät. 1977 ging durch die ägyptische Presse, daß As'har-Studentinnen das Universitätsgelände nur in islamischer Kleidung betreten dürften, eine Aufforderung, die bald wiederholt, aber nach meinen Beobachtungen zunächst nicht befolgt wurde. Damals sah man an naturwissenschaftlichen Fakultäten der Kairoer Universitäten zum ersten Mal streng verhüllte junge Frauen mit Gesichtsschleier und Handschuhen.

Die Universität Teheran wurde zwischen 1979 und 1982 geschlossen, um sie den Erziehungszielen der Islamischen Republik anzupassen. Alle säkularen Tendenzen und ihre Vertreter sollten verschwinden. Wie generell in der Gesellschaft wurde die Segregation propagiert. Die Koedukation, die zur Schahzeit eingeführt worden war, sollte zunächst durch eine separierte Sitzordnung beseitigt werden. Die Aufhebung der schulischen Koedukation und die Weisung, daß Schülerinnen nur von Lehrerinnen auszubilden seien, führte zur Überfüllung der »normgerechten« Mädchenschulen, zur Schließung der übrigen und zur Ermutigung für Mädchen, Lehrerin zu werden.

Koedukation an Schulen, auch über die Pubertät hinaus, gibt es in der Türkei, in Tunesien und oft in kleinen Orten, wo sich getrennte Schulen für Jungen und Mädchen zahlenmäßig nicht lohnen würden.

Die Zahl der Studentinnen wächst, und in den meisten Ländern ist das gemeinsame Studium von Studenten und Studentinnen ebenso zur Normalität geworden wie die Ausbildung männlicher Studenten auch durch

Professorinnen. In der Türkei gab es die ersten Frauen in der akademischen Hierarchie seit Beginn der dreißiger Jahre. Heute ist die Zahl der Professorinnen in der Türkei prozentual höher als in Deutschland.

1922 eröffnete die erste türkische Ärztin eine Praxis in Istanbul, 1927 gab es die erste türkische Rechtsanwältin, 1930 die erste Richterin, 1932 die erste Staatsanwältin. 1926 war Frauen in der Türkei mit der Übernahme des Schweizer Zivilrechts das Recht auf einen Beruf, darunter auch die Beamtenlaufbahn, zuerkannt worden. Sie erhielten Bildungs- und rechtliche Chancen, die sie zunächst in anderen vorderorientalischen Ländern nicht hatten. Auch wenn seit etwa 1949 in der Türkei der Einfluß konservativ-islamischer Kreise zugenommen hat, war 1978 bei einer weiblichen Berufstätigkeitsrate von 10 % der gesamten erwerbstätigen Bevölkerung jeder fünfte praktizierende Rechtsanwalt und jeder sechste Arzt im Land eine Frau.

1937 promovierte die erste irakische Ärztin an der Amerikanischen Universität in Beirut. 1960 kehrte die erste promovierte irakische Chemikerin aus dem Ausland zurück. Vom Richterberuf sind Frauen in vielen islamischen Ländern bis heute ausgeschlossen. Doch Länder, die Progressivität demonstrieren wollen, etwa Syrien oder der Irak, setzten sie seit Ende der 70er Jahre als Familienrichterinnen ein. Im Iran wurden die Familienrichterinnen der Schahzeit unmittelbar nach der Machtergreifung der Mollahs 1979 entlassen [197, 232]. Hier erreichte weibliche Berufstätigkeit ihren Höhepunkt in den 60er Jahren und sank bis in die Mitte der 70er. Das wird mit dem wirtschaftlichen Boom in dieser Zeit erklärt, der gut verdienende Männer veranlaßte, Frauen wieder in ihre traditionelle Rolle als Hausfrauen und Mütter zu zwingen. Auch die staatliche Propaganda im Iran vertrat damals diese Linie. 1974 war nur einer von sieben oder zehn Ärzten im Land eine Frau, und es gab unter den etwa 12 000 Ingenieuren 350 Frauen [197, 165]. Von 4438 Spitzenpositionen waren 340, weniger als 8 %, in weiblicher Hand. Untersuchungen über die Situation berufstätiger Frauen im Iran dieser Zeit stellten generell Vorurteile gegen Frauen in verantwortlichen Positionen, sexuelle Belästigung am Arbeitsplatz, Beförderung auf Grund sexueller Gunstbezeugungen gegenüber männlichen Vorgesetzten und die Diskriminierung muslimischer Kleidung als dem offiziell propagierten Frauenbild nicht konform fest [ibid.]. Tatsächlich griffen manche Studentinnen nicht aus religiöser Überzeugung, sondern aus Opposition gegen das Schahregime Mitte der 70er Jahre zum Tschador. Es gab Demonstrationen muslimischer Studenten gegen universitäre Koedukation, auch gegen gemeinsame Mensen für Männer und Frauen. Trotz der islamisch-konservativen Politik der Mollahs hat die weibliche Berufstätigkeit mit dem irakisch-iranischen Krieg aus wirtschaftlichen Gründen nicht abgenommen: Männliche Arbeitskräfte fehlen. 1976 wurden 68,7 % der iranischen Frauen als ökonomisch inaktive Hausfrauen geführt, 1986 waren es 68,6 % [197, 335]. Generell ermutigt die Mollahregierung weibliche Heimarbeit, die zum Familienunterhalt beiträgt, wie das Teppichweben.

Staatlich verordnete Segregation muß weiblicher Berufstätigkeit nicht hinderlich sein, vor allem, wenn ein Land auf Gastarbeiter verzichten will. In Saudi-Arabien gibt es Banken und andere Unternehmen mit einer rein weiblichen Belegschaft und vermutlich Kundschaft. Generell sind die weiblichen Berufstätigkeitsraten in allen vorderorientalischen Ländern relativ niedrig und natürlich auch abhängig von ihrer wirtschaftlichen Situation.

Saudi-Arabien ist das einzige islamische Land, in dem Frauen nicht Auto fahren dürfen. Auch in Libyen arbeiten Frauen in Universitäten und anderen Behörden. Sie tragen auf den Straßen den weißen oder auch bunten Umhang, den aber Ausländerinnen nicht anlegen müssen, und dürfen, schon damit sie sich freier bewegen können, Auto fahren.

Die erste arabische Ministerin war 1959 eine Irakerin für das Ressort Landwirtschaft. Seit den siebziger Jahren haben bis auf Saudi-Arabien, alle Golfstaaten, den Jemen, Jordanien, den Libanon, Libyen und Marokko alle vorderorientalischen Länder wohl schon aus Gründen des Images eine Ministerin, Syrien, der Irak und Ägypten sogar zwei. Bevorzugt werden Ressorts, die als frauenspezifisch gelten, etwa in Ägypten seit 1962 »Soziale Angelegenheiten«. In Syrien ist seit 1980 das Kulturministerium, seit kurzem auch das Hochschulministerium in weiblicher Hand. Ins Zentralkomitee der PLO wurde 1980 eine Frau gewählt.

Die erste Ministerin für Frauenfragen in der dritten Welt war 1975 Mahnaz Afkhami, Sekretärin der staatlichen iranischen Frauenorganisation. Farrokhru Parsa, von 1968 bis 1978 Erziehungsministerin, wurde nach dem Sturz des Schahs 1979 beschuldigt, Korruption und Prostitution im Land verbreitet und Krieg gegen Gott geführt zu haben, und im

Alter von 69 Jahren hingerichtet. Sie war die erste Iranerin, die aus politischen Gründen exekutiert wurde [197, 347]. Ihre Mutter, Fakhr Afag Parsa, aus einer Familie schī'itischer Geistlicher in der Pilgerstadt Meschhed, hatte seit 1921 eine Frauenzeitschrift herausgegeben, die aber ihr Erscheinen immer wieder einstellen mußte [ibid., 94]. Seit 1979 gibt es im Iran keine Ministerin mehr.

Daß Frauen auch Ministerpräsidentinnen werden können, bewiesen Binazir Bhutto in Pakistan und Tansu Çiller in der Türkei. Möglicherweise ist die heftige Kritik an ihnen auch darin begründet, daß eine Frau in dieser Position immer noch ungewohnt ist. Einige Monate, nachdem Binazir Bhutto, Tochter des 1979 von seinen Gegnern hingerichteten Politikers Zulfikar Bhutto, im November 1988 dieses Amt übernommen hatte, rief die pakistanische Botschaft aus Bonn bei mir an und bat um Beispiele aus der islamischen Geschichte für Frauen als Regentinnen. Die fundamentalistische Dschamā'ate Islamī, die Islam-Partei, wollte keine Frau in dieser Position.

Seit Beginn dieses Jahrhunderts fanden sich Frauen der Oberschicht in Klubs und Frauenorganisationen zusammen, um gemeinsam für mehr Frauenbildung, für Reformen des islamischen Familienrechts, später auch für politische Rechte von Frauen zu wirken. Das geschah zuerst in der Türkei. Im Iran erstarkte die Frauenbewegung in den Kämpfen um die erste Verfassung 1905–1911. Frauen der Bildungselite demonstrierten für die Verfassung, gegen Verschleierung und Segregation, wurden aber beim letzteren nicht nur von überzeugten Schī'iten der Mittelschichten, sondern auch von deren Frauen angegriffen oder belästigt.

An der ägyptischen Revolution von 1919 beteiligten sich Frauen im anonymisierenden schwarzen Umhang, der Abāya, wie es später Algerierinnen im Kampf um die Unabhängigkeit ihres Landes taten. Mit der Begründung, nun sei die kulturelle Identität vorrangig, wurde nach dem Sieg der algerischen Revolution 1962 Frauen, die am politischen Kampf der Männer mutig teilgenommen hatten, die Rückkehr zur traditionellen Frauenrolle nahegelegt.

Zu den ersten Frauendemonstrationen im Iran vor und nach dem Sturz des Schahs trugen Frauen verschiedener oppositioneller Richtungen und aus unterschiedlichen sozialen Schichten den schwarzen Tschador freiwillig als Zeichen ihrer kulturellen Identität [197, 214]. Als er bald darauf allen Frauen zur Pflicht gemacht werden sollte, gab es Gegendemonstrationen, und es entstand, wie eine iranische Soziologin feststellt, ein Machtkampf um den Körper der Frau [197, 231 ff.]. Frauen, die an den Demonstrationen teilgenommen hatten, waren die ersten, die entlassen wurden. Innerhalb kurzer Zeit wurde der Tschador für Frauen in allen Berufen, selbst bei Tätigkeiten im Ausland und auf Auslandsreisen obligatorisch.

Die ersten arabischen politischen Frauenorganisationen entstanden während der Mandatszeit seit 1920, so in Palästina 1921, in Ägypten 1923, im Irak 1924. Die erste ägyptische Verfassung von 1923 proklamierte die Gleichberechtigung aller Ägypter vor dem Gesetz, Gleichheit in bürgerlichen und politischen Rechten und öffentlichen Verantwortlichkeiten, unabhängig von Rasse, Sprache oder Religion. Aber Frauen erhielten nicht das Wahlrecht. Zur Parlamentseröffnung wurden nur Ehefrauen von Ministern und hohen Staatsbeamten zugelassen.

Mit der Herausbildung unabhängiger arabischer Nationalstaaten seit den frühen 50er Jahren enstanden meist von den jeweiligen Regierungen geförderte und mit ihnen zusammenarbeitende Frauenorganisationen, deren Regierungsnähe oft dadurch zum Ausdruck kam und kommt, daß die Vorsitzende oder Ehrenvorsitzende die Frau des Staatspräsidenten, wie Jihan Sadat, oder des Königs ist, etwa in Jordanien, oder doch ihm nahesteht. Präsidentin der staatlichen iranischen Frauenorganisation, in der sich 1966 bis dahin unabhängige Organisationen auf höchste »Anregung« zusammenfanden, war Prinzessin Aschraf, eine Schwester des Schahs, Vizepräsidentin wurde Farida Diba, seine Schwiegermutter [197, 149]. Das demonstriert das Engagement des jeweiligen Staatsoberhaupts für die Situation der Frauen im Land und gibt andererseits die Möglichkeit, mit Hilfe dieser Organisation die Politik der Regierung unter den Frauen populär zu machen. Hier ging und geht es oft auch um geschickte religiös-politische Balance-Akte bei der Durchsetzung etwa von Rechtsreformen. Das Leitungsgremium der staatlichen iranischen Frauenorganisation bestand aus einer Frau, Farrokhru Parsa, der Erziehungsministerin, und neun Männern.

Daß Frauenorganisationen in der Dritten Welt generell sozial dringliche Aufgaben für Frauen der Unterschichten übernehmen, etwa Kurse in Hygiene, Säuglingspflege, gesunder Ernährung, Haushaltsführung,

Handarbeiten und Maschinenschreiben durchführen, auch Alphabetisierungskurse oder aufbauenden Schulunterricht für Frauen veranstalten, die sehr jung verheiratet wurden, etwa in den Emiraten, wo die Scharī'a weiterhin gilt, steht außer Zweifel. Nur in Tunis im November 1983 habe ich Vertreterinnen der offiziellen Frauenorganisation erlebt, die aus ihrer Kritik am damaligen, senil gewordenen Präsidenten Bourguiba keinen Hehl machten. In einem Zwiespalt zwischen geschlechtspezifischen Forderungen und den Notwendigkeiten der Intifada (seit 1987) scheinen die Frauenorganisationen der Palästinenser zu stehen, die sich deswegen auch männlichen Schutzes versehen. Daß eine Frau in der Öffentlichkeit mit politischen oder rechtlichen Forderungen auftritt oder gar aus politischen Gründen inhaftiert wird, verstieß lange gegen konventionelle islamische Ehrbegriffe.

In der Türkei, die sich in ihren Verfassungen seit 1928 als laizistischen Staat bezeichnet, erhielten Frauen 1930 das aktive Wahlrecht und konnten seit 1933 in den Senat, seit 1934 in die große Nationalversammlung gewählt werden. Zum Vergleich: In Deutschland und Österreich erhielten Frauen das aktive und passive Wahlrecht 1919, in der Schweiz immerhin 1971. Artikel 1 der UNO-Konvention über die politischen Rechte der Frauen vom 31. Januar 1953 sieht dies für alle Frauen vor.

In den meisten arabischen Ländern wurden Frauen in den 50er Jahren wahlberechtigt, oft aber erst nach Auseinandersetzungen mit religiösen Autoritäten. In Syrien erhielten sie das Wahlrecht bereits 1949, in Ägypten und Tunesien 1956, in Algerien 1962, in Marokko 1963, im selben Jahr im Iran, im Irak erst 1980 [178, 13]. In Kuweit haben sie es trotz einer starken Frauenorganisation, eines relativ hohen Anteils an gut ausgebildeten Frauen und der gesetzlich garantierten Gleichstellung von Männern und Frauen bis heute nicht. 1957 gab es die beiden ersten Frauen im ägyptischen Parlament, bei einer Gesamtzahl von 360 Parlamentariern. 1982/83 waren unter den 390 ägyptischen Parlamentariern 35 Frauen, also keine zehn Prozent. Ähnlich ist es heute in der Türkei, wo der Frauenanteil früher etwas höher lag. Im Iran waren nach den Wahlen von 1963 sechs Frauen unter den 197 Parlamentariern, von sechzig Senatoren waren zwei Frauen. 1975 gab es unter den 270 Parlamentariern 18 Frauen, von den sechzig Senatoren waren wieder zwei Frauen.

Zum Vergleich: Im Parlamentarischen Rat der Bundesrepublik waren

1949 vier Frauen, bis 1987 waren Frauen im Bundestag mit weniger als zehn Prozent präsent. In Österreich wurde die Zehnprozenthürde bei den Wahlen 1983 überschritten [153, 898 ff.].

Daß die Präsenz von Frauen in einem Parlament nicht immer ein Kriterium für Progressivität sein muß, bewiesen die politisch »gleichgeschalteten« Parlamentarierinnen der früheren DDR und anderer Ostblockländer. Im Zusammenhang mit dem Marxismus in der Ostblockausprägung von »Feminismus« zu sprechen, wie es manche, offensichtlich linksstehende Soziologinnen tun [z. B. 178], zeugt von Verkennung der Realität. Dieser Marxismus war zu kleinbürgerlichem Paternalismus verkommen. Die dortigen, jeden denkenden Menschen demütigenden Zwangs-»wahlen« mit lückenloser Beaufsichtigung der »Wahlberechtigten« zeigten, daß Wahlen in autoritären politischen Systemen zur traurigen oder eher in eine unbändige innere Wut versetzenden Farce verkommen können. Von der DDR-Verfassung wurde später auch offiziell zugegeben, daß sie Programm sei, »noch nicht« Realität. Das dürfte auch für die Verfassungen der meisten vorderorientalischen Länder gelten.

In den Parlamenten der Islamischen Republik Iran gab und gibt es einige wenige Frauen, die diese Positionen erhielten, weil sie Frauen oder Töchter prominenter Geistlicher und/oder Vertreter der Islamischen Revolution waren, also als regierungstreu eingestuft werden konnten [15, 61ff.]. In der 70köpfigen Kommission zur Ausarbeitung der Verfassung dieser Republik 1980 war eine Frau, die Vertreterin der herrschenden Islamisch-Republikanischen Partei. Generell wird politische und propagandistische Tätigkeit von Frauen für die Islamische Republik gefördert, dient sie doch auch als Aushängeschild. In der religiösen Hierarchie können Frauen in der Schīʾa zwar *Mudschtahids* (»Religionsgelehrte«), werden, aber ohne Entscheidungsbefugnisse. Die Frauen-/Familienseiten iranischer Zeitungen während des Golfkriegs übertrafen demagogisch mit ihren Appellen an die »Heldenmütter« (der im Krieg Gefallenen), mit Kinderalphabeten nach Waffen und Kampfmitteln die deutschen im Zweiten Weltkrieg.

Wenn in Algerien seit 1984 Männern gestattet ist, stellvertretend für ihre Frauen die Stimme abzugeben, mit der Begründung, man wolle Frauen den beschwerlichen Weg zum Wahllokal ersparen und sie seien ohnehin oft die »graue Eminenz« in der Familie, so erscheint das als eine typisch arabische demagogische Farce (allerdings soll auch im einen oder anderen Schweizer Kanton noch so argumentiert werden). Zu bedenken ist aber die immer noch hohe Zahl von Analphabetinnen unter den Algerierinnen, denen ein Wahlschein vorgelesen und erklärt werden muß. Das trifft bis jetzt auf die Unterschichten aller Länder des Vorderen Orients zu. Daß Geschlechtertrennung hier bei Wahlen, vielleicht auch aus diesem Grund, oft immer noch geübt wird, kann man TV-Reportagen entnehmen.

Reformen des islamischen Familienrechts setzten nach dem Ersten Weltkrieg, abhängig vom politischen System im jeweiligen Land, ein. Nur die Türkei trennte sich 1926 mit der Einführung des Schweizer Zivilrechts von der Scharī'a. Der Sudan führte die Scharī'a 1983 und 1991 das islamische Strafrecht (außer in den drei Südprovinzen) wieder ein, nicht ohne Widerstände im Land. Das saudiarabische Königshaus gab dem Land 1992 eine »Grundordnung«, die Koran und Sunna als »Verfassung« des Landes nennt. In Pakistan hat sich in Auseinandersetzungen zwischen den verschiedenen religiös-politischen Gruppierungen im Land eine immer stärkere Re-Islamisierung des Rechtssystems durchgesetzt. In Libyen wurde nach dem Machtantritt Gaddafis 1977 der Koran zur Basis der sozialen Ordnung erklärt. Doch gab es Modifizierungen zum Ehealter und zum Scheidungsrecht zugunsten der Frau.

Im Iran wurden die »Familienschutzgesetze« von 1967 und 1975 nach der Machtergreifung der Mollahs 1979 annulliert. Damit sind die Ehe mit bis zu vier Frauen ohne gesetzliche Restriktionen, ein Ehealter von 11 Jahren an für Mädchen und das nahezu absolute Scheidungsrecht des Mannes wieder legal.

Die *Mut'a*, die sogenannte Zeitehe, die nur das zwölferschiitische Familienrecht gestattet, die zur Schahzeit moralisch verpönt, nicht aber verboten war, wird von Ideologen der Islamischen Revolution empfohlen. Witwen der im Golfkrieg gefallenen »Glaubenskämpfer« könnten so leicht wieder einen Ehemann (mit Zeitvertrag) finden. Außerdem mäßige die *Mut'a* die strengen islamischen Gesetze zur Sexualmoral im modernen Sinn, denn es könnten legale Kurzzeitverbindungen zur Probe, auch und gerade von Jugendlichen, eingegangen werden, denen die Verpflichtungen einer Dauerehe noch nicht zumutbar sind [115].

Diese Form der Ehe wurde früher oft der Prostitution verglichen. Männer aus Unterschichtfamilien gaben ihre Töchter in eine *Mut'a*, um sie zeitweilig zu versorgen, denn hier wird ein Ehevertrag (für wenige Stunden, aber bis zu 99 Jahren) abgeschlossen, doch er enthält weniger Pflichten für den Mann als der für eine Dauerehe. Die *Mut'a* wurde und wird in den schī'itischen Pilgerstädten, aber auch im sunnitischen Mekka während der Pilgerfahrt praktiziert und bietet Frauen zeitweiligen legalen Unterhalt. Ein ägyptischer (sunnitischer) Schriftsteller empfahl sie 1947 ägyptischen Studenten in Europa zur moralkonformen, legalen Regelung ihrer Sexualität. Die Rückkehr zum islamischen Familienrecht wird von Ideologen der Islamischen Revolution als das Mittel zur Wiederherstellung der islamischen Moral und der Abkehr von westlicher Unmoral bezeichnet, die die Gesellschaft korrumpiert habe.

Satzungen des Korans kann kein islamisches Land ignorieren, es kann sie nur neu interpretieren. Ein Muslim darf also eine Jüdin oder Christin heiraten, ein Christ oder Jude aber muß, wenn er eine Muslimin zur Frau nehmen will, Muslim werden. Auf Abfall vom Islam steht eigentlich die Todesstrafe.

Die Neuerungen begannen damit, daß die für die Frau günstigsten Bestimmungen aus den vier Rechtsschulen allgemein gültig wurden. Stärkere Reformen gab es seit den 50er Jahren mit der Gründung der Nationalstaaten. Nur Tunesien verbot, gleich nach dem Machtantritt Bourguibas 1956, die Polygynie. Eine Zusatzbestimmung von 1959 drohte dem, der trotzdem eine zweite Frau dazuheiraten wollte, strenge Bestrafung an: Das war sicher notwendig. Der sozialistische Südjemen schränkte in seinem Familiengesetz von 1974, das bis 1990 galt, die Möglichkeit zur Polygynie ein.

In allen anderen Ländern mit reformierter Scharī'a muß ein Mann vor Gericht nachweisen können, daß er einen zusätzlichen Haushalt finanzieren kann, und ist außerdem verpflichtet, seine erste Frau über seine Absicht zu informieren. Eine Kontrolle dieser Informationspflicht gibt es allerdings nicht. Die erste Frau hat jedoch das Recht, die Scheidung zu verlangen, wenn sie erfährt, daß ihr Mann eine zusätzliche Ehe eingehen will. Daß Frauen sich als die sozial Schwächeren zur Duldung einer Zweitehe ihres Mannes bereitfinden, besonders, wenn sie kinderlos geblieben sind, wird aus der modernen persischen und arabischen Literatur deutlich. Sie suchen dann diese zweite, jüngere Frau aus der Unterschicht selbst aus.

Ein Ehemindestalter wurde in den meisten Ländern schon aus demographischen Gründen eingeführt, seitdem die Kindersterblichkeit abgenommen hat und die Geburtenrate stetig zunimmt, meist 18 Jahre für den Mann, 16 für das Mädchen. Länder, die unter Überbevölkerung bei wirtschaftlicher Unterentwicklung leiden, Tunesien 1959, Algerien 1984, auch der Iran zwischen 1975 und 1979, setzten dieses Alter höher an.

In Ländern mit existenzbedrohendem Bevölkerungszuwachs wie Ägypten und Tunesien wird offiziell für Familienplanung geworben. Die Werbung wendet sich meist nur an die Frau und stützt sich religiös auf die positive Einstellung früher Hadīße zum Koitus Interruptus. In einigen Ländern, etwa Libyen, Tunesien und Algerien, ist Schwangerschaftsabbruch bei medizinischer Indikation gestattet, aber es muß die Zustimmung des Mannes vorliegen. Die meisten Ölländer dagegen propagieren und fördern Kinderreichtum mit religiöser Begründung. Sie brauchen Arbeitskräfte und wollen auf Gastarbeiter verzichten.

Die Scharī'a sieht keine Gütergemeinschaft für Mann und Frau vor. Eine Frau hat das Recht auf eigenen Besitz und ist theoretisch nicht verpflichtet, zum Unterhalt der Familie beizutragen. De facto hat sie das in den Unterschichten aber sicher häufig tun müssen. Wenn die Familiengesetze einiger Länder, etwa des sozialistischen Südjemen zwischen 1974 und 1990 oder Tunesiens, trotzdem vorsahen, daß Frauen zum Unterhalt der Familie beizutragen hätten, wurde das mit der finanziellen Mitverantwortlichkeit der Frau begründet.

Reformen der Scharī'a schränken in den meisten Ländern die nahezu unbegrenzte Freiheit des Mannes zur willkürlichen Verstoßung seiner Frau ein und ermöglichen Frauen leichter eine Scheidung. Scheidungen dürfen dann nur vor Gericht und aus berechtigtem Grund erfolgen. Ob eine Frau das Recht, eine Scheidung zu fordern, wahrnimmt, hängt von ihrer wirtschaftlichen Situation und von der sozialen Position einer geschiedenen Frau im jeweiligen Umfeld ab. Mir wurde im säkularisierten Syrien 1988 von einer leitenden Mitarbeiterin der Frauenorganisation in Aleppo gesagt, syrische Frauen seien so familienorientiert, daß sie auch eine wenig glückliche Ehe einer Scheidung vorzögen. Frauen aus den Unterschichten sind ohnehin meist über ihre Rechte gar nicht informiert.

Die Versorgung der geschiedenen Frau ist selten gesetzlich geregelt. Wenn sie nicht durch eigene Berufstätigkeit für sich und ihre Kinder sorgen kann, muß sie zu ihrer Familie, ihrem Vater oder einem ihrer Brüder, ziehen, um versorgt zu werden. Ägyptische Gerichtsakten des 19. Jahrhunderts belegen, daß Männer ihren verstoßenen Frauen mit der Beschuldigung der Unmoral die gemeinsamen Kinder wegnehmen konnten, wenn sie aus sozialen Gründen eine Arbeit aufnahmen [268]. Die Novelle zum ägyptischen Familiengesetz von 1985, von dem sich Frauenrechtlerinnen stärkere Verbesserungen für die Frauen im Land versprochen hatten, legt fest, daß ein Mann nach mehrjähriger Ehe seiner geschiedenen Frau die bisher gemeinsam bewohnte Wohnung zu überlassen und bis zu einem gewissen Grad für sie und die Kinder zu sorgen habe. Angesichts der Wohnungsnot in ägyptischen Großstädten ist das Wohnrecht sehr wichtig.

In den meisten islamischen Ländern hat bis heute die Mutter das Sorgerecht für die Kinder, bei Töchtern bis zu ihrer Volljährigkeit oder Verheiratung, bei Söhnen bis zum Alter von sieben, in Algerien seit 1984 von zehn Jahren. Die Vormundschaft für die Kinder hat der Vater.

Der nach Sure 4:3 notwendige Machr, das Brautgeld, wurde manchem Vater zum Mittel, seiner Tochter die Ehe mit einem ihm unerwünschten, das heißt meist noch nicht gut positionierten und verdienenden (jungen) Mann ihrer Wahl zu versagen. So wurde er in einigen Ländern begrenzt. Tunesien etwa setzte einen Dinār fest. Darauf wurde allerdings das zusätzlich zum Machr traditionell vom Bräutigam der Braut zu überreichende Geschenk zum Verhandlungsgegenstand vor Eheschließungen. In der Islamischen Republik Iran muß der Machr dem sozialen Stand der Braut entsprechen, daß heißt, ein Mädchen aus einer armen Familie hat nur einen niedrigen Machr *(Mehriye)* zu beanspruchen. Soziale Schranken werden so zementiert.

Allmählich zerfallen die patriarchalischen Familienstrukturen, in den großstädtischen Ober- und Mittelschichten schneller als auf Dörfern oder in Kleinstädten. Daß der Familienzusammenhalt Schutz ebenso wie starke Zwänge für Frauen und generell die jüngere Generation mit sich bringen kann, haben Feldforschungen gezeigt. Der Übergang von der Groß- zur Kernfamilie ist aber für Frauen nicht immer günstig. Sie sind manchmal in der Kleinfamilie einem autoritären Ehemann stärker unterworfen.

Die Großfamilie ermöglicht nach Untersuchungen der algerien-französischen Anthropologin C. Lacoste-Dujardin in Nordafrika – und sicher nicht nur dort – die »Mutterherrschaft«, die Autorität der Mutter eines Mannes über ihn, seine unverheirateten Schwestern, seine Frau und deren Kinder. Mütter erzögen ihre Töchter nach patriarchalischen Traditionen und manipulierten Männer, ihre Söhne, auch sexuell. Die Mutter-Sohn-Beziehung sei die einzig mögliche heterosexuelle Paarbeziehung in der patrilinearen, extrem patriarchalischen Gesellschaft Nordafrikas. Mütter von Söhnen würden zu »Hohepriesterinnen der Männerherrschaft«, denn dies sei dort die einzig mögliche Selbstverwirklichung für Frauen [145].

In der städtischen Kleinfamilie können Frauen, besonders, wenn sie über Bildung und ein eigenes Einkommen durch ihren Beruf verfügen, die Ansichten und Lebenshaltungen ihrer Männer und Kinder stark beeinflussen. Das habe ich in arabischen Ländern öfter beobachtet.

Als Singles leben meist nur Geschiedene oder Verwitwete in gehobener beruflicher und Bildungsposition, die dann auch nicht mehr ganz jung sind. Ansonsten leben unverheiratete Frauen zunächst bei ihren Eltern, später mit der Familie meist eines Bruders. Doch gibt es auch in Ländern, in denen noch bis vor etwa 20 Jahren ganz konventionelle soziale Verhältnisse herrschten, wie den Emiraten, inzwischen unverheiratete, gebildete, selbstbewußte, berufstätige jüngere Frauen, die nicht unbedingt heiraten, sondern ihr Leben selbst bestimmen wollen [246].

Wenn ein junges Mädchen auf dem Land oder in einer Kleinstadt ein Kind bekommt oder auch nur in den Verdacht gerät, seine Jungfräulichkeit ohne eine Ehe verloren zu haben, hat nach traditioneller Auffassung der nächste männliche Verwandte die Pflicht, es zu töten, denn es hat das Höchste, die Ehre der Familie, zerstört. Das Thema des »Ehre-Reinwaschens durch Blut«, das heißt das Blut des »ehrvergessenen« Mädchens, ist ein beliebtes Thema besonders der irakischen Literatur seit den zwanziger Jahren. Dazu gehört auch die seelische Qual etwa des Bruders, dem Mutter und Tante seine Tötungspflicht aufzwingen [17, 134].

Daß Moralkonventionen nach Kriegen zerbröckeln, ja in Korruption umschlagen können, war nicht nur in Deutschland nach dem Zweiten Weltkrieg zu beobachten. Nagīb Machfūs schildert in seinem Roman »Liebe im Regen«, der nach dem Oktoberkrieg 1974 spielt, kritisch die sexuelle Ausnutzung von Studentinnen durch Professoren, und aus dem Irak hört man nach zwei Golfkriegen Ähnliches.

In wachsendem Maß stellen heute Schriftstellerinnen aus weiblich intimer, sensitiver Sicht Frauenprobleme in den immer noch extrem patriarchalischen Gesellschaften des Vorderen Orients dar [284; 285; 308]. Dazu gehört etwa bei der Syrolibanesin Ghāda as-Sammān (geb. 1942) auch eine freiere Sexualmoral als mögliches Indiz für weibliche Emanzipation. Sie sieht sexuelle Emanzipation nur in Verbindung mit genereller Emanzipation. Zu leicht werden Frauen als bloße Sexualobjekte benutzt. Soziale Freiheit der Frau in Familie und Gesellschaft, Eigenverantwortlichkeit statt männlichen »Schutzes«, der zur Bevormundung wird, das Recht auf eine eigene Meinung und die Freiheit, sie zu äußern, eine Lebensgestaltung nach eigenen Vorstellungen, nicht denen von Vätern, Brüdern, Ehemännern oder männlichen Vorgesetzten, das heißt natürlich auf Bildung und Beruf nach eigener Wahl und ungehinderte Mobilität, ist das Entscheidende.

Inwieweit das realisierbar ist, bleibt regional, lokal, sozial und natürlich individuell unterschiedlich. Hisham Sharabi (geb. 1927), Soziologe und Zeithistoriker palästinensischer Herkunft, Direktor des Zentrums für Nahoststudien der Georgetown-Universität in Washington, hat 1988 eine kluge Analyse der politischen und sozialen Systeme der arabischen Länder unter dem Titel »Neopatriarchy« (»Eine Theorie fehlgelaufenen Wandels in der arabischen Gesellschaft«) vorgelegt.

Er charakterisiert hier die säkularisierten politischen Systeme der arabischen Länder, die sich sozialistisch nennen, Algerien, Ägypten, Syrien und den Irak, in denen 85 % aller Araber leben, als »neopatriarchalisch«. Ob er das sich gleichfalls sozialistisch nennende fundamentalistische Ölland Libyen ebenfalls hierzu zählt oder doch eher zu den »Modernen Patriarchaten«, unter denen er Länder wie die Königreiche Saudi-Arabien und Jordanien, die konstitutionelle Monarchie Marokko, den seit Ende der 70er Jahre fundamentalistisch orientierten Sudan, die Ölscheichtümer am Golf subsumiert, wird nicht deutlich. Zu den letzteren wäre jedenfalls auch die Islamische Republik Iran zu rechnen. Das Pluralismus beanspruchende Tunesien und die immer noch laizistische und auch pluralistische Türkei schon auf Grund ihrer jahrhundertelangen Traditionen gehören sicher eher zu den »Neopatriarchaten«. Für alle diese Länder sei der etatistische Staat charakteristisch, sei typisch, daß ihnen die Moderne im Zustand der Abhängigkeit durch imperialistische Mächte aufgepfropft wurde.

Das Volk, die große Masse in all diesen Ländern, auch denen mit einer weitgehend säkularisierten Regierung, würde sich immer religiös definieren, sehe also im arabischen Terminus *Umma*, früher »Religionsgemeinschaft«, heute »Nation«, weiterhin vor allem das erste oder doch beides untrennbar verknüpft. Darauf müsse jede Regierung Rücksicht nehmen. Auch ein auf Europa hin orientierter Säkularist oder Liberaler aus diesen Ländern sei ein Neopatriarch (aber welcher Mann ist eigentlich nicht letztlich gern ein »Patriarch« oder doch paternalistisch?). In den Sozialstrukturen sei nicht das Individuum Basis der Gemeinschaft, sondern die patriarchalische Familie (mit ihren Zwängen zur Ein- und Unterordnung).

In der Präambel zur Verfassung der Islamischen Republik Iran heißt es: »Der Familienverband ist die Grundlage der Gesellschaft und die Hauptinstitution für das Wachstum und den Fortschritt der Menschheit ... es ist die Hauptpflicht der Islamischen Regierung, Frauen als den einigenden Faktor dieses Verbandes und seiner Position zu betrachten. Sie sind ... ein Faktor bei der Erneuerung der vitalen und kostbaren Pflicht der Mutterschaft dadurch, daß sie gebildete Menschen erziehen. ... Da die Familie die grundlegende Einheit der islamischen Gesellschaft ist ... sollte sie auf islamischen Prinzipien und moralischen Konzepten beruhen.« [71, 134f.] Diese begreifen selbstverständlich die im Koran konstatierte Überlegenheit des Mannes ein.

Hisham Sharabi kommt zu dem Schluß, daß es vielleicht die Frauenbewegungen dieser Länder sein könnten, an die man die Hoffnung auf einen Wandel bestehender Strukturen knüpfen könne.

Unter den Ländern, die die Menschenrechtserklärungen der UNO nicht oder nur teilweise unterschrieben haben, sind einige islamische: Kuweit, Pakistan, Saudi-Arabien, die Türkei und die Emirate [165, 20]. Der Iran unterschrieb vor 1979. Die UNO-Erklärungen postulierten islamfremde Werte, vor allem im Hinblick auf die Situation der Frau, ist die Begründung. Vertreter dieser Länder haben verschiedene »islamische« Menschenrechtserklärungen ausgearbeitet, die die aus dem siebenten bis zehnten Jahrhundert stammenden Regeln der Scharīʾa bestätigen und die zudem noch in ihren arabischen und englischen Fassungen erhebliche Unterschiede aufweisen können. Es gibt aber auch Muslims, die sagen, der Islam garantiere generell die Rechte jedes Menschen, also seien auch die UNO-Erklärungen mit ihm vereinbar.

Islamisch-fundamentalistische Definitionen von Frauenemanzipation [286] fordern nicht die Gleichberechtigung von Frau und Mann (die wohl fast überall mehr Programm als Realität ist, wenn auch mit graduellen Unterschieden), sondern sprechen von gegenseitiger Ergänzung, die durch die von Gott geschaffene biologische Verschiedenheit notwendig würde. Der Islam sorge hier für Harmonie, wenn sich die Frau in den von Gott vorgesehenen Schutz des Mannes stelle.

Westlichen Kritikern wird das eher als eine Rezeptionsvorgabe für religiös begründete Männerherrschaft erscheinen. Fundamentalistische »Feministinnen« wie die oben genannte Ägypterin Seinab al-Ghasāli oder die schī'itische Irakerin Bint al-Huda, das ist »die Tochter der Rechtleitung«, geboren als Āmina al-Sadr, hingerichtet 1980, propagieren dies unter den Musliminnen.

Ideologen der iranischen Revolution, vor allem Ali Schariati, machen die idealisierte Prophetentochter Fātima – kluge, aufopferungs- und liebevolle Tochter, Ehefrau und Mutter, pflichtbewußt im Sinn der Gemeinde (und damit der Nation und der Revolution), bescheiden und arbeitsam – zum Identifikationsmodell für iranische Frauen, gegen die säkularisierte Frau der westlichen Konsumgesellschaft, angeblich ein verdummtes, geld- und sexgieriges Püppchen, und gegen die angeblich lebenslängliche Arbeitssklavin des Sozialismus. Fātima wird Symbol der Freiheit (in kluger, dienender Liebe), der Gleichheit von Mann und Frau. Sie ist verantwortliches Glied in einer Kette, die von Abraham über Noah, Moses, Jesus, Muhammed zum Prophetenenkel Hussein als religiösen Führergestalten und Kämpfern für soziale Gerechtigkeit führt [289, 626]. Sie wird so, als weibliches Vorbild, in alter Tradition, über männliche Vorbilder definiert.

Das Gedicht »Ich« von Nāsik al-Malā'ika, mit dem dieses Kapitel beginnt, in seiner Ratlosigkeit wie seiner Suche nach Identität und innerer Stärke scheint mir immer noch gültig. So sollen weitere Verse aus ihm folgen. Ich stelle hier die vorletzte Strophe als die mutigere der letzten nach:

Wer ich bin, fragt das Selbst.
Ich bin, so wie es, ratlos, starr' in die Dunkelheit.
Nichts ist, das mir Frieden gewährt.
Weiter befrag ich, doch eine Fata Morgana
Wird weiter die Antwort verhülln.
Und immer noch glaub' ich sie nah.
Doch komm ich zu ihr, zerschmilzt sie,
Erlischt und vergeht sie.

Wer ich bin, fragt das Schicksal.
Ich bin wie es, voller Macht, laß' Jahrhunderte in mir vergehn.
Und lasse sie dann wieder auferstehn.
Ich erschaffe die ferne Vergangenheit
Aus verzaubernder Hoffnung Bequemlichkeit.
Und dann begrab' ich sie wieder, ich.
Und erschaff mir ein Gestern neu,
Dessen Morgen voller Stärke sei.

[290, 297].

Nāsik al-Malā'ika fand nach einer Zeit des Schweigens, die ihrer vom Existentialismus beeinflußten frühen Phase folgte, zur Mystik. Sie war inzwischen, zusammen mit ihrem Mann, einem irakischen Historiker, als Professorin an der Universität Kuweit tätig gewesen. Ihre Gedichte aus zwei Bänden von 1977 und 1978 sprechen von schwärmerischer Gottesliebe und lassen Anklänge an volkstümliche religiöse Poesie erkennen.

Aber es gibt auch weiterhin überzeugte und kämpferische Säkularistinnen wie die ägyptische Ärztin und Schriftstellerin Nawal el-Saadawi (geb. 1931) und die marokkanische Soziologin Fatima Mernissi (geb. 1940). Nawal el-Saadawi zieht die Verbindungslinie zwischen der Unterdrückung der Frau und der Unterjochung ihrer Sexualität, ihrer Pathologisierung. Fatima Mernissi sieht in der Auffassung des Islams von der Sexualität der Frau als etwas Starkem, zu Fürchtendem, die Anerkennung ihrer generellen Kraft und schöpft daraus die Hoffnung auf künftige soziale Macht.

Nahezu alle politischen Systeme, nicht nur die der islamischen Länder, aber diese sehr stark und aus gutem Grund, versuchen heute, die Position von Frauen zum Indiz ihrer sozialen und politischen Progressivität und/oder kulturellen Identität zu machen. Es sind mehr und mehr Frauen aus diesen Ländern, die sich mit solchen Tendenzen auseinandersetzen. Zu wünschen ist, daß sie tatsächlich den Frauen und damit der gesamten Gesellschaft zugute kommen.

Die Geschichte islamischer Länder zeigt durch die Jahrhunderte eine Fülle unterschiedlicher Meinungen und Lebenshaltungen. Daß Toleranz, Offenheit, Meinungsvielfalt und damit weitere weibliche und generell menschliche Entfaltungsmöglichkeiten erhalten bleiben, ist zu hoffen.

Anmerkungen

Vorwort zur 3. Auflage

[1] Zahlen in eckigen Klammern sind Quellenangaben. Die erste Zahl bezeichnet die Nummer in der Bibliographie, die zweite gibt die Seite an. Römische Zahlen bezeichnen den Band.

[2] Auch heute noch fehlt das Stichwort *Frauen* in den meisten Indices neuerer Darstellungen der arabischen Geschichte aus der Feder deutscher Islamhistoriker. Es findet sich im Index nur zu Band 3/4 (für die Zeit zwischen 1917 und 1945) der marxistischen siebenbändigen *Geschichte der Araber*, publiziert von einem Autorenkollektiv unter Leitung von Lothar Rathmann, Berlin 1971–1983, fehlt in Gerhard Endreß', allerdings knapper, *Einführung in die islamische Geschichte*, München 1982, wie in der von mehreren Autoren erarbeiteten ziemlich umfangreichen »Geschichte der arabischen Welt«, herausgegeben von U. Haarmann, 4. erweiterte Auflage, München 1994, und in Reinhard Schulzes *Geschichte der islamischen Welt im 20. Jahrhundert*, München 1994, obwohl gerade in dieser Zeit die Frauenbewegung sehr an Bedeutung gewonnen hat. Adam Mez' hochinteressantes Buch *Die Renaissance des Islams* (1922) dagegen bringt diverse Hinweise. Keine mir bekannte Darstellung der Geschichte islamischer Länder von englischen oder amerikanischen Wissenschaftlern aus den letzten Jahren oder des Historikers libanesischer Herkunft A. Hourani *Die Geschichte der arabischen Völker*, Frankfurt/M. 1992 (englisches Original 1991), vergißt das Stichwort »*Women*« im Index.

[3] Daß bei allen begrüßenswerten und inzwischen relativ zahlreich vorliegenden Versuchen zu einer neuen methodologischen Darstellung des Themas in seinen vielfältigen, spezialisierteren Bereichen oft jeweils eine Autorin an ihren Vorgängerinnen Kritik übt [vgl. etwa 213; 197] oder bereits im Vorwort auf differierende Meinungen von Autorinnen hingewiesen wird [z. B. 262], gehört sicher zur Brisanz der Debatte.

[4] Ich verweise auf zwei Publikationen aus jüngster Zeit: Annemarie Schimmels Buch *Meine Seele ist eine Frau* (1994), das intensiv auf den indischen Raum unter mystisch-religiösen Aspekten eingeht, und Ina und Peter Heines *O Ihr Musliminnen* (1993), das auch die Situation von Musliminnen in Afrika einbezieht.

Einführung

[1] Übersetzung von H.Grimme. Alle übrigen Koranzitate (stets in runden Klammern) nach der wissenschaftlichen Übersetzung von Rudi Paret: Der Koran, Stuttgart 1966. Die erste Zahl bezeichnet die Sure, die zweite den Vers. Einschübe in Klammern innnerhalb der Koranzitate sind erklärende Ergänzungen von Paret, vorgenommen meist nach arabischen Korankommentaren.

[2] Zahlen in eckigen Klammern sind Quellenangaben. Die erste Zahl ist die jeweilige Nummer im Literaturverzeichnis, die zweite gibt die Seite an. Römische Zahlen bezeichnen den entsprechenden Band.

Quellen- und Literaturverzeichnis

Abkürzungen

HO	Handbuch der Orientalistik
IJMES	International Journal of Middle East Studies
MW	Muslim World
N. S.	Neue Serie
WI	Die Welt des Islams

1. Abadan-Unat, N., Women in the Developing World: Evidence from Turkey, Denver 1986.
2. Abadan-Unat, N., Women in Turkish Society, Leiden 1981.
3. Abaza, M., The Changing Image of Women in Rural Egypt, Kairo 1987.
4. Abbott, N., Aishah the Beloved of Mohammed, Chicago 1942.
5. Abbott, N., Two Queens of Baghdad, Chicago 1946.
6. Abbott, N., Women and the State in Early Islam, in: Journal of Near Eastern Studies 1 (1942), S. 106–126, 341–368.
7. 'Abd ar-Rāziq, A., La femme au temps des Mamlouks en Égypte, Paris 1974.
8. Abdel-Kader, S., Egyptian Women in a Changing Society, 1899–1986, Boulder 1987.
9. 'Abduh, Muḥammad, Al-A'māl al-kāmila. Ed. M. 'Imāra, Bd. 1, 2, 5, Beirut 1972–79.
10. Abū l-Farağ al-Iṣfahānī, Kitāb al-Aġānī, Bd. 1–24, al-Qāhira 1927–1974.
11. Abū l-Faẓl 'Allāmī, The Ain-i Akbari, Vol. 1. Trans. by H. Blochmann, Calcutta 1873.
12. Abu-Lughod, L., Veiled Sentiments: Honor and Poetry in a Bedouin Society, Berkeley 1986.
13. Abu Nasr, J.; Khoury, Nabil F.; Azzam, Henry T., Women, Employment and Development in the Arab World, Berlin, New York, Amsterdam 1985.
14. Abu-Said, A., Qatari Women Past and Present, Harlow 1984.
15. Afkhami, M., Friedl, E. (Eds.), In the Eye of the Storm. Women in Post-Revolutionary Iran, London, New York 1994.
16. Afshar, H. (Ed.), Women and Politics in the Third World, London 1996.

17. Allen, R., Kilpatrick, H., de Moor, Ed (Eds.), Love and Sexuality in Modern Arabic Literature, London 1995.
18. Alliata, V., Harem – Die Freiheit hinter dem Schleier, Frankfurt/M., Berlin 1989.
19. Allman, J. (Ed.), Women's Status and Fertility in the Muslim World, New York 1978.
20. Al-Qazzaz, A., Women in the Middle East and North Africa: An Annotated Bibliography, Austin 1977.
21. Altorki, S., Fawzi El-Solh, C. (Eds.), Arab Women in the Field: Studying Your Own Society, Syracuse 1988.
22. Altorki, S., Women in Saudi-Arabia: Ideology and Behavior among the Elite, New York 1986.
23. Amdja, K., Das Buch der Aufklärung über die Geheimnisse der Eheschließung, 2. Teil (Kitāb al-Īḍāḥ min asrār an-nikāḥ des Aš-Šīrāzī), Med. Diss., Erlangen-Nürnberg 1976.
24. Amīn, Qāsim, Al-A'māl al-kāmila. Ed. M. 'Imāra. Ǧ 1, 2, Beirut 1976.
25. Anderson, N., Law Reform in the Muslim World, ²London 1976.
26. Andrae, T., Islamische Mystiker, Stuttgart 1960.
27. al-Anṭākī, D., Tazyīn al-ašwāq fī aḫbār al-'uššāq, Beirut 1973.
28. al-'Aqqād, 'A. M., Aṣ-Ṣiddīqa bint aṣ-Ṣiddīq, al-Qāhira 1943.
29. Arat, Y., The Patriarchal Paradox: Women Politicians in Turkey, New York 1989.
30. Arberry, A. J., The Poems of al-Mutanabbī, Cambridge 1967.
31. Arnold, T. W., Painting in Islam, (Reprint) New York 1965.
32. Ashtor, E., A Social and Economic History of the Near East in the Middle Ages, Berkeley u. a. 1976.
33. Atiya, N., Khul-Khaal: Five Egyptian Women tell their Stories, Syracuse 1982.
34. 'Aṭṭār, Farīd ad-Dīn, The Tadhkiratu l'-auliyá of Shaykh Farīdu d-Dīn 'Aṭṭār, V. 1, 2, ed. by R. A. Nicholson, London, Leiden 1905, 1907.
35. Augustin, E. (Ed.), Palestinian Women. Identity and Experience, London, New Jersey 1993.
36. Azari, F. (Ed.), Women of Iran: The Conflict with Fundamentalist Islam, London 1983.
37. al-Azdī, M. b. A., Ḥikāyat Abī l-Qāsim al-Baġdādī, hgb. v. A. Mez, Heidelberg 1902.
38. Baron, B., The Women's Awakening in Egypt. Culture, Society and the Press, New Haven, London 1994.
39. al-Batlūnī, Š., »Kitāb Tasliyat al-ḫawāṭir fī muntaḫabāt al-mulaḥ wa-n-nawādir.« In: A. Fischer, Arabische Chrestomathie aus Prosa-Schriftstellern, Leipzig 1953.
40. Beck, L., Keddie, N. (Eds.), Women in the Muslim World, Cambridge/Mass., London 1978.
41. Beeston, F., The So-Called Harlots of Hadramaut, in: Oriens 5 (1952), S. 17–22.
42. Berkey, J. P., Circumcision Circumscribed: Female Excision and Cultural Accomodation in the Medieval Near East, in: IJMES 28 (1996), S. 19–38.
43. Bertel's, E. E., Nisami i Fusuli, Moskau 1962.

44. Bouhdiba, A., Sexuality in Islam. Trans. Alan Sheridan, London 1985.
45. al-Buḫārī, Kitāb al-Ǧāmiʿ aṣ-ṣaḥīḥ, Bd. 1–3, hgb. v. L. Krehl, Leiden 1862–1868. Bd. 4, hgb. v. T. W. Juynboll, Leiden 1907/1908.
46. Bürgel, J. C., Drei Hafisstudien, Bern/Frankfurt/M. 1975.
47. Bulliet, R. W., The Patricians of Nishapur: A Study in Medieval Social History, Cambridge 1972.
48. Burton, J., An Introduction to the Ḥadīth, Edinburgh 1994.
49. Cahen, C., Der Islam I. Vom Ursprung bis zu den Anfängen des Osmanenreiches, Frankfurt/M. 1968 (Fischer Weltgeschichte 14).
50. The Cambridge History of India, Bd. 4: »The Mughal period.« Planned by W. Haig, ed. by R. Burn, Cambridge 1937.
51. Chardin, J., Voyages du Chevalier Chardin en Perse et autres lieux de l'Orient, V. 1–10, publ. par L. Langlès, Paris 1811.
52. Cole, J. R., Feminism, Class and Islam in Turn-of-the-Century Egypt, in: IJMES 13 (1981), S. 394–407.
53. Cooper, E., The Harīm and the Purdah. Studies of Oriental Women, (Reprint) Detroit 1975.
54. Davis, F., The Ottoman Lady: A Social History from 1718–1918, Westpoint 1986.
55. Davis, S. S., Patience and Power: Women's Lives in a Moroccan Village, Cambridge 1983.
56. Degand, A., Geschlechterrollen und familiale Strukturen im Islam, Frankfurt/M., Bern, New York 1988.
57. Degand, A., »Wie im Prozeß um einen Esel« – Geschlechterrollen in der islamisch-juristischen Literatur des 7/13. bis 9/15. Jahrhunderts, in: Martin, J. u. Zöpfel, R.(Hgb.), Aufgaben, Rollen und Räume von Frau und Mann, Bd. 2, Freiburg, München 1989, S. 643–675.
58. Delcroix, C., Espoirs et réalités de la femme arabe (Algérie-Égypte), Paris 1986.
59. Dietrich, E., Eine arabische Eheurkunde aus der Aiyūbidenzeit, in: Documenta Islamica Inedita, Berlin 1952, S. 121–154.
60. Dilger, K., Ziviltrauung und religiöse Eheschließung in der Türkei, in: WI N. S. 17 (1976/1977), S. 194–206.
61. Duben, A., Bahar, C., Istanbul Households. Marriage, Family and Fertility 1880–1940, Cambridge 1991.
62. Duda, H. W., Ferhād und Schīrīn. Die literarische Gestaltung eines persischen Sagenstoffes, Monografie Archívu orientalního, V. 2, Prag, Paris, Leipzig 1933.
63. Edib, H., Memoirs, New York, London 1926.
64. Elias, J. J., Female and Feminine in Islamic Mysticism, in: MW 78 (1988), S. 209–224.
65. The Encyclopedia of Islam, New Edition, V. 1-, Leiden, London 1960–.
66. Enderwitz, S., Liebe als Beruf. Al-ʿAbbās Ibn al-Aḥnaf und das Ġazal, Beirut 1995.
67. Enzyklopädie des Islams, Bd. 1–4, Supplementband, Leiden, Leipzig 1913–1938.
68. Esposito, J., Women in Muslim Family Law, Syracuse 1982.

69. Fathi, A. (Ed.), Women and the Family in Iran, Leiden 1985.
70. Fawwāz, Z., Ad-Durr al-manṯūr fī ṭabaqāt rabbāt al-ḫudūr, Nachdruck d. Ausg. Miṣr 1894 (Beirut um 1977).
71. Ferdows, A., Shariati and Khomeini on Women, in: N.R. Keddie, E. Hooglund (Eds.), The Iranian Revolution and the Islamic Republic, New Ed., Syracuse, New York 1986, S. 127-143.
74. Fernea, E. W. (Ed.), Women and the Family in the Middle East: New Voices of Change, Austin 1985.
73. Fernea, E. W., Qattam Bazirgan, B., (Eds.), Middle Eastern Women Speak, Austin 1977.
74. Firdausī, Šāh-nāma, V. 1, ed. E. Bertel's, Moskau 1960.
75. Fück, J. W., Die Religion des sunnitischen Islams, in: HO, 1. Abtlg., Bd. 8, 2, Leiden, Köln 1961, S. 405–448.
76. Fyzee, A. A., Outlines of Muhammedan Law, [2]London u. a. 1955.
77. Gätje, H., Koran und Koranexegese, Zürich, Stuttgart 1971.
78. Ǧahāngīr, The Tūzuk-i-Jahāngīrī or Memoirs of Jahāngīr. Ed. by H. Beveridge, trans. by A. Rogers. V. 1, 2., Oriental Translation Fund Series 19, N. S. 22, London 1909, 1914.
79. al-Ǧāḥiẓ, Pellat, C., Arabische Geisteswelt. Ausgew. u. übers. Texte von al-Ǧāḥiẓ, übertr. v. W. W. Müller, Zürich, Stuttgart 1967.
80. al-Ǧāḥiẓ, Ṯalāṯ rasā'il. Ed. J. Finkel, al-Qāhira 1344/1926.
81. al-Ǧāḥiẓ (Pseudo), al-Kitāb al-musammā bi-l-maḥāsin wa-l-aḍdād, ed. G. v. Vloten, Leiden 1898.
82. Ǧāmī, Mewlana Abdurrahman Dschami: Kitāb-i Yūsuf wa-Zulaiḫā. Joseph und Suleicha. Histor.-romantisches Gedicht, übers. v. V. v. Rosenzweig, Wien 1824.
83. al-Ǧaubarī, Muḥammad, al-Muḫtār fī kašf al-asrār, al-Qāhira 1885.
84. al-Ġazālī, Ghazālī's Book of Counsel for Kings (Naṣīḥat al-mulūk). Trans. by R. C. Bagley, London 1964.
85. al-Ġazālī, Von der Ehe. Das 12. Buch von al-Ǧazālī's »Neubelebung der Religionswissenschaften«, übers. u. erl. v. H. Bauer, Halle 1917.
86. al-Ġazālī, Abū Ḥāmid, Muḥammad b. Muḥammad, Iḥyā' 'ulūm ad-dīn. Ǧ. 2, al-Qāhira o. J., S. 20 ff.
87. Di Giacomo, L., Une poétesse andalouse du temps des Almohades: Ḥafṣa bint al-Ḥājj ar-Rukūnīya, Paris 1949.
88. Gibb, E. J. W., A History of Ottoman Poetry, V. 1–5, London 1900–1909.
89. Giffen, L. A., The Theory of Profane Love among the Arabs, London, New York 1971.
90. Goetz, H., The History of Persian Costume, in: Pope, A. V., Ackerman, P., A Survey of Persian Art, V. 3. Oxford a.o . 1939, S. 2227–2256.
91. Goetz, H., Kostüm und Mode an den indischen Fürstenhöfen der Grossmoghulzeit, in: Jahrbuch d. asiat. Kunst 1924, S. 67–101.
92. Goitein, D. S., A Mediterranean Society. The Jewish Communities of the Arab World as Portrayed in the Documents of the Cairo Geniza. V. II: The Communi-

ty; V. III: The Family; V. IV: Daily Life; V. V: The Individual, Berkeley, Los Angeles a. o. 1971–1988.
93. Goldziher, I., Muhammedanische Studien, Bd. 1, 2, Halle 1889/1890.
94. Graham-Browne, S., Images of Women: The Portrayal of Women in the Photography of the Middle East, 1860–1950, London 1988.
95. Granquist, H., Marriage Conditions in a Palestinian Village, V. 1, 2, Helsingfors 1931, 1935.
96. Grotzfeld, H., Das Bad im arabisch-islamischen Mittelalter, Wiesbaden 1970.
97. Grunebaum, G. E. von, Avicennas Risāla fil-ʿIšq und höfische Liebe, in: Ders. , Kritik und Dichtkunst, Wiesbaden 1955.
98. Grunebaum, G. E. von, Der Islam II: Die islamischen Reiche nach dem Fall von Konstantinopel, Frankfurt/M. 1971 (Fischer Weltgeschichte 15).
99. Grunebaum, G. E. von, Medieval Islam, [2]Chicago 1953.
100. Haddad, T., Kitāb Nuzhat al-aṣḥāb fī muʿāšarat al-aḥbāb fī ʿilm al-bāh, Teil I, Abschn. 6–8. Med. Diss., Erlangen/Nürnberg 1976.
101. Haeri, S., Law of Desire: Temporary Marriage in Iran, London 1989.
102. Hamadhānī, al-, Vernunft ist nichts als Narretei. Die Maqamen. A. d. Arab. vollst. übertr. v. G. Rotter, Tübingen 1982.
103. Ḥamdī, A.M., Muʿaddāt at-taǧmīl bi-Mathaf al-Fann al-Islāmī, al-Qāhira 1959
104. Handwörterbuch des Islam. Hgb. v. A. J. Wensinck und J. H. Kramers, Leiden 1941.
105. Heffening, W., Zur Geschichte der Hochzeitsbräuche im Islam, in: Beiträge z. Arabistik, Semitistik u. Islamwissenschaft, Leipzig 1941, S. 386–422.
106. Heine, I. u. P., O ihr Musliminnen. Frauen in islamischen Gesellschaften, Freiburg i. Br. 1993.
107. Hell, J., Al-ʿAbbās Ibn al-Aḥnaf, der Minnesänger am Hofe Hārūn ar-Rašīds, in: Islamica 2 (1926), S. 271–307.
108. Heyworth-Dunne, J.: An Introduction to the History of Education in Modern Egypt, London 1968.
109. Hickmann, H., Die Musik des arabisch-islamischen Bereichs, in: HO, 1. Abtlg., Suppl.bd. 4, Leiden, Köln 1970.
110. Hijab, N., Women Power: The Arab Debate on Women at Work, New York 1988.
111. Höll, R., Die Stellung der Frau im zeitgenössischen Islam, dargestellt am Beispiel Marokkos, Frankfurt/M., Bern u. a. 1979.
112. Hoeltich, F. H. und Waltz, J. C., Quaestio. Foemina non est homo videbunt publicè in Auditorio JCtorum à D.XIV. Decembris Anno 1672, nunc recusa, Wittebergae 1678.
113. Hoenerbach, W., Zur Charakteristik Wallādas, der Geliebten Ibn Zaidūns, in: WI N. S. 13 (1971), S. 20–25.
114. Hume, E. C., Woman's Part in Modern Movements in India, in: MW 22 (1932), S. 361–372.
115. Ḥusain, S. (Ed.), Mutʿa yā izdiwāǧ-i-muwaqqat dar Islām, Qum o. J. (um 1985).
116. Hussain, F. (Ed.), Muslim Women, New York 1984.

117. Ibn ʻAbd Rabbihi, Kitāb al-ʻiqd al-farīd, ed. A. Amīn, I. al-Abyarī, ʻA. Hārūn, Ǧ. 6, al-Qāhira 1949.
118. Ibn Abī Ṭāhir Ṭaifūr, Kitāb Balāġāt an-nisā', Beirut 1972.
119. Ibn Dāwūd, Kitāb az-Zahra. The first half. Ed. A. R. Nykl with I. Tuqan, Chicago 1932.
120. Ibn al-Ǧauzī, ʻA. b. ʻA., Kitāb Aḥkām an-Nisā'. Ed. A. b. M. b. Y. al-Muḥammadī, Beirut 1988.
121. Ibn Ḫair Allāh al-ʻUmarī, Kitāb ar-Rauḍa al-faiḥā' fī tawārīḫ an-nisā'. Ed. R. M. as-Samarrā'ī, Baġdād 1966.
122. Ibn Ḫallikān, Kitāb Wafayāt al-aʻyān wa-anbā' abnā' az-zamān, Ǧ 1–3, Būlāq 1299.
123. Ibn Ḥanbal, A., Musnad, Ǧ. 1–6, Miṣr 1313.
124. Ibn Ḥazm al-Andalusī, Das Halsband der Taube. Über die Liebe und die Liebenden. A. d. Arab. v. M. Weisweiler, Leiden 1942.
125. Ibn Hišām, Kitāb Sīrat rasūl Allāh li -bn Isḥāq, Bd. 1, 2, hgb. v. F. Wüstenfeld, Göttingen 1858, 1860.
126. Ibn Qayyim al-Ǧauziyya, Rauḍat al-muḥibbīn wa-nuzhat al-muštāqīn. Damaskus 1930.
127. Ibn Qayyim al-Ǧauziyya, Aḫbār an-nisā'. Ed. ʻA. al-Mahanna', Beirut 1990.
128. Ibn Qayyim al-Ǧauziyya, At-Ṭibb an-nabawī. Ed. ʻAbd al-Ġanī ʻAbd al-Ḫāliq, et al., Beirut o. J. (um 1977).
129. Ibn Saʻd, Kitāb aṭ-Ṭabaqāt al-kabīr, Bd. 1–9. Hgb. v. E. Sachau u. a., Leiden 1904–1921.
130. Ibn as-Sā'ī, Nisā' al-ḫulafā' al-musammā ǧihāt al-a'imma al-ḫulafā' min al-ḥarā'ir wa-l-imā'. Ed. M. Ǧawād, al-Qāhira 1960.
131. Ibn al-Waššā', Kitāb al-Muwaššā. Hrg. v. R. Brünnow, Leiden 1886.
132. Juynboll, T. W., Handbuch des islamischen Gesetzes, Leiden, Leipzig 1910.
133. Kabir, K., Biographical Dictionary of Prominent Muslim Ladies, New Delhi 1982.
134. Kaḥḥāla, ʻU. R., Aʻlām an-nisā' fī ʻālam al-ʻArab wa-l-Islām, Ǧ. 1–5, Damaskus 1959.
135. Kai Kā'ūs b. Qābūs, Kitāb-i nasīḥat-nāma maʻrūf bi-Qābūs-nāma. Ed. with commentary by S. Nafīsī, Teheran 1342.
136. Kai Kā'ūs Ibn Qābūs, Das Qābūs-nāme. Ein Denkmal persischer Lebensweisheit. Übers. u. erkl. v. S. Najmabadi in Verb. mit W. Knauth, Wiesbaden 1988.
137. Kandiyoti, D., Major Issues on the Status of Women in Turkey: Approaches and Priorities, Ankara 1980.
138. Keddie, N., Roots of Revolution. An Interpretive History of Modern Iran, New Haven, London 1981.
139. Knauss, P., The Persistence of Patriarchy: Class, Gender and Ideology in Twentieth Century Algeria, New York 1987.
140. Knox, J., On Rebellion. Ed. R. A. Mason, Cambridge 1994.
141. Kohn, S., Die Eheschließung im Koran, London 1934.
142. Kračkovskij, I., Die Frühgeschichte der Erzählung von Madschnūn und Lailā in der arabischen Literatur. Dtsch. v. H. Ritter, in: Oriens 8 (1955), S. 1–50.

143. Kremer, A. v., Kulturgeschichte des Orients unter den Chalifen, Bd. 1, 2, Wien 1875, 1877.
144. Kitāb-i Kulṯūm-nāma, Customs and Manners of the Women of Persia and their Domestic Superstitions. Trans. by J. Atkinson, London 1832. Reprint New York 1971.
145. Lacoste-Dujardin, C., Mütter gegen Frauen. Mutterherrschaft im Maghreb, Zürich 1990.
146. Lane, E. W., Sitten und Gebräuche der heutigen Ägypter, Bd. 1–3. A. d. Engl. v. J. T. Zenker, Leipzig, o. J. (1855)
147. Le Brun, C., Voyages de C. L. B. par la Moscovie, en Perse et aux Indes Orientales, V. 1., Amsterdam 1718.
148. Lens, A. R. de, Pratique des harems marocains: sorcellerie, médicine, beauté, Paris 1925.
149. Levy, R., The Social Structure of Islam, Cambridge 1957.
150. Lichtenstädter, I., Das Nasīb in der altarabischen Qaṣīde, in: Islamica 5 (1932), S. 17–96.
151. Lichtenstädter, I., Women in the Aiyām al-ʻArab, London 1935.
152. Liebesny, H. J., The Law of the Near and Middle East, Albany 1975.
153. Lissner, A., Süssmuth, R., Walter, K. (Hgb.), Frauenlexikon, Freiburg i. Br. u. a. 1988.
154. Littmann, E., Kairiner Volksleben, Leipzig 1941.
155. Lutfi, H., Al-Sakhāwi's Kitāb al-Nisā' as a Source for the Social and Economic History of Muslim Women during the 15.th Century, In: MW 71 (1981), S. 104–124.
156. Mabro, J., Veiled Half-Truths. Western Travellers' Perceptions of Middle Eastern Women, London, New York 1991.
157. Maher, V., Women and Property in Morocco, Cambridge 1974.
158. Maḥfūẓ, N., al-Marāyā, al-Qāhira o. J.
159. Makhlouf, C., Changing Veils: Women and Modernization in North Yemen, Austin 1979.
160. Manucci, N., Storia do Mogor or Mogul India 1653–1708, V. 1–4. Trans. by W. Irvine, London 1907–1908.
161. al-Maqqarī, Kitāb Nafḫ aṭ-ṭib min ġusn al-Andalus ar-raṭib, V. 1, 2. Ed. R. Dozy, G. Dugat et al., Leiden 1855, 1860.
162. el-Masry, Y., Le drame sexuel de la femme dans l'Orient arabe, Paris 1962.
163. Massignon, L., Der gnostische Kult der Fāṭima im schīʻitischen Islam, in: Eranos-Jahrbuch, hgb. v. O. Fröbe-Kapteyn, Zürich 1939, S. 161–173.
164. al-Masʻūdī, Murūǧ aḏ-ḏahab, V. 1–9. Texte et Trad. C. B. de Meynard et P. de Courtelle, Paris 1861–1877.
165. Mayer, A. E., Islam and Human Rights. Tradition and Politics, Boulder a. o. 1995.
166. Mayer, L. A., Mamluk Costume, Geneva 1952.
167. Meghdessian, S. Rafidi, The Status of the Arab Woman. A Select Bibliography, London 1980.

168. Meier, F., Die schöne Mahsatī. Ein Beitrag zur Geschichte des persischen Vierzeilers, I, Wiesbaden 1963.
169. Mernissi, F., Der politische Harem. Mohammed und die Frauen, Frankfurt/M. 1989.
170. Mernissi, F., Die Sultanin. Die Macht der Frauen in der Welt des Islam, Frankfurt/M. 1991.
171. Mernissi, F., Geschlecht, Ideologie, Islam, Köln 1988.
172. Mez, A., Die Renaissance des Islams, Heidelberg 1922.
173. Milani, F., Veils and Words. The Emerging Voices of Iranian Women, London, New York 1992.
174. Minces, J., The House of Obedience: Women in Arab Society, London 1982.
175. Minhāǧ ad-Dīn, Ṭabaqāt-i Nāṣirī. V. 1, 2, trans. by G. Raverty, London 1881.
176. Minai, N., Schwestern unterm Halbmond. Muslimische Frauen zwischen Tradition und Emanzipation, Stuttgart 1990.
177. Mir-Hosseini, Z., Marriage on Trial. A Study of Islamic Family Law. Iran and Morocco Compared, London, New York 1993.
178. Moghadam, V. M., Modernizing Women. Gender and Social Change in the Middle East, Boulder, London 1983.
179. Moghadam, V. M. (Ed.), Gender and National Identity. Women and Politics in Muslim Societies, London, New Jersey a. o. 1994.
180. Montague, M. Wortley, The Complete Letters, V. 1. Ed. by R. Halsband, Oxford 1965.
181. Morier, J., A Second Journey through Persia, Armenia, and Asia Minor, London 1818.
182. Motzki, H., ... Dann machte er daraus die beiden Geschlechter, das männliche und das weibliche (Koran 75:39). – Die historischen Wurzeln der islamischen Geschlechterrollen, in: Martin, J., u. Zöpfel, R., (Hgb.), Aufgaben, Rollen und Räume von Frau und Mann, Teilband 2, Freiburg, München 1989, S. 607–642.
183. Motzki, H., Geschlechtsreife und Legitimation zur Zeugung im frühen Islam, in: Müller, E. W.(Hgb.), Geschlechtsreife und Legitimation zur Zeugung, Freiburg, München 1985, S. 479–550.
184. Munaǧǧid, Ṣ., Al-Ḥayāt al-ǧinsiyya ʻinda l-ʻArab, Beirut 1958.
185. Mūsā, Nabawiyya: Al-Marʼa wa-l-ʻamal, al-Iskandariyya 1920.
186. Musallam, B. F., Sex and Society in Islam, Cambridge 1986.
187. al-Muttaqī, ʻA., Muntaḫab kanz al-ʻummāl. A. Rde. v. A. Ibn Ḥanbal: Musnad, Miṣr 1313.
188. an-Nafzāwī, Scheik Nefzaui: Der blühende Garten. Die arabische Liebeskunst. Übers. v. J. Wilkat, München 1966.
189. Nashat, G., Women and Revolution in Iran, Boulder 1983.
190. Nāṣif, Maǧd ad-Dīn Ḥifnī, Āṯār Bāḥiṯat al-Bādiya, 1886–1918, o. O. o. J. (Kairo 1962).
191. Neusel, A., Tekeli, S., Akkent, M., Aufstand im Haus der Frauen. Frauenforschung aus der Türkei, Berlin 1991.
192. Niẓāmī, Leila und Madschnun, verdeutscht v. R. Gelpke, Zürich 1963.

193. Nuwairī, Nihāyat al-arab fī funūn al-adab. Ǧ. 2, al-Qāhira o. J. (Turāṯunā).
194. Nykl, A. R., Hispano-Arabic Poetry, Baltimore 1946.
195. Olearius, A., Offt begehrte Beschreibung der Newen Orientalischen Reise, Schleßwig 1647.
196. Olearius, A., Vermehrte Moscowitische und Persianische Reisbeschreibung. Zum Andern mahl heraußgegeben, Schleswig 1656.
197. Paidar, P., Women and the Political Process in Twentieth-Century Iran, London 1995.
198. Paret, R., Zur Frauenfrage in der arabisch-islamischen Welt, in: Ess, J. v. (Hgb.), Rudi Paret, Schriften zum Islam, Stuttgart, Berlin u. a. 1981, S. 135–205.
199. Paret, R., Muhammed und der Koran, Stuttgart 1957.
200. Paris, M., Femmes et sociétés dans le monde arabo-musulmane. État bibliographique, Aix-en-Provence 1989.
201. Peirce, L. P., The Imperial Harem. Women and Sovereignty in the Ottoman Empire, New York, Oxford 1993.
202. Pellat, C., Le milieu basrien et la formation de Ǧāḥiẓ, Paris 1953.
203. Petersen, A., Ehre und Scham. Das Verhältnis der Geschlechter in der Türkei, Berlin 1985.
204. Polak, J. E., Persien: Das Land und seine Bewohner, T. 1, 2., Leipzig 1865.
205. Prigmore, C. S., Social Work in Iran since the White Revolution, Alabama 1976.
206. Raccagni, M., The Modern Arab Woman: A Bibliography, London 1978.
207. ar-Rāġib al-Iṣfahānī, Kitāb Muḥāḍarāt al-udabā' wa-muḥāwarāt aš š-šu'arā' wa-l-bulaġā'. Ǧ. 2, al-Qāhira 1870.
208. Reintjens, H., Die soziale Stellung der Frau bei den nordarabischen Beduinen unter besonderer Berücksichtigung ihrer Ehe- und Familienverhältnisse, Bonn 1975.
209. Richter-Dridi, I., Frauenbefreiung in einem islamischen Land – ein Widerspruch?, Frankfurt/M. 1981.
210. Rifā'a aṭ-Ṭahṭāwī, Taḫlīṣ al-ibrīz ilā talḫīṣ Bārīz au ad-dīwān an-nafīs bi-īwān Bārīs, Būlāq 1849.
211. Ritter, H., Über die Bildersprache Niẓāmīs, Berlin, Leipzig 1927.
212. Ritter, H., Das Meer der Seele, Leiden 1978.
213. Roded, R., Women in Islamic Biographical Collections. From Ibn Sa'd to Who's Who, Boulder, London 1994.
214. Rodinson, M., Mohammed, Harmondsworth 1971.
215. Roe, T., The Embassy of Sir Thomas Roe to India 1615–1619. Ed. by W. Foster, ²London 1926.
216. Rosenthal, E. I. J., Political Thought in Medieval Islam, Cambridge 1958.
217. Rossi, E., La sultana Nur Banu moglie di Selim II (1566–1574) e madre di Murad III (1574–1595), in: Oriente Moderno 33 (1953), S. 433–441.
218. Rudd, I. M., Women's Status in the Muslim World. A Bibliographical Survey, Köln 1981.
219. Rugh, A. B., Family in Contemporary Egypt, Cairo 1988.

220. Russell, A., Naturgeschichte von Aleppo. 2. Ausg. v. P. Russell, übers. v. J. F. Gmelin, Bd. 1, 2, Göttingen 1798.
221. Sābā, ʿĪ., Ġazal an-nisā', Beirut 1953.
222. Sabbah, F. (d. i. Fatima Mernissi), Women in the Muslim Unconscious, Trans. by Mary Jo Lakeland, New York 1983.
223. as-Saʿdāwī, Nawāl, Dirāsāt ʿan al-mar'a wa-r-rağul fī l-muğtamaʿ al-islāmī al-ʿarabī. Beirut 1990 (Al-Mar'a wa-l-ğins; al-Unṯā hiya l-aṣl; ar-Rağul wa-l-ğins; al-Mar'a wa-ṣ-ṣirāʿ an-nafsī; al-Wağh al-āḫar li-l-mar'a al-ʿarabiyya).
224. as-Saḫāwī, Aḍ-Ḍau' al-lāmiʿ li-ahl al-qarn at-tāsiʿ, Ǧ. 12, al-Qāhira 1355.
225. Šalabī, R., Istauṣū bi-n-nisā' ḫairan. Naẓariyyat al-Islām fī-šu'ūn al-mar'a, al-Qāhira 1975.
226. Sansarian, E., The Women's Rights Movement in Iran: Mutiny, Appeasement and Repression from 1900 to Khomeini, New York 1982.
227. Sartain, E. M. (Ed.): Jalāl al-Dīn al-Suyūṭī. I. Biography and Background, Cambridge, London a. o. 1995.
228. al-Sayyid-Marsot, A. L. (Ed.), Society and the Sexes in Medieval Islam, Malibu 1979.
229. Schacht, J., (Hgb.), G. Bergsträssers Grundzüge des islamischen Rechts, Berlin, Leipzig 1935.
230. Schacht, J., J., An Introduction to Islamic Law, Oxford 1993 (Reprint).
231. Schack, A. F. v., Poesie und Kunst der Araber in Spanien und Sizilien, Bd. 1, 2, Stuttgart 1877.
232. Schimmel, A., Mystical Dimensions of Islam, Chapel Hill 1975.
233. Schimmel, A., Der Islam. Eine Einführung, Stuttgart 1990.
234. Schimmel, A., Meine Seele ist eine Frau. Das Weibliche im Islam, München 1994.
235. Schoeler, G., Charakter und Authentie der muslimischen Überlieferung über das Leben Mohammeds, Berlin, New York 1996.
236. Schregle, G., Die Sultanin von Ägypten. Šağarat ad-Durr in der arabischen Geschichtsschreibung und Literatur, Wiesbaden 1961.
237. Schwarz, P., ʿUmar Ibn Abī Rebīʿa. Ein arabischer Dichter der Umajjadenzeit, Leipzig 1893.
238. Serjeant, R. B., Material for a History of Islamic Textiles up to the Mongol Conquest, in: Ars Islamica 9 (1942), S. 54–92.
239. Shaaban, B., Both Right and Left Handed: Arab Women talk about their Lives, London 1988.
240. Sharabi, H., Neopatriarchy. A Theory of Distorted Change in Arab Society, New York, Oxford 1988.
241. Shaarawi, H., Harem Years: The Memoirs of an Egyptian Feminist, London 1986.
242. Sharoni, S., Gender and the Israeli-Palestinian Conflict, New York 1995.
243. Smith, J. I. (Ed.), Women in Contemporary Muslim Studies, London 1980.
244. Smith, M., Rābiʿa the Mystic and her Fellow-Saints in Islam, Cambridge 1928.
245. Social Science Research and Women in the Arab World, Paris 1984.
246. Soffan, L. U., The Women of the United Arab Emirates, New Jersey 1980.

247. Sourdel-Thomine, J., Spuler, B., Die Kunst des Islam, Berlin 1975.
248. Spellberg, D. A., Politics, Gender and the Islamic Past. The Legacy of ʿĀ'isha Bint Abī Bakr, New York 1994.
249. Spellberg, D. A., Writing the Unwritten Life of the Islamic Eve: Menstruation and the Demonization of Motherhood, in: IJMES 28 (1996), S. 310–324.
250. Spies, O., al-Muġulṭā'īs Spezialwerk über »Märtyrer der Liebe«, in: W. Heffening, W. Kirfel (Hgb.), Studien zur Geschichte und Kultur des Nahen und Fernen Ostens. P. Kahle zum 60. Geburtstag, Leiden 1935, S. 144–155.
251. Spies, O., Pritsch, E., Klassisches islamisches Recht, in: HO, 1. Abtlg., Suppl.bd. 3, Leiden, Köln 1964.
252. Spuler, B., Iran in frühislamischer Zeit, Wiesbaden 1952
253. Stern, G., Marriage in Early Islam, London 1939.
254. Stigelbauer, M., Die Sängerinnen am Abbasidenhof um die Zeit des Kalifen al-Mutawakkil, Diss., Wien 1975.
255. Stowasser Freyer, B., Women in the Qur'ān, Traditions, and Interpretation, New York, Oxford 1994.
256. Sullivan, E., Women in Egyptian Public Life, Syracuse 1986.
257. Sullivan, E., Women and Work in the Arab World, Cairo 1981.
258. Sundermann, W. (Hgb.), Lob der Geliebten. Klassische persische Dichtungen. Nachged. von M. Remané, Berlin 1968.
259. as-Suyūṭī, Kitāb al-Īḍāḥ fī ʿilm an-nikāḥ, o. O. o. J. (Lithographie).
260. as-Suyūṭī, Ǧalāl ad-Dīn, Kitāb ar-Raḥma fī ṭ-ṭibb wa-l-ḥikma, Kairo o. J.
261. aṭ-Ṭabarī, Ta'rīḫ ar-rusul wa-l-mulūk, ²ed. M. A. Ibrāhīm, Ǧ. 1–10, Miṣr 1969.
262. Tabari, A., N. Yeganeh, The Shadow of Islam: The Women's Movement in Iran, London 1982.
263. Tarabishi, G., Women against her Sex. A Critique of Nawal El-Saadawi, London 1988.
264. at-Tauḥīdī, Kitāb al-Imtāʿ wa-l-mu'ānasa, ed. A. Amīn u. A. az-Zain. Ǧ. 2., al-Qāhira 1953.
265. Die Erzählungen aus den Tausendundein Nächten, Bd. 1–6. Dtsch. v. E. Littmann, ³Leipzig, o. J.
266. Tavernier, J. B., Beschreibung Der Sechs Reisen/ welche J. B. T. in Türckey/ Persien und Indien/ innerhalb viertzig Jahren/ durch alle Wege/ die man nach diesen Ländern nehmen kan/ verrichtet. T. 1–4. Übers. v. J. H. Widerhold, Genff 1681.
267. The Middle East and North Africa 1997, 43rd Edition, London 1997.
268. Tucker, J., Women in Nineteenth Century Egypt, Cambridge 1985.
269. Tucker, J. E. (Ed.), Arab Women. Old Boundaries, New Frontiers, Bloomington, Indianapolis 1993.
270. Tuti-Nameh oder Das Papageienbuch. A. d. Türk. v. G. Rosen, Leipzig 1956.
271. Ullmann, M., Die Medizin im Islam, in: HO, 1. Abtlg., Suppl.bd. 6, Abschn. 1, Leiden, Köln 1970.
272. Utas, B. (Ed.), Women in Islamic Societies: Social Attitudes and Historical Perspectives, London 1988.

273. Vadet, J. C., L'Ésprit courtois en Orient dans les cinq premiers siècles de l'hégire, Paris 1968.
274. Vadet, J.C., Une Personalité féminine du Ḥiǧāz au Ier/VIIe siècle: Sukayna, petite-fille de 'Alī, in: Arabica 4 (1957), S. 262–287.
275. della Valle, P., Eines vornehmen Römischen Patritii Reiß-Beschreibung in unterschiedliche Theile der Welt, Genff 1674.
276. Waddy, Ch., Women in Muslim History, London, New York 1980.
277. Walther, W., Altarabische Kindertanzreime, in: Studia Orientalia in mem. C. Brockelmann. Wiss. Ztschr. Martin-Luther-Univ. Halle-Wittenberg 17 (1968), H. 2/3, S. 217–233.
278. Walther, W., Das Bild der Frau in Tausendundeiner Nacht, in: Hallesche Beiträge zur Orientwissenschaft 4 (1982), S. 69–91.
279. Walther, W., Tausendundeine Nacht. Eine Einführung, München, Zürich 1987.
280. Walther, W., Die Frau im Koran und in der Überlieferung, in: Studientagung, Frauen in Entwicklungsländern. Afro-Asiatisches Institut Graz 12. – 15.11.1987, S. 15–32.
281. Walther, W., Drei Geschichten aus Tausendundeiner Nacht: »Die Geschichte von der listigen Dalila«, »Das Märchen vom Prinzen Ahmad und der Fee Peri Banu«, »Die Geschichte von Ebenholzpferd«, in: Oriens 32 (1990), S. 139–177, 476.
282. Walther, W., Mythen über das erste Menschenpaar, den Sündenfall mit seinen Folgen und die Konstituierung menschlichen Lebens in der islamisch-arabischen Literatur, in: Forschungsforum Orientalistik. Berichte aus der Otto-Friedrich-Universität Bamberg 2 (1990), S. 9–17.
283. Walther, W., Die Frau im Islam, in: Antes, P. u. a. (Hgb.), Der Islam. Religion – Ethik – Politik, Stuttgart, Berlin u. a. 1991, S. 98–124.
284. Walther, W., Die Rolle der Frau/Frauenliteratur, in: Identitätssuche – Identitätsfindung durch Literatur, in: Der Deutschunterricht 1 (1992), S. 25–28.
285. Walther, W., Arabische Schriftstellerinnen, in: Neuere Entwicklungen in der arabischen narrativen und dramatischen Literatur, in: Fischer, W. (Hgb.), Grundriß der arabischen Philologie, Suppl.bd. 3, Wiesbaden 1992, S. 209–242.
286. Walther, W., Islamischer Fundamentalismus und Frauenglück. Die Ägypterin Seinab al-Ghasālī als Propagandistin fundamentalistischer Sozialethik, in: Pahnke, D. (Hgb.), Blickwechsel. Frauen in Religion und Wissenschaft, Marburg 1993, S. 273–298.
287. Walther, W., Märchenprinzessinnen in Tausendundeiner Nacht, in: de Jong, F. (Hgb.): Verse and the Fair Sex. Studies in Arabic Poetry and in the Representation of Women in Arabic Literature, Utrecht 1993, S. 92–100.
288. Walther, W., Camīl Ṣidqī az-Zahāwī – ein irakischer Zindīq, in: Oriens 34 (1994), S. 430–450.
289. Walther, W., Die Frau im Islam heute, in: Ende, W., Steinbach, U.(Hgb.), Der Islam in der Gegenwart, ⁴München 1996, S. 604–629, 874–878, 931f.
290. Walther, W., Eine Liebende der Nacht – Nāzik al-Mala'ikā, in: Edith-Stein-Jahrbuch 2 (1996): Das Weibliche, S. 295-297.

291. Walther, W., From Womens' Problems to Women as Images in Modern Iraqi Poetry, in: Die WI 36 (1996), S. 219–241.
292. Watt, W. M., Welch, A. T., Der Islam I; Watt, W. M., Marmura, M., Der Islam II; Schimmel, A. u. a., Der Islam III, Stuttgart, Berlin u. a. 1980–1990. (Die Religionen der Menschheit, Bd. 25, 1–3).
293. Wani, M. A., Maintenance Rights of Muslim Women: Principles, Precedents and Trends, New Delhi 1987.
294. Watt, W. M., Muhammad at Mekka, Oxford 1953.
295. Watt, W. M., Muhammad at Medina, Oxford 1956.
296. Weisweiler, M., Von Kalifen, Spaßmachern und klugen Haremsdamen, Düsseldorf, Köln 1963.
297. Wellhausen, J., Die Ehe bei den Arabern, in: Nachr. v. d. kgl. Ges. d. Wiss. u. d. Georg-August-Univ. zu Göttingen 1893, Nr. 11, S. 431–481.
298. Wensinck, A. J., A Handbook of Early Muhammadan Tradition, Leiden 1927.
299. Werner, E. u. Markov, W., Geschichte der Türken, Berlin 1978.
300. Westermarck, E., Wit and Wisdom in Morocco, London 1930.
301. White, C., Häusliches Leben und Sitten der Türken, hgb. v. A. Reumond, Bd. 1, 2, Berlin 1844, 1845.
302. Wiedemann, E., Aus Nuwairīs Enzyklopädie, Über Parfüms, in: Archiv f. d. Gesch. d. Naturwiss. u. d. Technik, Bd. 6, Leipzig 1913, S. 418–426.
303. Wiedemann, E., Über Parfüms und Drogen bei den Arabern, in: Beiträge z. Gesch. d. Naturwiss., 56. Sitz.ber. d. Physikal.-Med. Sozietät in Erlangen, Bd. 48, Erlangen 1916, S. 329–339.
304. Wikan, U., Behind the Veil in Arabia: Women in Oman, Baltimore 1982.
305. Wunderbare Erlebnisse, seltsame Begebnisse. Arabische Erzählungen, übers. v. H. Wehr, Berlin 1962.
306. Yamani, M. (Ed.), Feminism and Islam. Legal and Literary Perspectives, London 1996.
307. Ya' qūb b. Isḥāq al-Kindī, Kitāb Kīmiyā al-'iṭr wa-t-taṣ'īdāt. Übers. v. K. Garbers, Leipzig 1948.
308. Youssef, N. H., Women and Work in Developing Societies, Westport/Conn. 1974.
309. Zeidan, J.T., Arab Women Novelists. The Formative Years and Beyond, New York 1995

Personenregister